創造的思考技術

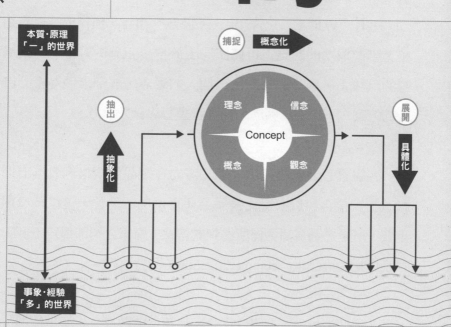

コンセプチュアル思考物事の本質を見極め、解釈し、獲得する

運用概念思考，重新定義自己的事業、產品、服務，並銷售出去

村山昇——著

游念玲、林詠純——譯

本質·原理「一」的世界

捕捉　概念化

抽出

理念　信念

Concept

概念　觀念

展開

抽象化

具體化

事象·經驗「多」的世界

前言

　　2021 年 5 月，連續幾天我都在舉辦一個線上進修講座，參與者是日本一家生產啤酒、清酒、飲料的大型企業集團員工。

　　這個進修講座名為「概念思考訓練營：為產品與服務注入獨特的概念之光」，從 DAY1 ～ DAY3 共分三個階段進行。

　　學員人數超過 280 名，分為六個班級，每次我都會藉由課程和作業讓學員們建立新概念，將自己的新定義及其意義、價值用語言表達，並繪製出框架圖，打造事業的世界觀。

　　隨著「VUCA」（不穩定、不確定、複雜、模糊）時代的到來，事業成功的關鍵不再僅僅局限於單一正確的答案上。在這樣的環境下，學員們應該依循個人的意志、解釋來獲得屬於自己的答案，不僅要動腦筋，更要費盡心思深入思考。

　　客觀且有邏輯的運用大腦，努力在製品的規格、成本上進行改良與優化，以取得比競爭公司更優勢的地位，這些雖然很重要，可是透過這個過程所得到的答案，每家公司卻都差不多，早晚會招致商品化（commoditization）的持久戰。

　　在這個過程中，人們也許會對消費者的數據分析產生依賴，對其他公司的成功案例做出過度的反向推演，或者以創新之名進行產品導向的發想等等。**人們過度相信科學、分析、邏輯的**

「知」，認為其無所不能，結果反而導致開發出來的商品和服務喪失了個性。

此外，完全強調「情」而只顧著「迎合客人的意見」，也無法打造出革命性的創新事業。確實，使用者對於現有產品的缺陷、問題和不滿可以提供我們寶貴的回饋，使產品和服務得以進行改良及優化。然而使用者卻無法告訴我們，什麼是「全然嶄新的事物」。

創建一個「全然嶄新的事物」，使其具體化後呈現給使用者，這才是身為製造者的企業應該做的事情。

VUCA 時代必須要思考的「概念、意義及價值」

在行銷的世界裡，人們經常會說出以下這段話。

「消費者調查就像汽車駕駛座上的後照鏡一樣，儘管能將後方情況看得一清二楚，卻絕對看不到前方的景色，你必須用自己的眼睛仔細觀察。」

近來，不光是啤酒、清酒、飲料業界，無論任何產業都偏重運用「知」與「情」來分析市場，或者成為一種用來推託的

好藉口。

　　例如：「我們從客戶的調查數據來進行分析，並利用最新技術在商品中加入這些功能，然而……（可惜賣得不好）。」

　　市場中充斥著各種形形色色的產品和服務，但卻很少見到由製造者真正深入內心挖掘而出的概念，或是強烈的意志、哲學和世界觀。**勇敢開拓 VUCA 時代的關鍵在於，恢復並磨練出「意」的思考力。**

　　在這樣的環境下，人們對於鍛鍊「概念思考」的進修活動需求便逐漸升高。這種進修活動將促使學員思考何謂概念、意義及價值。在加速商品化的業界中，你要如何重新定義自己的事業、產品、服務，並銷售出去？比方說，在教導學員做「as a service」的模型思考時，我會提出以下的思考作業。

　　「啤酒 as a ⬚⬚⬚⬚⬚」（→請在空格處思考新切入點）
　　「清酒 as a ⬚⬚⬚⬚⬚」（→請在空格處思考新型態）
　　「⬚⬚⬚⬚⬚ as a 服務」（→請在空格處思考核心價值）

　　「將啤酒作為○○販售出去」、「將清酒作為○○販售出去」、「將○○作為服務販售出去」等諸如此類。學員對於自

己負責的事業、產品、服務，不是想一些小技巧來壓制競爭對手，而是要檢視自己產品的「理想狀態」。在這裡，學員需要尋找根本的理想狀態，以及自己獨特的理想狀態。

這項進修的目的，是為了將「意」的思考置於主導地位，並輔以「知」和「情」的思考，建構出具有自己獨特世界觀的事業。

人類三種的思考活動——
知的思考、情的思考、意的思考

哲學家康德曾提出以下三個著名的疑問：「我能夠知道什麼？我可以希望什麼？我應該做什麼？」他認為人類具有「知、情、意」等精神功能。人類的思考當然會受到這些精神活動的影響。就這個觀點而言，我們可以將思考活動分為三大類，也就是**「知的思考、情的思考、意的思考」**。

舉例來說，思考時做出「敏銳的分析」、「聰明的判斷」、「迅速的處理」，這些是在「知」的作用下所主導的思考類型。

另一方面，「為人著想」、「塑造愉快心情」、「表現美好事物」的思考形式，則是受到「情」的作用所牽引的思考類型。

此外還有另一種，思考時擁有「深刻的洞察力」、「綜合性理解」、「深入探尋事物的意義」，便可視為「意」的作用所影響的思考類型（**圖表 0-1**）。

圖表0-1│由「知、情、意」所牽引的思考類型

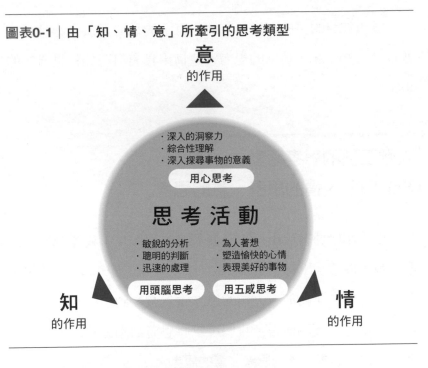

這三種思考類型中，「邏輯思考」屬於「知的思考」，而「設計思考」則可說是屬於「情的思考」。

那麼什麼樣的思考形式屬於「意的思考」呢？——那便是本書所提出的嶄新思考形式「**概念思考**」。

「意的思考」中所謂的「意」，指的是意志、意思、意義、意圖的意，而意又與「念」互通，涉及到概念、觀念、信念、理念。無論是意或念，皆與英語中的「概念：concepte」相關聯。

涉及「知的思考」的「邏輯思考」，會以追求下列事項為目標。

●培養敏銳的頭腦。

●增加知識，並巧妙地運用知識。

●製造技術性的商品和服務。

●培養有邏輯的思考態度。

●工作時具有分析、批判的能力。

●工作時講求效果、效率。

●培養出聰明靈活的人。

涉及「情的思考」的「設計思考」，會以追求下列事項為目標。

●追求「美麗／快速／優雅」的特質。

●培養有同理心的思考態度。

●塑造「帥氣／可愛／舒適／有趣／愉快」的特質。

●培養五感豐富的創造力。

●在工作上能夠以美學、美感作為基礎。

●能夠將「體驗」具體化為商品或服務。

相對之下，涉及「意的思考」的「概念思考」，簡單來說，會以追求下列事項為目標。

●凝視事物的根源，培養概念化的思考態度。

●鍛鍊洞察力。

●能夠在工作上貫徹意志。

●培養獨特的想法＝觀點。

●培養深刻豐富的理解能力。

●製造出具有理念的產品和服務。

●培養創造意義的人。

這三種思考方法各有所長，也有各自的目標領域。本書將從目前尚未被充分體系化的「意的思考」部分開始著手，仔細描述「概念思考」的技巧。

提及概念一詞，或許在很多人的心裡會認為，那是用來思考企劃案時的想法基軸，但那只不過是狹義的說法，其實概念

原本是「**拿取、內心接受**」的意思。

我們透過感官接受事物所帶來的種種刺激與訊息，將之拿到心裡形成意念，更進一步把從經驗接收到的東西加以整理，試著找出潛藏在事物深處的本質，並對事物賦予意義，於是便逐漸在心中形成了一層濾鏡，稱為**觀點**（＝對事物的看法）。這些心理上的認知活動，一言以蔽之便是「概念」。

回顧我們的生活，身為一名商務人士，每天都會遇上許多需要進行「概念思考」的場合（**圖表 0-2**）。

面對這些問題，我們不能以「理解」作為思考的目標。

「理解」如字面所述，是由「道理／分解」結合而成，表示分解事物後從中找出道理來。這正是以「邏輯思考」為首的「知的思考」所負責的範疇。

此外，以「設計思考」為首的「情的思考」，所擅長的便是「表達事物」，這與圖表中的問題所追求的目標並不相同。

當你思考圖表中的這些問題時，那正是「意的思考」出場的時機。因為「概念思考」是一種超越客觀的思考方式，旨在「產生」有意志的答案，使你從自己的內心產生概念、產生意念、

圖表0-2│商務人士必須在各式各樣的場合中進行「概念思考」

20幾歲 ————————————→ 50幾歲 ————→

業務負責人

- 「我該怎麼制定概念以開發新的服務？」
- 「改良商品的規格，並降低成本肯定會造成惡性競爭，非得從本質上做改變不可，但本質究竟是什麼呢？」
- 「要怎麼用一張圖來說明我所面臨的問題結構呢？」
- 「我沒有哥倫布立蛋[1]那種創新思維，所以必須先去掉固定觀念後，再重新細想策略。」
- 「要讓這個商品化的產品市場重獲新生的關鍵在哪裡呢？」
- 「像打地鼠般，問題一個接一個的業務狀態要持續到什麼時候呢？乾脆好好的從根本上的思考問題做一次性解決。」
- 「要把這種服務的思維普及到每一個人，就應該想一套新的說詞。」
- 「不要被組織的潮流吞噬了，首先要確定『我自己身為負責人的意志』是什麼？」
- 「從各式各樣的成功案例中抽取關鍵要素，將其落實在我的行動模式上。」
- 「增加數量是這份事業的本質嗎？這份事業的社會意義是什麼？」

管理職者

- 「我必須提出這項專案的願景，我和團隊成員們的共同藍圖是什麼樣子呢？」
- 「我沒有自信用能力和人格魅力來領導團隊，所以只好用目的和意義來激發向心力。」
- 「身為領導者必須要有『不動搖的軸心』，而我的軸心是什麼呢？」
- 「我想為這份事業樹立起概念，這個概念要著眼於使用者尚未察覺到的價值，並引導使用者前進。」
- 「我要如何結合個人的信念與組織的信念呢？」

專業人士

- 「自己在這個組織裡的存在意義為何？」
- 「自己和其他技術人員有什麼不同？」
- 「匠人的自豪究竟是什麼？希望能用淺顯易懂的形式，將這份自豪傳達給年輕一代。」
- 「隨著時代的變化，應該改變自己，還是不該改變自己？」

自由工作者

- 「我的工作目的為何？動機為何？」
- 「我的榜樣是某某人，從他（她）的人生態度學習到的這一點，可以應用在我的人生態度上。」
- 「冷靜凝視現實中的自己，告訴自己還可以有另一種面貌。」
- 「也許別人認為我的選擇不合理，但我依然相信這條路，選擇這條路。」
- 「退休後的自我認同為何？生存的動機為何？」
- 「不要死守著技術或公司，想一想如何活用技術來擴展選擇，如何以公司為舞臺來拓展自我。」
- 「人生與職涯這趟航海之旅的最終目的在哪裡？這趟航海之旅本身有何意義？」

---

[1] 哥倫布立蛋（Egg of Columbus）意指一件看似非常困難的事情，換個角度想，卻有著極其簡單的解決方法，表示一種創新思維。

產生自己的理解方式。

單憑邏輯不會得到大的答案——
融合「知、情、意」進行深度思考

1981 年的諾貝爾化學獎得主福井謙一曾說過下列這段話。

「最終，從異想天開之處誕生的新學問，並不具備從某件事物中邏輯推導出結論的性質。那麼新的理論從何而生呢？答案是直覺。首先，直覺發揮了作用，我們便從中建構出理論。（中略）如果是任何人都可以推導出的結論，也許早就被某人所提出來了，這一點也不奇怪。反之，如果不依靠邏輯，而是從直覺的選擇中所得出的結論，那麼誰也模仿不來。」——引用自《哲學的創造[2]》

每當企業裡的人事部門或管理階層開會討論時，必然會發出這樣的感嘆——「就連我們公司也培養不出能創造『iPhone』這種產品的人才嗎？」、「為什麼我們的員工想不出像『iPhone』這種創新的好點子呢？」

---

[2] 日語書名為《哲学の創造》，作者為福井謙一，由日本 PHP 出版社於 1996 年所出版，目前尚無中文版。

以史蒂芬・賈伯斯（Steve Jobs 為中心的美國蘋果公司，創造出一系列風靡全球的產品（從 iMac 到 iPod、iPhone、iTunes、iPad 等），這些難道是邏輯思考的恩賜嗎？

邏輯確實很重要，但是最重要的決定性關鍵，在於能夠**產生概念、描繪宏偉藍圖、想像產品世界**的能力，然後進一步擁有該公司文化中「Think different」的強大意志力。這些都屬於概念能力。

還有一項不可忽視的要素，那便是他們將美好愉快的體驗價值具體展現在產品上。例如：第一次操作蘋果產品時的驚豔感，日常使用時的興奮感。為了實現這些體驗，卓越的設計思考絕對是不可或缺的一環。

對於商務人士而言，具備歸納、演繹的推理能力，能夠以「MECE」的方式思考，或者熟練地運用「4C」、「SWOT」、「5Forces」等思考工具，這些「知的思考」技巧都是我們的武器。

然而這些東西並不是萬能的。像「iPhone」手機這樣獨創性的想法，正如同福井所描述的，是利用不同於邏輯方法所得到的飛躍性結果。

正是「意的思考」和「情的思考」實現了飛躍的可能，而邏輯可以說是從旁協助這種獨創性想法飛躍起來的手段。總而言之，我們必須培養「知、情、意」這三種基礎的思考能力，才有機會將其巧妙融合後再進行深度的思考。

　　在這些能力當中，本書著眼於使讀者養成「意的思考」這項基礎能力，並搭配符合商務現場的題材製作課程與作業（練習）。

　　我將本書定位為寫給商務人士的思考素養，因此內容不分年紀、立場、職業，希望任何人都能從中建構出自己思考的基礎。

　　那麼請各位用心學習全新的第三種思考素養「概念思考」，我們後記再見！

第1章

了解「概念思考」

第2章

抓住事物的本質

第3章

將事物的結構簡化表達

第**4**章

將事物的原理
應用在其他地方

第5章

靈活且敏銳的重新理解事物

第 **6** 章

賦予事物意義與價值

第 **7** 章

如何使事業、產品、服務變得獨特且強大

1

第　　　章

了解「概念思考」

概論
何謂「概念思考」？

————

每個時代都需要新的思考方法

「思考」是人類身上極為深層且複雜的能力，而且人類也不會停止對思考本身的思考。

自古以來，人們便有了所謂的「歸納法、演繹法」等邏輯性思考法。後來美國的科學家暨哲學家皮爾士（Charles Sanders Peirce）又加上了第三種方法，即「逆推法」（abduction）。

此外，發明家愛德華・狄波諾（Edward de Bono）提倡「垂直思考與水平思考」，這種思考類型為全世界帶來相當大的影響。

其他還有「右腦思考／左腦思考」、「腦力激盪法」、「（川喜田二郎提倡的）KJ 法」、「心智圖」等，教導人們如何思考的新概念和方法論、新架構，也都紛紛隨之出現。

而且人們更積極將這些思維方式運用在商務場合中。

包括「**邏輯性思考**」、「**批判性思考**」都是商務人士將學術界的思考方法拿來應用的實例。

面對複雜的現象時，先進行資料數據的分析，接著成立假

設，再進行驗證。然後建構出邏輯，追求事物的真理，並且進行客觀的說明。這種思考方式，無疑正符合商務場合的需求。

近來「設計思考」也是相當受到關注的思維方式。

企業開發商品時，如果大家一味追求經濟合理性，結果就會研發出相似的產品，因而陷入規格競爭與價格競爭的惡性循環中。

此時，便是設計思考出場的時候了。對於商品和服務具有較高識別力的消費者，會更有意願花錢追求審美價值和社會善念的價值。為了滿足這些人的慾望，從設計思考的角度所開發的產品將逐漸發揮其效力。

你不需要創造一個合理的想法來說服每個人，由個人生活中的美感所進行的發想，才會在各處獲得成功。

科學思考、美學思考、哲學思考

我為形形色色的企業舉辦過「專業素養」（身為一個專業人士應該培養的基本意識）的訓練講座，以及如何自律開發職涯的相關課程。

課程中，我會對學員們提出以下作業：「何謂自律？／何謂自立？」、「目的與目標有何區別？」、「你對目前的工作賦予什麼意義？」、「用自己的話語來定義成長」、「用一行文字向大家宣告身為專業人士的自我價值」、「用一張圖來表達自己的理念和願景」。

這些問題的目的是為了從事物中抽出本質，將其概念化並賦予意義。這份作業要求學員們深入思考其中的**意義與價值，並依據個人意志提出主觀的答案**。而這未必是用邏輯分析就能得到的答案。

一談到要如何提高思考技巧，往往給人邏輯性強、理解力敏銳的印象，但這只是其中的一部分而已。

邏輯性思考是科學的產物，這樣的世界是以物質作為思考對象，需要具備一種敏銳的思考技巧，使大家對事物都能得到客觀的理解。

另一方面，**在商業或職涯發展（工作、人生）上，我們不能依賴科學，而應重視美學（技藝）和哲學，這才是至關重要的部分。**

美學和哲學需要針對美的意識和存在意義、存在價值的層

次提出答案，但沒有單一的標準答案。模糊曖昧的事物便維持著模糊曖昧的模樣，美學和哲學所需的思考態度，是擁有個人的主觀意識，以個人獨特的型態加以表達或定義。

如同前言中所說的，本書將思考方法整理後區分為三項，也就是代表人類精神活動的「知、情、意」，如圖表 **1-1** 所示。

這三種思考方法不能各自獨立開來，雖然分為三種類型，但彼此間仍有不同程度的混雜與影響。

至於批判性思考，原本就是「從各個角度來檢討、考量問題」，是一種牽涉到整體性的思考態度。

但就商業上的脈絡而言，它與邏輯思考的內容大部分重疊，因此本書便將「邏輯／批判思考」一起看待處理。

分別適合「真、善、美」的思考法

這三種類型各自有其適合的思考方法。

比方說，邏輯／批判性思考可以**用來分析錯綜複雜的問題，然後進行深入思考，進而推導出最適當的處理方法。**

但是這種思考方式對於「現在的工作有何意義？」此一類

圖表1-1│三種思考類型的比較圖

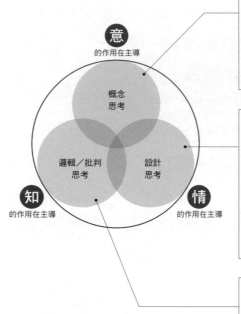

- 掌握事物整體性的思考方式。
- 有洞察力的思維（藉由自身洞察力掌握事物的本質、結構的知性特質）。
- 主動追問根源、存在狀態的思索能力。
- 建立概念和觀點，並賦予意義。
- 建構並共享理念和願景，重新構築事業及商品的概念並制定方案。俯瞰整體事業、探究事物的本質，且對工作賦予意義，藉由以上方法重新思考自我認同的問題，並喚起自身的動機。
- 「哲學家」之眼。
- 以「善良、正當」的價值為目標。
- 用心思考。
- 最終目的是「創造出對自己而言最佳的解釋」。

- 追求審美合理性的思考方式。
- 有創造力的思維（創造的知性特質）。
- 基於同理心（Empathy）的創意發想。
- 創造出美觀實用且令人愉快的表現。
- 開發具有獨特性的商品，以人的生活為起點製造商品，將體驗價值予以具體化的作業和實物（試作品、示範），藉由上述方法說服顧客購買商品。
- 「藝術家」之眼。
- 以「美好愉快」的價值為目標。
- 用五感（視、聽、嗅、味、觸）思考。
- 最終目的是「具體實現美的理想」。

- 理性分析，探尋真理的思考方式。
- 有分析力的思維（分析、批判的知性特質）。
- 藉由邏輯方法加強擴展真理。
- 建構邏輯體系。
- 戰略、戰術的制定，目標計畫的策劃與決定，數據分析、假設驗證作業，解決複雜的問題，建構系統，製作明確的資料等等，都是其擅長的領域。
- 「科學家」之眼。
- 以「真實利益」的價值為目標。
- 用頭腦思考。
- 最終目的是「利用邏輯分析出客觀的事實」。

型的問題卻無能為力，因為**當問題涉及價值時，用「知」的邏輯是想也想不通的。**

所謂涉及價值的問題，也就是你以何種概念來表達工作上所遇到的課題，然後更進一步提升為具有信念、理念的解釋。這正是「意」所擅長的主題，恰恰適合運用概念思考。

此外，在智慧型手機市場上取得劃時代成功的美國蘋果公司所生產的「iPhone」，給消費者帶來莫大的吸引力，包括使用這款商品時的愉悅感，拿在手上時的興奮感，以及作為一款資訊終端設備的新型態等等。你認為是什麼樣的思考方式創造這一切呢？

既不是邏輯，也不是概念，而是將美感具象化的思考方式，可以說是**根源於生活中的種種事物所發想出的感性智慧**。在這個領域裡，最適合活用「情」所掌管的設計思考。

若把「知、情、意」的作用分別與「真、美、善」的價值互相結合的話，邏輯／批判性思考便是**為了達到真的價值**。

商業中所謂的真，某種意義上是追求「利（利益）」。為了將利予以最大化，於是反覆地使用邏輯分析與戰略實踐的方式來達到目的，這要具備相當清晰的「**科學家之眼**」。

設計思考則**根植於美的價值**。在商業上而言，或許置換為「愉快」的價值會更容易理解。

擁有外觀亮眼的產品、療癒人心的服務、令人悸動的體驗、心情愉悅的空間……要產生這些東西，都不可缺少一雙「藝術家之眼」。

而**概念思考就是善的價值**，在商業世界裡可解釋為「**自己所堅信的事業理念和理想**」。凝視事物的根源，思考事物的存在意義，去探索自己對這個世界的獨特解釋。

你所負責的事業與社會有何關聯及貢獻？該如何創建一個擁有獨特世界觀的事業？思考這些問題時，就需要擁有「哲學家之眼」。

在「以人為本的時代」，「意的思考」是必要的能力

如**圖表 1-2** 的整理，人類的時代經歷過「**生產主導的時代**」、「**市場主導的時代**」，逐漸發展到「**以人為本的時代**」。

在逐漸巨大化、複雜化、全球化的事業環境中，邏輯／批判性思考已經是必要的思考方法。

由「**知的思考**」所發展而來的科學分析、戰術、工程學、方法論等，一直以來都扮演著重要的角色，今後也將持續有效地運作。

若能再加上由「**情的思考**」所衍生的設計、對美的訴求、引人共鳴的溝通能力，效果將更加強大。

設計思考中所說的「設計」，不僅超越外觀時尚的層面，更包含了在人類生活中重新改造物品和事物的過程。在現代世界裡，產品製造面臨了激烈的機能競爭和價格競爭，而設計思考便提供了一個新的切入點。

圖表1-2│時代的變化與必要的能力

生產主導的時代 「產品的優化」為成功關鍵	市場主導的時代 「資訊分析」為成功關鍵	以人為本的時代 「提供價值×組織化」 為成功關鍵
產品導向 （Product out）	**產品導向** （Marketing）	**以人為中心** （Human-Centered）
只要製造出便宜優良的產品，就能大量賣出的時代。	分析市場與顧客，進行合理的生產與販售行為，維持對其他競爭公司的優勢就能成功的時代。	著重每一個人的生活樣貌，貼近消費者的需求，打造長期關係的時代。使消費者產生「想從特定組織中購買」商品或服務的心態。

「知的思考」所衍生的科學分析、戰術、工程學、方法論等等皆為必要手段。

「情的思考」所衍生的設計、對美的訴求、引起共鳴等等皆為必要手段。

「意的思考」所衍生的概念、存在樣貌、哲學、意義等等皆為必要手段。

然而僅止於此是不夠的，處於一個「以人為本的時代」，我們需要的是對概念、理想狀態、哲學、意義的洞察力以及創造力，而這正是「**意的思考**」所擅長的領域。

概念思考的系譜

在企業經營的領域裡，哈佛大學教授羅伯特・卡茲（Robert L. Katz, 1933~2010）便主張概念能力的重要性。

他在 1974 年 9 月號的《哈佛商業評論》中撰文「管理知能階段論」（Skills of an Effective Administrator），文中針對管理者所需要的技能，提出了「技術能力」（了解方法和過程，並嫻熟地使用道具達成任務的技能）、「人際能力」（與人相處的技能）、「概念能力」（全面性掌握事業的技能）等三項技能。

卡茲提出的這三項技能雖然使他一時聲名大噪，但對於每一項技能的解釋卻仍不夠詳盡。

所謂的「概念能力」，大致上是指俯瞰整體事業，並掌握各部門的關聯與結構，推測某項策略實施後會對各層面產生哪些影響，以及描繪出共同的目標後團結相關部門的能力。

總而言之，卡茲說的是一種整體性、綜合性的認知能力與想像能力。

那麼卡茲提出的「概念能力」與本書所探討的「概念思考」

有何不同呢？大家請將這兩者想成是一致的內容，差別僅在於你要將它視為一種管理技能，或是一種思考方法，僅此而已。

繼卡茲的論述之後，時間來到了 2005 年，以敏銳的眼光預見了時代潮流變化的美國作家丹尼爾・品克（Daniel H. Pink, 1964~），著有《自由工作者國度[3]》、《未來在等待的人才：知識不再是力量，感性才是力量[4]》等書。

他在《未來在等待的人才》一書中指出，社會正由資訊化社會過渡到概念性社會[5]，在此節選該書中的部分段落[6]。

> 「我們的經濟與社會，原本是由『資訊化時代』的邏輯性、直線性、宛如電腦般的能力為基礎所建構而成。但是今後的時代，將會由講求創意、同理心、具備綜合展望

---

[3] 英語書名為《Free Agent Nation》，目前尚無中譯本。

[4] 英語書名為《A Whole New Mind: Why Right-Brainers Will Rule the Future》，中譯本由大塊文化於 2020 年 11 月二版。

[5] 譯者說明：大塊文化出版的《未來在等待的人才》一書中，將 conceptual（コンセプチュャル）譯為「感性」，因此譯法是「從理性社會轉變為感性社會」（參考博客來的書籍介紹），但由於其他專家（例如：卡茲）所說的 conceptual skill，中文稱為「概念能力」，故本書將 conceptual 譯為「概念性」，因此這裡的句子譯為「從資訊化社會轉變為概念性社會」。

[6] 編者說明：以下所列舉的段落皆翻譯自本書日文原文。

的社會與經濟所構成，形成一個『概念性的時代』。」

「推動新時代的力量需要不同於過去的全新思維與方法，其中尤為重要的是『高感性』（High Concept）與『高體會』（High Touch）。『高感性』意指能夠發現模式與機會的能力，能夠創造出兼具藝術和情感的美麗事物，能夠說服他人的能力，以及將分散的概念結合後，再產生新的構想與概念的能力等諸如此類。『高體會』意指能夠同理他人的能力，能夠察覺人際關係中的微妙變化，能夠自行發現喜悅，並協助他人找出喜悅的能力，而且可以在極為平凡的日常瑣事中追求其目的與意義。」

「不分個人、家庭還是組織，無論想在事業上取得成功，或者擁有充實的個人生活，都需要具備『全新的整體思維』。」

將卡茲和品克的分類方式對照前文所提及的「知、情、意」的思維，如以下所示。

- 知的思考

  「技術能力」、「高感性」

- 情的思考

  「人際能力」、「高體會」

- 意的思考

  「概念能力」、「高感性」

　　無論是卡茲或是品克，似乎都是透過這三種分類來看待這個世界。

重新審視想法、信念等「主觀」的重要性

　　另一方面，日本那些有先見之明的學者們又有什麼樣的想法呢？以「SECI 模型 [7]」而聞名的野中郁次郎（日本一橋大學名譽教授）等學者們，所提倡的知識創造螺旋，即包含了內隱知識與外顯知識，他們提出了「MBB」理論（Management By Belief：信念管理）。

　　一般而言，企業往往是利用符合邏輯且合理的數值目標來

---

[7] 即「SECI 模型」，意指共同化（socialization）、外化（externalization）、結合（combination）、內化（internalization）等四股力量所交織而成的模型。

管理事業及員工，就是所謂的「MBO」理論（Management by Objectives：目標管理），但僅依靠這種方法有其極限。野中郁次郎等學者們認為，無論如何都必須再加上「信念」這個主觀的要素才行。

> 「一直以來，在這個以邏輯分析為優先考量的世界裡，企業經營者並不重視主觀的想法，紛紛將之拋諸腦後。但如果要提高 WHAT 的地位，恢復為一個適合思考的環境，就必須將主觀想法擺放在企業經營的重要位置。我們必須同時重視右腦與左腦、美學與科學、WHAT 與 HOW、信念與數值目標，使這些元素恢復到平衡狀態。」
>
> ——一條和生、德剛晃一郎、野中郁次郎合著《信念[8]》（中國人民郵電出版社，2019年簡體中文版）

主觀的想法也可以說是「信念」，後面我們會詳細向各位說明。信念與概念彼此接壤，這就表示「MBB」的實踐同樣是以概念能力做為基礎。

如此一來，概念思考便涵蓋了概念和信念、覺察與領悟，

---

[8] 日語書名為：《MBB：「思い」のマネジメント》（日本東洋經濟新報社出版，2010/6/18）

在模糊的問題中能抓住其本質，且具備全面性的知識和整體性的觀點。它橫跨了認知科學、哲學、心理學、複合系統、宗教等領域，範圍相當廣泛。

　　概念思考沒有界限，能夠橫跨不同的領域，就這一點來看，可說是比較接近東方的思考方式，東方人運用起來會更加得心應手，使自己的事業和職涯得到有效且有意義的答案。

關鍵概念①
抽象與具體

四個關鍵概念與「吊床模型」

關於「概念思考」這個領域及思考方法，目前人們才剛認知到其重要性，是一種仍處於生成階段的「新技能」。

本書姑且將概念思考定義為「**抓住事物的本質，並形成概念的思考方式**」，為了理解這種思考方式，我列舉了四個關鍵概念，接著便依次說明。以下是用來掌握概念思考的四個概念。

這些就是學會概念思考的基礎。

● 關鍵概念①｜抽象與具體

● 關鍵概念②｜「一」對「多」

● 關鍵概念③｜概念、觀念、信念、理念

● 關鍵概念④｜「π字」思考流程

運用了這四種關鍵概念的概念思考概括圖，如圖表 **1-3**，本書稱之為「**吊床模型**」。

左右兩側作為支架的樹木分別代表「**抽象化**」和「**具體化**」，中間掛著的吊床便是「**概念化**」。

被吊床網住的即為「**Concept**」，意指大家心裡捕捉到的內容，可能類似於「概念」，也可能類似於「觀念」、「信念」、「理念」。

圖表1-3│概念思考的概括圖「吊床模型」

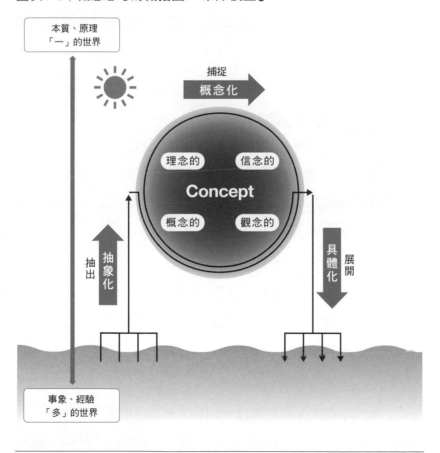

此外，在代表「事象、經驗、多」的地面上，有著世間的森羅萬象，而抬頭往高空一看，是一顆名為「本質、原理、一」的太陽正閃閃發光……。

這張用來譬喻的概念圖其實非常抽象，各位現在或許仍無法充分理解圖中所表達的意涵。但是等讀完第一章的四個關鍵概念以後，我想各位應該就能夠看明白了。那麼就讓我們仔細觀察這張吊床的模樣。

抽象意指抽取出某種要素

我認為，「抽象」這個詞語似乎沒有被人充分地理解，大家往往將這個詞賦予了第二層含義，也就是「抽象＝模糊難懂」，這給人一種負面的語感。

抽象的「抽」，意思是「**抽取、抽離**」，而「象」則表示「**事物的樣貌、形象**」，因此抽象就表示凝視事物的外觀及本質，從中抽取出某些要素。

「抽象」聽起來有點難懂，但與「抽出」的意思大抵相同。當我們說「從植物的種子中抽出精油」，當中的「抽出」就和

抽象的意思相仿。本書中所提到的「抽象」也可以置換成「抽出」，單純想成是「抽取」也無妨。

那麼我們現在就試著做一個簡單的題目，來了解抽象化的意象。

小習作

請將下列表格中的圖形分成兩組。

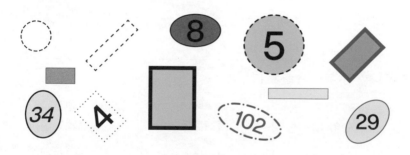

當我們要為這些圖形分組時，首先會仔細觀察圖形的特徵。

進而察覺到，「啊……它們的形狀不一樣」、「有些圖形裡面寫了數字」、「大小不一致」等。

接著，我們會依照自己的觀察作為基礎，將這些圖形進行分類。

這裡我列舉出三種具代表性的答案（圖表 1-4）。

選答案 1 的人，是抽出形狀這個要素，將圖形分類為「四

角形／圓形」。

選答案 2 的人，則著眼於圖形中是否有數字，以這個要素來進行分類。

選答案 3 的人，則無視於形狀的差異及數字的有無，而是以輪廓線的虛實來進行分類。

就像這樣，觀察每一個形狀與細節，從中加以分類。

① 抽出某種特定的要素。

② 利用這種共通要素進行分類＝分組，接著貼上標籤。

圖表1-4│小習作〔答案1〕

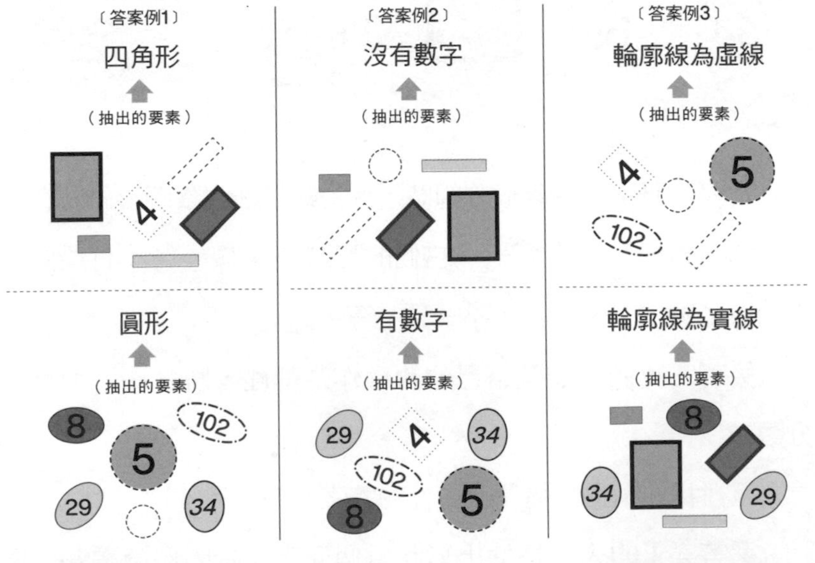

〔答案例1〕	〔答案例2〕	〔答案例3〕
四角形	沒有數字	輪廓線為虛線
（抽出的要素）	（抽出的要素）	（抽出的要素）
圓形	有數字	輪廓線為實線
（抽出的要素）	（抽出的要素）	（抽出的要素）

這就是抽象作業。

順道一提，在第2個步驟中，寫在標籤上的「圓形」、「四角形」等關鍵字，我們便稱之為概念（圖表 1-5）。

圖表1-5 │ 抽出 → 分類 → 貼標籤

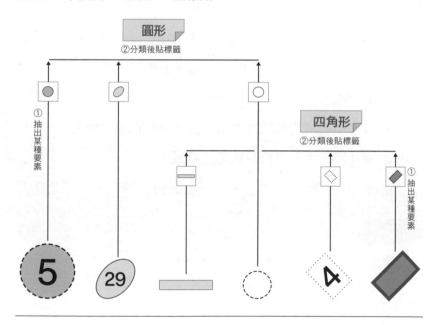

抽象度提高，模糊度也隨之增加的原因

接下來，我們再繼續做一個題目。

這一題列出了「人類」、「長頸鹿」、「青蛙」、「水蚤」、「櫻

花」等幾個名詞，請問將「人類」和「長頸鹿」歸屬在一起的〈共通性 A〉是什麼？而將「人類」和「青蛙」歸屬在一起的〈共通性 B〉是什麼？請再想一想〈共通性 C〉、〈共通性 D〉分別又是什麼？

請先好好思考下面的小習作。

在此我提出一個可能的答案，依序是「哺乳動物」、「脊椎動物」、「動物」、「生物」（**圖表 1-6**）。

這份作業也是一種抽象化的思考。

① 從每項名詞的外觀和性質中抽出特別的要素特徵。

② 將共通要素加以分類後貼上標籤。

標籤上的「哺乳動物」、「脊椎動物」等名詞，正是所謂

小習作

請思考共通性 A ～ D 分別是什麼？

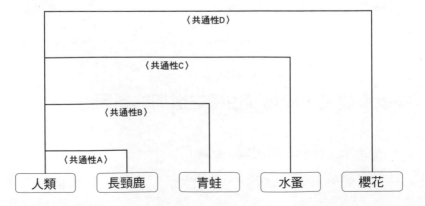

的「概念」。

從這張圖表可以知道，當涉及的範圍愈廣，抽象度便愈高，使得標籤上的文字不得不具有較廣泛的意義與較大的概念，因此便給人一種模糊、籠統的感覺。

只要將共通性 A 的「哺乳動物」和共通性 D 的「生物」拿來對照一看，就一目瞭然，後者顯然是比較模糊的字眼。
抽象的字眼之所以帶有「模糊難懂」、「籠統含糊」的意思，正是因為如此。

圖表1-6｜抽象度的高低

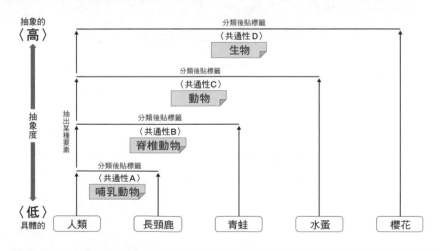

不過，由抽象化所產生的模糊感未必是件壞事，**有時還得要有這種模糊感才能表達出深遠的本質**，這個部分將會在書中後面慢慢依序說明。

具體就是——檢視事物的細節

那麼該怎麼做才能降低抽象度，將注意力擺在具體的事物上呢？**做法就是停止為事物分類**，而改以仔細地檢視各項事物**原本就有的要素**。在過程中，便能逐漸排除曖昧不明的部分，使每一項事物的細節清楚明瞭。

舉例來說，假設你眼前有許多孩子（**圖表 1-7**），請試著觀察他們的具體特質。首先看第一位孩子。

「這個孩子名叫悠人」、「他是男孩子，是三兄弟中的老么。」、「他喜歡踢足球」……。

像這樣仔細檢視每一個人外在可見的特徵，便是在注意具體事物。抽象化是抽出要素的作業，而具體則相反，是將要素一一加回事物。具體的「具」便意味著「具備」的意思。

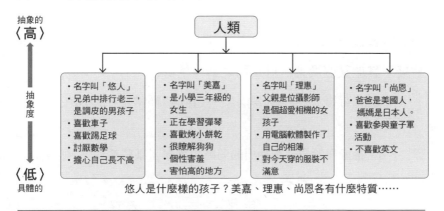

圖表1-7 | 具體看待事物的方法

人類

抽象的
〈高〉

抽象度

〈低〉
具體的

- 名字叫「悠人」
- 兄弟中排行老三，是調皮的男孩子
- 喜歡車子
- 喜歡踢足球
- 討厭數學
- 擔心自己長不高

- 名字叫「美嘉」
- 是小學三年級的女生
- 正在學習彈琴
- 喜歡烤小餅乾
- 很瞭解狗狗
- 個性害羞
- 害怕高的地方

- 名字叫「理惠」
- 父親是位攝影師
- 是個超愛相機的女孩子
- 用電腦軟體製作了自己的相簿
- 對今天穿的服裝不滿意

- 名字叫「尚恩」
- 爸爸是美國人，媽媽是日本人。
- 喜歡參與童子軍活動
- 不喜歡英文

悠人是什麼樣的孩子？美嘉、理惠、尚恩各有什麼特質……

抽象的背後是捨象

我們將觀點轉回到抽象上。如果用抽象的眼光來看待方才所提到的那幾個孩子，該如何詮釋呢？

舉例來說，我們可以用男女性別、兩兩一組的方式為孩子們進行分類，也就是「這裡有兩個男孩、兩個女孩。」（**圖表 1-8**）

在悠人這一欄裡，包含了悠人的名字，以及喜歡踢足球、討厭數學的特質，還有個子比較矮小等外貌上的特徵。同樣的，其他孩子的欄位中也具有各種特性和要素。

但當我們以「兩個男孩、兩個女孩」的形式來理解這些孩

子時，就把其他詳細的個人資訊一下子都捨棄掉了。

從這裡可以看出一個重點。**抽出某些要素的同時，其實也捨棄了其他某些要素**，日文稱之為「捨象」。

抽象的背後必然伴隨著捨象，這兩者經常是相伴而生。

圖表1-8 | 抽象與捨象～在抽出的同時也捨棄了某些要素

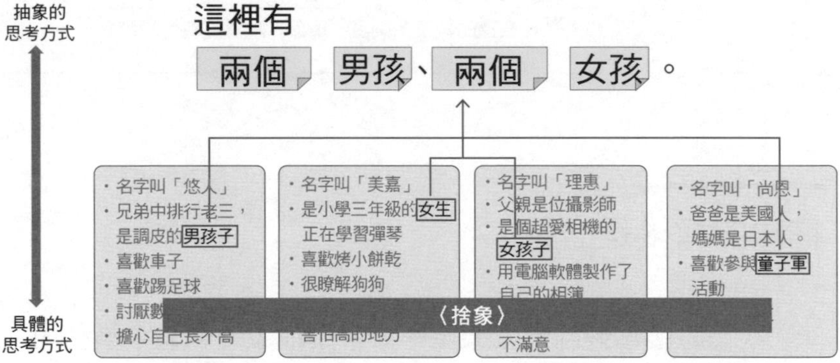

抽象的
思考方式

這裡有

兩個 男孩、兩個 女孩。

・名字叫「悠人」
・兄弟中排行老三，是調皮的男孩子
・喜歡車子
・喜歡踢足球
・討厭數
・擔心自己長不高

・名字叫「美嘉」
・是小學三年級的女生
・正在學習彈琴
・喜歡烤小餅乾
・很瞭解狗狗
・害怕高的地方

・名字叫「理惠」
・父親是位攝影師
・是個超愛相機的女孩子
・用電腦軟體製作了自己的相簿
・不滿意

・名字叫「尚恩」
・爸爸是美國人，媽媽是日本人
・喜歡參與童子軍活動

〈捨象〉

具體的
思考方式

對抽象與具體的來回思考會加強認知的深度

無論是抽象思考或具體思考，這兩者皆同等重要，並無優劣之分。實際上，我們往往在不知不覺間，便在這兩種思維中來回擺盪，同時擴大自己所認知的世界。

舉例而言，請回憶自己幼年時的情況。

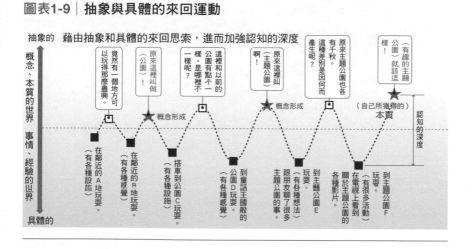

某一天，父母帶著孩子去一個大廣場，讓孩子在那裡盡情地玩耍。孩子仔細觀察了那裡的環境，於是慢慢發現那裡和平常吃飯睡覺的地方有所不同，不知不覺便在腦海中形成了〈公園〉的概念。

過了一段時間，父母帶著孩子去了一個有點不一樣的公園。孩子細心地觀察那裡的環境，發現和自己原本知道的〈公園〉比起來，有某些特別之處，接著才明白〈主題公園〉的概念。

孩子後來又去了幾個主題公園，漸漸習慣了之後，便展露出自己所見到的本質——〈有趣的主題公園就應該是這個樣子〉（圖表 1-9）。

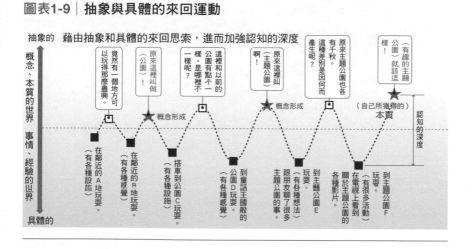

圖表1-9｜抽象與具體的來回運動

概念是用來理解事物的框架，而由自己捕捉到的本質則是用來判斷事物價值的標準。**一旦自己的心裡建構出概念或本質，對事物的看法就會與從前不同。**

下次當孩子再去主題公園遊玩時，對環境的識別力便會隨之提升，並將其與心中的本質互相對照，甚至可能進一步對這個地方做出評價。

反覆經歷這個過程後，孩子便會獲得新的概念，對事物的本質更加深入，於是又開始進行新一輪的來回思考。

就像這樣，我們經由各種事情和經驗而產生概念，並理解其本質。透過這些概念及本質，會使我們經歷過的事情和經驗變得更有意義。

這也意味著，當抽象之中缺乏具體的元素，就會顯得貧乏而不切實際；與此同時，若具體中缺乏抽象的元素，則可能變得雜亂無章，且存在著危險性。

在此將抽象與具體的關係整理成一張概括圖，如**圖表 1-10**所示。

圖表1-10 │ 抽象與具體的概括圖

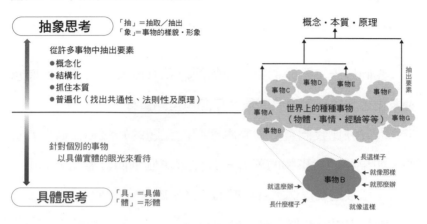

抽象思考　「抽」=抽取／抽出
　　　　　　　　「象」=事物的樣貌·形象

從許多事物中抽出要素
- 概念化
- 結構化
- 抓住本質
- 普遍化（找出共通性、法則性及原理）

針對個別的事物
　以具備實體的眼光來看待

具體思考　「具」=具備
　　　　　　　　「體」=形體

概念·本質·原理

世界上的種種事物
（物體·事情·經驗等等）

事物A　事物B　事物C　事物D　事物E　事物F　事物G

抽出要素

長這樣子
就像那樣
就那麼辦
就像這樣
就這麼辦
長什麼樣子

事物B

「一」對「多」

「on =～之上」是錯誤的想法？

我們每天工作時需要處理的訊息和狀況又雜又多，此時以**抽象化思維來理解事物的能力便顯得至關重要**。

這或許比我們直接用來處理眼前課題的知識和技術更為重要。如果我們對事物的理解一直停留在個別而具體的層面上，就會永遠被迫要以個別且具體的方式來處理事情。

請利用以下的例子來理解這一點。

下面的例句全是由英文寫成。

每一句的括號中都要填入介系詞，請一一確認答案。

● a fly [   ] the ceiling
（停在天花板的蒼蠅）

● a crack [   ] the wall
（牆壁的裂縫）

● a village [   ] the border
（邊境的村莊）

● a ring [   ] one's little finger
（戴在小指上的戒指）

● a dog [   ] a leash
（拴住的狗）

……大家知道要填什麼嗎？

答案全都是 [on]。

我們從前都學過，英語介系詞「on」是「在～之上」的意思，甚至還背誦下來。

用這種方式學英語的人，在表達「停在天花板的蒼蠅」、「牆壁的裂縫」、「邊境的村莊」等句子時，就很難與「on」直接連繫起來，因而想不到要在括號裡填入「on」這個介系詞。

等見到正確答案後才恍然大悟：「原來要填 on 啊！」然後再一個個死記下來

相較之下，目前我手邊有一本英和辭典《E-Gate 英和辭典[9]》（日本 Benesse Corporation 公司出版），這本辭典的書腰上是這麼寫的──

「on=『在上面』是大錯特錯」。

我們趕快來查一查這本辭典裡怎麼解釋「on」的意思，請見下圖（**圖表 1-11**）。

---

[9] 日語書名為《E ゲイト英和辞典》，無中文版。

圖表1-11｜介系詞「on」的核心圖像

on：⋯與～接觸

表示「接觸關係」，與水平或垂直方向無關。

出處：《E-Gate英和辭典》（日本 Benesse Corporation 公司出版）

「on」原本就是表示「接觸某種事物」的介系詞，與上下、左右無關，只要腦海中確實有這張意象圖，就懂得將「on」運用在各式各樣的場合中。

《E-Gate 英和辭典》將單字所擁有的主要意思和機能稱為「核心」（core），並畫成插圖大量刊載於辭典中。目的就是為了告訴讀者，與其記住十個枝微末節的用法，倒不如牢牢記住一個核心圖像就好。

這種以「核心」作為基礎的單字學習法，正是把事物抽象化後再加以理解的做法。

抓住事物本源的「一」

我們如果能提高對事物抽象度的理解，抓住其本源的

「一」，即核心本質，之後我們的理解就會具有連貫性。日後無論是面對十件事或一百種情況，自己都有能力靈活運用。

反之，如果無法藉由抽象化抓住事物本源的「一」，便會一直被枝微末節的十件事或一百種情況所操作，演變到後來若真的要擴大記住一千種類型，我們可能就要舉手投降了。

那些抓住了「一」的人，即便面對一百種情況也能從容應對。由本源的「一」所發想出來的一百種情況，和枝微末節的一百種情況，兩者之間存在著截然不同的差別。**一個獨特且具有強大創意的發想，往往是由本人發現事物本質的「一」作為基礎，再將其具體化以符合現實需求，這幾乎是一個必經的過程。**

換句話說，便是「多」→「一」→「多」的過程（**圖表1-12**）。

由多之中抓住一，再由一展開為多，這將會形成之後要討論的「　字」思考流程的概念思考骨架。

圖表1-12｜由「多」之中抓住「一」，再由「一」展開為「多」。

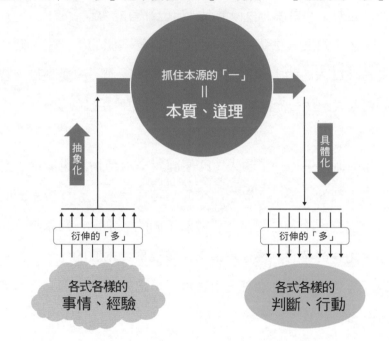

概念、觀念、信念、理念

根據抽象而理解的內容——那就是「概念」

當我們探究事物時，為了深入理解而從中抽出要素，這個形式便是所謂的抽象化。

而根據這種抽象形式所理解的內容——包含了本質、本源的「一」，以及涵蓋多項事物的共通性——在本書中便稱之為「概念 concept」。

concept 這個英文單字是由字首「con-」和字根「cept」組合而成，cept 是「ceive ＝拿取、接受」的名詞型態，因此 concept 便有「確實拿取的事物（以及自己內心接受的內容）」的根本語感（**圖表 1-13**）。

具有相同字根的英文單字還有 percept，意思是「（由感覺器官帶來的）知覺」。

concept 則是將這種知覺感受進一步加以理解、解釋及組織的過程。一般而言，中文目前將其翻譯成「概念」。

順道一提，concept 還有「懷孕」的意思，由於其字根具有「拿取、接受」的語感，所以這個解釋確實很合理。

此外，在德語當中，表達概念一詞的單字是「begriff」，其字根同樣也帶有「拿取」的語意。

圖表1-13 │ 「concept」的原意

concept 的原意──確實拿取並放入心中，接受的內容。

〈動詞形〉	〈名詞形〉	〈形容詞形〉
con ceive	concept	conceptual
強調的意思＋拿取、接受	拿取的內容	
● 想到、構思、懷有（各種好主意或計劃等等） ● 懷孕	● 概念或觀念 ● （對事物粗略的）理解和掌握 ● （創作的）構想和意圖	● 概念上的、構思上的 ● 與概念形成有關

　　無論如何，我們都試圖以抽象的方式來理解事物。但是我們理解的內容，即所謂的 concept，一開始只是「粗略的想法」，仍處於曖昧模糊的狀態。

　　人類是一種追求真理的動物，並不喜歡這種曖昧不明的情況，於是便將自己理解的內容轉化為明確的語言固定下來。

　　沒錯，這就是「**定義**」。

　　透過對事物的定義，才使原本「粗略的想法」（concept）被賦予了內容與輪廓，讓人能夠確實地掌握。而人類更偏好這種穩定的狀態。

定義會形塑概念

對於生活在商業社會的我們而言，「事業」是一個再自然不過的詞語。然而一旦要為其下定義，反倒是件困難的事情。

首先，我們腦海中會浮現出與事業相關的各種場景與形式、實際情境，然後我們會深入本質的部分，再從中抽出某些要素，最後將這些抽象的東西轉換為語言表達。

試問，你會如何為事業下定義呢？請利用下面的小習作好好想一想。

舉例來說，在日本知名的辭典《廣辭苑 第七版》中，便記載了較具代表性的一般定義。

● 所謂的事業，即為「基於一定的目的與計畫而經營的經濟活動」。

原來如此，這是非常客觀的說明。以下是美國著名的經營管理學家彼得・杜拉克（Peter Drucker）對事業的定義。

小習作

請用自己的話對「事業」一詞加以定義。

● 所謂的事業，即為「　　　　　　　　　　」。

● 所謂的事業，即為「在市場上將知識轉換為經濟價值的
過程」。

——引用自《成效管理[10]》

他的說法一針見血的說明了何謂事業。

那麼我平日舉辦的進修講座，參與的學員們又會提出什麼
樣的定義呢？讓我們一起來看看他們的答案。

● 所謂的事業，即為「透過商品與服務以獲得利益的活動」。

● 所謂的事業，即為「不斷獲取顧客青睞的活動」。

● 所謂的事業，即為「將人、物、錢加以組合後所進行的
價值創造」。

● 所謂的事業，即為「能給參與其中的人帶來各種可能性
的機會之地」。

---

[10] 彼得‧杜拉克的著作《成效管理》，英語書名為《Managing for Results》，繁體中文
版於 2001 年由天下文化出版，現已絕版。

● 所謂的事業，即為「獨自一人無法完成的夢想，能藉由組織而得以實現」。
● 所謂的事業，即為「產生大量職缺，使世上的金錢不斷循環的社會活動」。
● 所謂的事業，即為「資本家利用陰謀詭計以成就自己的金錢遊戲」。

　　像這樣把想法具體化為語言的過程非常重要。僅僅在腦海中隨意地想一想，並不算真正的思考。**唯有絞盡腦汁的將想法化作語言，方能強化思考的深度，最後才知道自己對事物真正的想法和解讀。**

　　從大家提出的眾多定義中尋找正確答案，這並不是概念思考的目的，**因為概念會因人而異，所以沒有絕對正確的答案。**

　　自己提出的定義究竟如何，最終的評斷並不取決於他人，而是由未來的自己才能做出最明確的判斷。或許到那時，我們才會領悟到「當時自己的理解實在是太過膚淺了！」

　　如果要勉強提供一個「好的定義」，那麼只要是「能深刻且確實地理解某一事物，並對自己的思考和行動產生積極的影響」，就可以算是好的定義了。

「概念」是多數人理解的內容，
「觀念」則是個人認知的內容

當我們用語言來定義某一事物時，那便是形成**概念**的過程。

所謂的概念，就如同字面上的意思，表示「**人們大概都會這麼想的念頭**」。

換言之，是以多數人共同理解的事物作為前提，且具有客觀的說明。這意味著字典和百科辭典都可以稱之為概念集。

然而，如同「何謂事業？」這個例子所示，每個人對事物的定義，皆因其立場、狀況的不同，而存在著各式各樣的差異。

當我們在自己腦海中對事物下定義時，所產生的定義應該就是概念性的內容。但是與其說是概念，有時我們的定義其實比較接近觀念性的內容。此外，有時也許比較偏向信念性的內容，也有可能是理念性的內容。

那麼這裡所說的概念性和觀念性、理念性、信念性，這四者究竟有何不同呢？差別就在**圖表 1-14** 當中。

在這張圖表中，橫軸表示對事物的理解是「客觀（大家具有共同的理解）」或「主觀（可以有獨自的觀點）」，縱軸則

表示對事物的理解偏向「說明」或「意志」。由這兩條軸線劃分出四個象限。

讓我們以「櫻花」為例思考一下。當我們要定義何謂櫻花時，下面列舉的這些定義內容，便會造成語感上的差異。

- 所謂的櫻花，即為「薔薇科櫻亞屬的一部分落葉闊葉林之統稱，是日本的國花，自古稱為『花』者皆指櫻花。」

  → 「概念性」的定義〈客觀 × 說明〉

- 所謂的櫻花，即為「讓許多人心生歡喜的花中王女（我忘不了年幼時看見的那滿山遍野的山櫻）。」

  → 「觀念性」的定義〈主觀 × 說明〉

- 所謂的櫻花，即為「世間上既短暫又堅毅的美麗存在（我也希望如櫻花般綻放自己的生命，最終乾乾淨淨的逝去）。」

  → 「信念性」的定義〈主觀 × 意志〉

- 所謂的櫻花，即為「春日那清新湧動的生命象徵（因此本校的校徽以櫻花為設計靈感）。」

  → 「理念性」的定義〈客觀 × 意志〉

明白這些差異之後，再回頭看「何謂事業？」的定義時，我們便能分辨出語感上的種種不同。

「所謂的事業，即為透過商品與服務以獲得利益的活動。」這是**概念性**的定義。

而「所謂的事業，即為能給參與其中的人帶來各種可能性的機會之地。」則偏向主觀描述，屬於**觀念性**的定義。

「所謂的事業，即為獨自一人無法完成的夢想，能藉由組織而得以實現。」這是由主觀與意志建構而成的描述，是一種**信念性**的定義。

「所謂的事業，即為資本家利用陰謀詭計以成就自己的金錢遊戲。」同樣也是**信念性**的定義，這句話可以說是帶有負面能量的信念。

至於「所謂的事業，即為產生大量職缺，使世上的金錢不斷循環的社會活動。」這樣的描述便是**理念性**的定義。

圖表1-14│定義內容的語感範圍

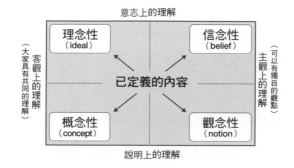

超越概念，釐清觀念，並昇華為理念和信念

進行概念思考時，所謂的定義並非一定要是客觀的說明不可。如果是科學家或字典、辭典的編纂者，就工作特性而言，確實需要表現客觀的說明。

除此之外，在絕大多數的情況下，人們理解事物時往往是混雜著客觀與主觀的想法，兩者之間並不是壁壘分明。

一般來說，由於意念和情感的作用，我們理解事物時往往添加了意志這種帶有熱度、情緒的判斷，因而不完全中立。要純粹地運用理智判斷，完全拔除意志和情緒的作用，以客觀且理性的方式為事物下定義，反倒是件異常且困難的事。

　　商業世界混雜了科學、美術、哲學等知識，是一個相當複雜的領域。當然科學所要求的是以冷靜且概念性的眼光來理解事物，但美術和哲學則要我們超越概念，並釐清觀念，甚至昇華至理念和信念的層面。

　　歷史上那些為人所稱道的卓越事業，無一例外都是由主導者運用自己獨特的解釋及理念、信念而成就的功業，這一點也是不容忽視的事實。

　　從這個觀點來看，商務現場所運用的概念思維，其中的「概念」與「對事物的定義」就不能僅停留在客觀認知與理解的範圍內，而應擴大為主觀的意志創造，並賦予主觀的意義，我們應該用這種心態來理解事物。此外，我們還會在客觀定義與主觀定義的主題上展開討論，歡迎各位多加參考。

究竟要定義為「a事業」或是「the事業」？

出身於日本的著名企業家松下幸之助和本田宗一郎，究竟是如何定義事業呢？

松下幸之助在《實踐經營哲學[11]》（日本 PHP 研究所出版）一書中如此描述：「俗話說『事業即人』，這句話一點也沒錯。（中略）當我還在小公司規模時便經常告訴員工，拜訪客戶時，如果對方詢問：『松下電器是製造什麼的公司？』就這麼回答：『松下電器是製造人才的地方。雖然我們也製造電器產品，但是以製造人才為優先。』」

此外，本田宗一郎於日本昭和35 年（西元 1960 年），將本田技術研究所從本田技研工業中獨立出來，他在公司的成立儀式上說：「我就待在研究所，研究所究竟要研究些什麼呢？我的課題並不是技術，而是要研究『人們會喜歡的東西』。」（引用自本田技研工業刊物《Honda Magazine》2010 年夏季號）

對於松下電器產業（現為 Panasonic）而言，「所謂的事業，即為製造人才。」對於本田技術研究

所而言，「所謂的事業，即為研究人們的喜好。」──這些全都是主觀的見解，兩位企業家顯然是刻意為之。

事物的定義之所以會產生主觀和客觀的差別，原因之一在於定義者所持有的立場，究竟是一般想法或是特定想法。要定義何謂事業時，你心裡想的是「a 事業」？或者是「the 事業」？

前者是以整體性的眼光來看待事業，所抱持的立場為「一般而言，事業本來就是如此」。後者則會讓人聯想到特定的事業，所抱持的立場為「對我而言，事業具有這種特性。」

無論是松下或本田，如果詢問他們對「a 事業」的定義，大概會從兩人身上得到明確的說法。然而當事物的說明愈客觀、愈明確，所得出的定義便愈像辭典裡的標準用詞。

他們都不是學者，而是企業的經營者，是管理許多員工的領導者，必須提出具有獨特魅力與熱情的說詞，因此才會用簡潔而強烈的話語，來表達自己所理解的「the 事業」。

[11] 日語書名為《実践経営哲学》，作者為松下幸之助，於 2001 年由日本 PHP 研究所出版，尚無中文版。

「π字」思考流程

抽取、理解、展開

這裡再介紹一項用來定義事物的作業。

小習作

利用這張學習單好好想一想，該如何用自己的語言和圖片來表達「成長」這個概念。

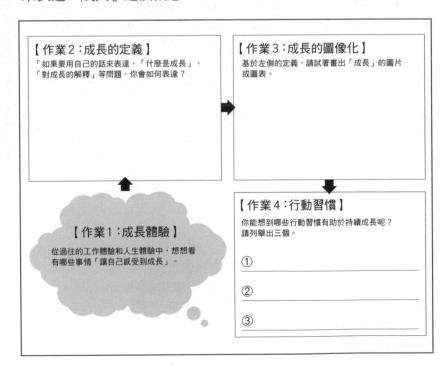

【作業2：成長的定義】
「如果要用自己的話來表達，「什麼是成長」、「對成長的解釋」等問題，你會如何表達？

【作業3：成長的圖像化】
基於左側的定義，請試著畫出「成長」的圖片或圖表。

【作業1：成長體驗】
從過往的工作體驗和人生體驗中，想想看有哪些事情「讓自己感受到成長」。

【作業4：行動習慣】
你能想到哪些行動習慣有助於持續成長呢？請列舉出三個。

① _____

② _____

③ _____

這份學習單可以細分為四項作業。

〈作業 1〉從過往的工作體驗和人生體驗中，想想看有哪些
事情「讓自己感受到成長」。

〈作業 2〉用自己的話來表達「什麼是成長？」、「對成長
的解釋」等問題。

〈作業 3〉基於〈作業 2〉的定義，請試著畫出「成長」的
圖片或圖表。

〈作業 4〉列舉三個有助於持續成長的行動習慣。

〈作業 1〉要回顧現實生活中的種種體驗和成長的相關片
段。接著從具體的體驗當中抽出本質要素，將何謂成長濃縮成
簡短的句子，這就是〈作業 2〉。這個思考流程便是在進行抽象
化與概念化。我們從形形色色的體驗中建立起成長的概念，再
具體化為語言敘述出來。**圖表 1-15** 便是實際舉辦進修講座時，
學員們所提出的答案。

〈作業 3〉是加深抽象化與概念化的流程。我們不但要將前
面抓住的本質化為語言，而且還要透過作業，將其以圖像的方
式表達出來。將概念轉換為視覺圖像後，就能輕易看出語言難
以表達的整體結構，以及各個要素之間的關聯性。

圖表1-15 │ 「成長」的定義〈在進修講座、工作坊裡得到的答案實例〉

〈作業 4〉是在作業 1 ～ 3 的基礎上展開實際的行動。若僅停留在抽象化、概念化的層面便宣告結束，那就只是腦海中的封閉遊戲罷了。重點是將思考發展為具體的行動，只要能夠起而行，你就會有各式各樣的新發現，並從中展開新一輪的抽象化與概念化。

事實上，這張學習單是依據概念思考的基本思考流程而設計的，也就是**抽象化（抽出）→概念化（理解）→具體化（展開）**

的過程（**圖表 1-16**）。

由於其在具體層次與抽象層次之間來回擺盪的型態，本書將這個思考過程命名為「**π 字思考流程**」。

圖表1-16｜「π字」思考流程

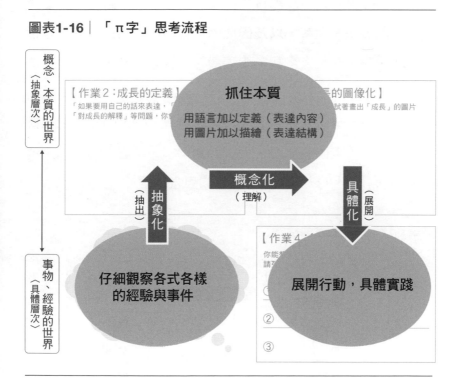

形塑觀念的過程

我們每個人的心裡都有各自的「**觀念**」。所謂的觀念**意指對事物的看法、理解，以及因此而形成的內在認知世界**，包括工作觀、職業觀、人生觀、幸福觀、社會觀、歷史觀、生死觀等。

觀念的形塑狀態因人而異，可能會有「堅定的觀念／搖擺的觀念」、「牢固的觀念／薄弱的觀念」、「寬大的觀念／僵化的觀念」、「明亮的觀念／陰暗的觀念」等。

圖表1-17│形塑觀念的機制

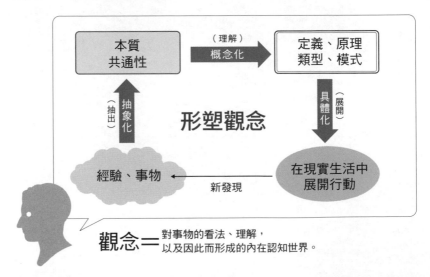

那麼觀念的形塑狀態為何會產生如此兩極化的差異呢？

其中一個答案是由於**概念思考力的差異**所致。

如同前面的小習作「成長的定義」所示，形塑觀念的基礎來自於經驗，以及對事物的觀察。但是僅僅如此還不足以形成觀念。

當我們將事物從具體層次提升到抽象層次，抓住其本質後對事物下定義，接著在心中描繪出原理和機制，然後進一步往下移動至具體層次，並展開實際行動，繼而獲得新發現，於是再次邁向新的抽象層次。

唯有透過這種往復循環的「π 字」思考流程，才能幫助我們形塑出觀念。

過程中由於意見的「強／弱」、「厚／薄」、「大／小」、「平衡／偏頗」等不同，所形塑出來的觀念自然便會產因人而異，而具有不同的個性。

在公司裡即使是累積了相同的業務經驗，員工的成長狀態依然有所謂「能力好或能力差」的區別，這與業務特質是否適

合本人的能力當然有密切關係。

然而更重要的是，員工本身是否能建立自我成長的態度，具體而言便是從經驗中抓住「如何成長」的本質，並在腦海中描繪出相關原理，而且持續落實到行動上，這才是關鍵要素。

什麼是「不倒的軸心」？

藉由「抽象化→概念化→具體化→新發現→（新一輪的）抽象化」的強力循環，便形塑了我們的觀念，建立起「不倒的軸心」。如同「陀螺效應」一般，使肉眼看不見的自轉軸愈轉愈穩固。

有了如此穩固的觀念＝不倒的軸心，無論面臨任何狀況或資訊，我們都能自行對事物做出理解及解釋，並進行穩定的價值判斷。換句話說，我們已經具備了「內在的指南針」（**圖表 1-18**）。

這種概念性的思考能力，與各種觀念的形塑有相當密切的關係，日後甚至會影響我們面對工作和人生的態度。概念思考之所以被稱為「意的思考」也和這一點有關。

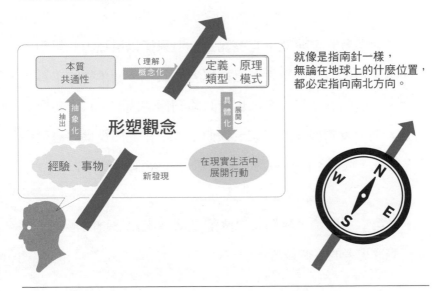

圖表1-18│什麼是「不倒的軸心」？

只要形塑出堅定的觀念，就會建立起「不倒的軸心」。
無論面臨任何狀況或資訊，我們都能自行對事物做出理解及解釋，
並進行穩定的價值判斷。

本質
共通性

（理解）
概念化

定義、原理
類型、模式

抽象化
（抽出）

形塑觀念

具體化
（展開）

經驗、事物

新發現

在現實生活中
展開行動

就像是指南針一樣，
無論在地球上的什麼位置，
都必定指向南北方向。

「概念思考」的定義

　　以上我們一起探討了概念思考的關鍵概念——抽象和具體、一對多、概念・觀念・信念・理念、π字思考流程。截至目前為止，透過本書的說明，大家應該都能逐漸看懂何謂概念思考。

　　現在請大家回頭再看一次「吊床模型」，我想各位就更清楚圖中所要表達的意涵了。

　　最後，我將本書所定義的概念思考及其特徵，即「四個思考立場」、「三個思考流程」、「五個思考技巧」等，都整理至**圖表 1-19** 中，以此作為基礎課程的總結。

　　概念思考的定義似乎有些冗長，但只能以這種方式呈現，也展現了這種思考的特性。這種思考方式牽涉到事物的本質與原理、人們的意見與心念，也會討論到價值問題。為了想出具有強大創意及獨特性的答案，我們不得不在混沌模糊的思緒中苦苦掙扎，鍥而不捨的將內心領悟到的事物細細雕琢出來。

　　從第二章開始，我們將以講解及演練交錯呈現的形式，來說明概念思考的五個技巧。

圖表1-19｜概念思考之概要

概念思考即為──

- 「概念性的思考」
- 「抽出事物的本質，抓住原理及框架的思考方式。」
- 「形成概念、觀念、理念、信念，進而產生自己意見的思考方式。」
- 「接觸世間的森羅萬象後，在心中形成自己的道理，並將道理落實在行動上的思考方式。」
  （這裡所謂的「道理」，意指由概念、意義、價值所創造的秩序）

圖表1-19 │ 概念思考之概要（續圖）

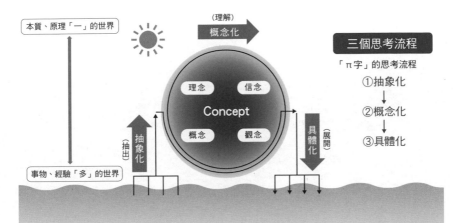

四個思考立場

- **仔細觀察根源**
  考察的目標在於找出根源，根源會孕育出本質。

- **綜觀全體**
  綜觀能力比分析能力更重要，要懂得概括性地掌握事物的結構，及要素之間的關係。

- **在抽象和具體之間來回遊走**
  當抽象之中缺乏具體的元素，就會顯得貧乏而不切實際；若具體中缺乏抽象的元素，可能會變得雜亂無章。

- **超越客觀，具備主觀**
  概念思考的目的是為自己建立概念，產生獨自的意見，並賦予事物意義，以期得到自己的最佳解釋。由個人思考而產生的答案，人人各不相同，也必然會如此。我們該做的是超越客觀層面，深入發掘自己的主觀見解。

五個思考技巧與基礎能力

- **定義化──抓住事物的本質後加以表達**
  - 仔細觀察根源的能力
  - 建立概念的能力
  - 濃縮本質的表達能力
  - 用獨特的眼光看待事物的能力

- **模式化──簡化事物的結構後加以表達**
  - 掌握結構／關係／機制的能力
  - 歸納能力
  - 將想法轉化為圖像的能力

- **類推──理解事物的原理後應用在其他地方**
  - 從其他事物中學習的能力
  - 善用比喻的能力
  - 應用並擴展本質的能力

- **精煉──對事物的理解方式將變得既敏銳又靈活**
  - 建立新概念的能力
  - 改變思維模式的能力
  - 深入發掘概念的能力

- **意義化──對事物賦予意義和價值**
  - 發掘意義的能力
  - 克服價值衝突的能力
  - 描繪願景的能力
  - 重新調整自己的能力

第 2 章

抓住事物的本質

根源探索

仔細觀察事物的本源

探討概念思考時，我們最初應該學習的技巧便是「**定義化**」。

關於如何對事物下定義，我們已經在第一章的「成長的定義」、「事業的定義」等主題中稍作接觸，這裡會對「定義化」進行更詳細的討論。但在此之前，我們應該從基本的訓練著手。

想要鍛鍊自己具備概念性的思考力，有一項基本作業絕對不可鬆懈，那便是**仔細觀察事物的根源**。

當你想要深入理解某項事物時，首先可以從與主題相關的語源著手，而主題多半都會以文字來呈現。

舉例來說，如果你從事旅遊商品的銷售工作，就試著查看看「旅」、「旅行」等詞語的來源。

語言並不單純只是記號而已，當中仍留有完整的概念化痕跡。而語源更是含藏著事物的本質，等到我們掌握之後，就能迅速拓展思考的深度。

像這樣從根源處下手掌握事物的本質，這種思考習慣能為我們奠定概念思考的基礎。

「春」字的深層日語概念

談到「春」（日語發音為 haru）這個字，大家肯定都知道它的意思是，「在寒冬之後降臨的溫暖季節」，就連小學生都認識這個字。

然而，若從本質的層次來理解「春」字，從根本上掌握「春」的概念，就沒有多少人知道了。

因此我們重新翻閱字典，查一查「春」這個簡單的漢字。以下是日本最具代表性的字典《廣辭苑 第七版》的解釋。

（「張る」發音 haru，草木萌芽之意。「墾る」發音 haru，開墾稻田之意。「晴る」發音 haru，氣候晴朗之意。）①是四季當中的第一個季節，在日本和中國，皆為從立春之後到立夏之前的這段期間……

開頭的括號之內是「春」（haru）的語源說明，括號之後為「春」字的解釋。

這裡請注意語源的部分。

陰冷的冬天終於結束，天空逐漸變得「**晴朗**」（晴る）明亮，人們紛紛「**開墾**」（墾る）田地，樹枝上「**萌發**」（張る）的

新芽舒展開來，煥發出蓬勃的生命力。與此同時，人們舒展身心也稱之為「**張る**」（haru）。

就像這樣，**明亮、清透、躍動的狀態**，就是日語「はる」（haru）的概念，正與季節中的「春」相互呼應。

順道一提，據說夏天的日語是由表示很熱的「熱つ」（atu）變化而來；到了秋天，豐收的糧食足以使眾人飽餐一頓，因此秋天的日語便源自於飽足的「飽き」（aki）。冬天則由表示寒冷的「冷ゆ」（hiyu），以及冷得發抖的「振ゆ」（huyu）等單字變化而來。（以上說法引用自中西進著作的《用平假名讀懂日本語[12]》一書）

同樣的，英語的春天是「spring ＝跳躍」，秋天是「fall ＝掉落」，這些語源概念也十分合理。**語言中的每一個詞語，都能反映出創造者的思維與感性。**

概念思考並不看重記憶力，而是要我們掌握詞語深層的根源，理解完整的概念，細心觀察詞語的整體樣貌，這才是重點所在。

---

[12] 日語書名為《ひらがなでよめばわかる日本語》，作者中西進，2008 年日本新潮文庫出版，尚無中文版。

當我們看到「春」這個漢字時，就能聯想到其本源的日語詞彙「はる」。漫步在春日的街頭上，看見枝椏上初生的新芽，心中便能感受到一股「萌發」（張る）的喜悅，這才是概念思考所帶來的力量。

辭典是探索根源的大寶庫

語言，展現出古人如何看待事物的最終概念。值得慶幸的是，集語言之大成的辭典在現代社會裡相當普及。

要鍛鍊對事物的概念思考力，第一步是和辭典做好朋友。

方才提及的「春」字，似乎一看就懂，但仍不可輕忽，要養成重新查字典的習慣。我們以為很簡單的詞語，往往蘊含著重要的概念。

下列是我推薦的辭典。

● 國語辭典
● 漢和辭典、漢字辭典、字源辭典
● 語源辭典
● 語感辭典
● 表現辭典

● 古語辭典

● 成語故事辭典、慣用語辭典

● 外國語辭典（英和辭典、英英辭典）

● 哲學辭典

● 名言集、格言集

● 其他辭典

此外，關於「其他辭典[13]」的部分，我的書架上有下列這些辭典。

● 《日本的傳統顏色》（日本 PIE International 發行）

● 《顏色的名稱507》（福田邦夫著，日本主婦之友社出版）

● 《宙之名》（林完次攝影、撰文，日本角川書店出版）

● 《空之名》（高橋健司攝影、撰文，日本角川書店出版）

● 《至少要用一次的季節性詞彙》（長谷川櫂著，日本小學館出版）

● 《用平假名讀懂日本語》（中西進著，日本新潮文庫出版）

- 《美麗的日本語辭典》（小學館辭典編輯部出版）
- 《季語集》（坪內稔典著，岩波新書出版）
- 《看圖就能理解的單字書》（田中茂範、佐藤芳明、河原清志合著，日本放送出版協會出版）
- 《思考用語辭典——生存的哲學》（中山元著，日本筑摩學藝文庫出版）
- 《職人用語的「技與粹」》（小關智弘著，日本東京書籍出版）

這些辭典沒有必要全部買回家，日本各地的公立圖書館書架上便擺放著形形色色的辭典。此外，你也能在網路上輕鬆的找到它們。

當你要投入較大規模的工作時，請先確定工作主題的核心詞彙，再從辭典中找出相關的語源。如此一來，便可展開概念思考的工作模式了。

如果省略這個步驟，就無法在自己的思考過程中形成穩固的軸心，導致工作狀態愈來愈疲弱，或者成果平庸，抑或半途而廢。

請查查核心詞彙的語源，包括外來語及其語源，更要使用數本辭典、交叉查詢。在查詢的過程中，核心詞彙的概念將會

慢慢地在自己心裡面顯現，形成你對這份工作的概念，並確認主軸方向。

一旦工作的規模愈大，就愈不能欠缺這個步驟。

查詢語源本身就是形成概念的過程

比方說，對我而言，將「概念思考課程」寫成書籍就是一個大規模的專案。在這項專案中，核心語彙想當然爾便是「概念」一詞。我們似乎能看懂這個詞，但卻沒有仔細查詢過精確的意思。

所謂的「概念」究竟是什麼意思呢？雖然我們平常也會使用「概念性」這種具有微妙語感的說法，但仔細想一想，「概念」究竟呈現出什麼樣的狀態呢？

帶著這樣的疑問，於是我在實際寫稿前便去查了字典。為了寫一本概念思考的書籍，同樣我也要從查字典開始建立概念。

我用英和辭典查詢「concept」，也用英英辭典查詢「concept」。根據辭典的解釋，這個字可以分解為「con + cept」，其中的字根「cept ＝拿取的內容」，便是這個單字所蘊含的本質意義。

接著我再用國語辭典查詢作為譯入語的「概念」，由於「概念」也是哲學用語，因此我還查詢了哲學用語辭典。

根據辭典的說明，概念即為「大家普遍都能想到的意思與內容」。於是我結合英語單字 concept 的解釋，對這個詞便有了更深入的理解。進一步而言，概念是一種思考形式，這種形式伴隨著抽象化，用以掌握事物的本質。

於是我再抓出「抽象」這個詞，緊接著便是探索這個詞的根源……。透過這一連串的作業過程，逐漸形成本書的主要論述，確定本書的意圖。

接下來就讓我們一起進行「根源探索」的作業。

這張學習單的目標如以下所示。

● 對語源懷抱著關心，從語源當中了解核心概念。

● 養成使用字典的習慣。

● 透過探索根源的方式，再次進行自我認同，進而導引出自己的理念。

定義化學習單1-A │ 探索自己名字的根源

① 寫下自己的名字。（不包含姓氏）
② 用字典查詢名字中每一個文字的意思（起源、由來、字型結構、意思等）。
③ 從每一個文字中找出其本質、意象、訊息。
④ 完成上述的作業後，請寫下你對名字的個人理解，以及對自己的期許。

學習單1-A │ 探索自己名字的根源

❹ 寫出名字
的理念

> 覺得自己的名字帶有這樣的含義，我希望自己成
> 為這樣的人。

▲

❸ 查詢文字
• 本質
• 意象
• 訊息

▲

❶ 名字中的文字

▲

❷ 查詢名字
• 起源及由來
• 字型結構
• 意思

這項作業的具體範例，請見作業 1-B 之後的「近瀨太志的概念思考奮鬥記」。我舉辦的進修講座，通常會在開課之前提出這項作業，待課程一開始，就讓學員用這份學習單做自我介紹。

下一份作業和剛才的作業非常類似，只是把探索根源的對象改成自己所從事的職稱及行業名稱而已。

回過頭來看，我們對自己的職稱，如「業務」、「開發」、「會計」、「工程師」、「顧問」等，以及行業名稱「建設」、「電機」、「廣告」、「不動產」等，平時並不甚在意。

如果你再去尋找這些名稱的根源，就會發現當中其實蘊含著核心概念。這個核心就是成為一名專業人士的起點，使你明白該怎麼扮演好自己的角色。

那麼，接下來就讓我們完成這份概念思考學習單，把平時容易忽略的職稱、行業名稱的本質通通找出來吧！

定義化學習單1-B | 探索職稱、行業名稱的根源

①寫下自己所從事的職稱或行業名稱。
②使用字典查詢每一個文字（起源及由來、字型結構、意思等）。
③從每一個文字中找出其本質、意象、訊息。

學習單1-B | 探索職稱、行業名稱的根源

❸查詢文字
- 本質
- 意象
- 訊息

▲

❶職稱、行業名稱

▲

❷查詢名字
- 起源及由來
- 字型結構
- 意思

近瀨太志的概念思考奮鬥記①

近瀨太志已經在旅行社工作八年了，目前年齡三十歲。他在市場行銷總部的促銷活動企劃部促銷二課擔任組長。

在學生時期，近瀨太志參加了活動企劃相關的社團，深知企劃工作的有趣之處。由於喜歡拍照的緣故，他最喜歡的活動便是拍攝各地的風土人情。

在過去半工半讀期間，他選擇從事國內旅遊的領隊工作，這份工作讓他有機會四處遊歷，因此對日本非常了解。每當他存到錢，就會出門進行攝影之旅。

畢業之後，他毫不猶豫地進入相關的旅行社工作。就職後，他曾在分公司負責法人業務、海外旅遊的領隊業務等工作，三年前才調職到總公司的促銷活動企劃部，一直工作至今。

近瀨太志在上班前來到辦公室，坐在書桌前翻開文件，正與字典搏鬥中……。

近瀨：「（自言自語）原來如此，〈太〉字不是少了一點的〈大〉字，而是從安泰的〈泰〉演變而來的呀！」

此時有人從他身旁經過，那是一大早就來到公司，隔壁促

銷一課的組長梶川聰子，她比近瀨早一年進公司。

　　梶川：「近瀨君，你該不會是在寫『概念思考』的作業吧？
我去年也去上課了。」

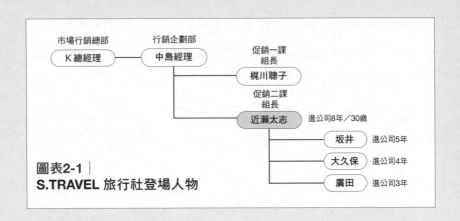

市場行銷總部
Ｋ總經理

行銷企劃部
中島經理

促銷一課
組長
梶川聰子

促銷二課
組長
近瀨太志　　進公司8年／30歲

坂井　進公司5年

大久保　進公司4年

廣田　進公司3年

圖表2-1
S.TRAVEL 旅行社登場人物

　　近瀨：「是啊！我正在重新調查自己的名字，我覺得有不
少新發現呢！」

　　梶川：「尤其是漢字，意思非常豐富。雖然我早就知道自
己名字裡的〈聰〉字表示〈聰明〉的意思，但是為什麼要有個
〈耳〉字旁，以前我沒什麼機會認真想這件事。

　　經過仔細調查之後才知道，從前的人認為聰明人就是『好
好聽話的人』，而且聖人的〈聖〉字也有耳字旁，就像現在所
說的『善於聆聽的人』。」

近瀨：「哦～〈耳〉字旁還真是深奧啊！」

梶川：「所以父母為我取名為『聰子』，我賦予它的理念就是〈側耳傾聽的人〉。成為主管之後，我深深體會到傾聽的重要性。近瀨君，你找出什麼本質了嗎？」

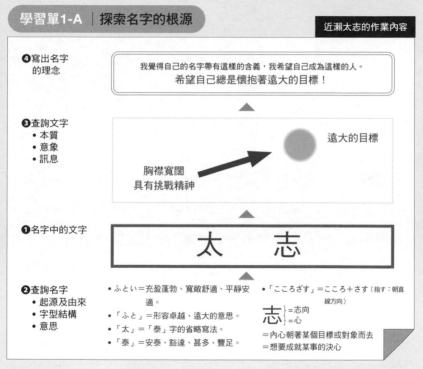

學習單1-A | 探索名字的根源

近瀨太志的作業內容

❹寫出名字的理念

> 我覺得自己的名字帶有這樣的含義，我希望自己成為這樣的人。
> 希望自己總是懷抱著遠大的目標！

❸查詢文字
- 本質
- 意象
- 訊息

遠大的目標

胸襟寬闊
具有挑戰精神

❶名字中的文字

太　志

❷查詢名字
- 起源及由來
- 字型結構
- 意思

- ふとい＝充盈蓬勃、寬敞舒適、平靜安適。
- 「ふと」＝形容卓越、遠大的意思。
- 「太」＝「泰」字的省略寫法。
- 「泰」＝安泰、豁達、甚多、豐足。

- 「こころざす」＝こころ＋さす（指す：朝直線方向）

志 ⎱＝志向
　 ⎰＝心

＝內心朝著某個目標或對象而去
＝想要成就某事的決心

圖表2-2

參考辭典 [14]：《字訓》（白川靜、平凡社）、《新明解 現代漢和辭典》（三省堂）、《旺文社 漢字典》（旺文社）、《學研 新漢和人名字典》（學習研究社）

---

[14] 此處列舉的參考辭典皆為日語辭典，都由日本出版社發行。

近瀨：「從意象上來說，就像這張圖的感覺（**圖表 2-2**）。提到〈志〉這個字，給人心之所向的語感，所以我畫了充滿熱情的紅色粗箭頭。我賦予這個字的理念，是希望自己總是懷抱著遠大的目標。我想父母應該也是基於這個想法，才為我取了這樣的名字。」

當天近瀨和上司中島經理一起吃午餐，他們在餐桌上的話題便是關於「促銷活動企劃」（日語：販売企画）這個職稱的語源。

近瀨：「〈販〉字的結構中有個〈反〉，表示〈翻轉回去〉的意思，衍伸為物品的往返、交換有關。至於跟什麼東西交換，就像〈販〉的〈貝〉字偏旁所示，是和財物、財寶交換。

確實如此，我們每天賣出商品，再從顧客那裡收到金錢，不停地反覆循環（**圖表 2-3**）。」

中島：「〈販〉字中的〈貝〉代表財物、財寶，對我們而言就是直接的商品或金錢，但它的意思僅僅是如此而已嗎？我們和顧客之間應該還有其他東西需要來往交涉。」

近瀨：「您的意思是？」

學習單1- B │ 探索職稱、行業名稱的根源

近瀨太志的作業內容

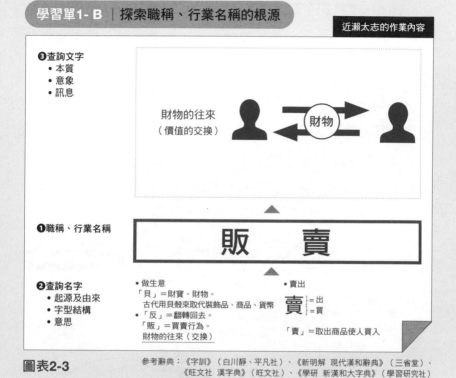

圖表2-3　參考辭典：《字訓》（白川靜、平凡社）、《新明解 現代漢和辭典》（三省堂）、《旺文社 漢字典》（旺文社）、《學研 新漢和大字典》（學習研究社）

中島：「我還在第一線做法人業務時，經常要去客戶那裡拜訪，特別是沒有收到訂單的時候，我還是要向客戶們提供新資訊，細心的給予協助，而對方也會回饋他們的資訊給我。儘管這樣的互動對於直接提高營業額沒有幫助，但也能算是販賣工作的一環吧！」

近瀨：「原來如此，我擔任第一線的業務時也會這麼做。交換的東西確實不只是金錢上的數字呢！

對了，部長對企劃工作有什麼樣的印象呢？」

中島：「大概像是撒網的感覺吧！撒網之後，接下來就是懷抱著期待的心情等待結果，這就是我的感受。」

近瀨：「您說的就是〈企〉這個字的意思呢！〈企〉字表達出一個人踮起腳尖，焦急等待的樣子。

〈企〉表示懷抱著野心下賭注般的行為。反之，〈劃〉則帶有方方正正的語感，它的字型彷彿有一名古代官吏提起筆，

圖表2-4

在地圖上畫出一條條的線，將每一塊田地區隔開來的樣子（圖表 2-4）。」

中島：「這種軟硬兼備的組合真是有趣呀！懷抱著大膽的野心，擬定出周延的計畫，把企劃工作的精髓都濃縮在裡面了。」

近瀨太志結束了當天的工作以後，再次坐到書桌前，手上拿著辭典，面對著桌上的學習單，他正在查自己負責的商品「旅·行」這兩個字的意思（圖表 2-5）。

近瀨：「（自言自語）〈旅〉的字型表現出〈人們聚集在旗子下〉的模樣，該不會是軍隊行進的意思吧？真是令人意外。

英語〈travel〉的語源是苦役、拷問的意思，和〈trouble：麻煩的事〉同源，看來旅行原本給人非常辛苦的印象。仔細想想，古人旅行時不僅耗費體力，也讓自己暴露在喪命的危險當中，這麼說好像也不意外。」

此時近瀨的促銷團隊成員、有三年資歷的廣田結束了會議，回到辦公室裡。廣田也是一個喜歡旅行的人，學生時期曾到國外去當背包客，走過許多地方。

學習單1- B｜探索職稱、行業名稱的根源

近瀨太志的作業內容

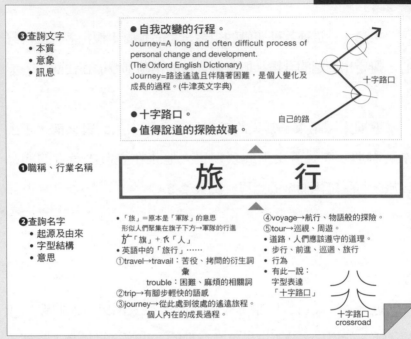

❸查詢文字
- 本質
- 意象
- 訊息

● 自我改變的行程。
Journey=A long and often difficult process of personal change and development.
(The Oxford English Dictionary)
Journey=路途遙遠且伴隨著困難，是個人變化及成長的過程。(牛津英文字典)

● 十字路口。
● 值得說道的探險故事。

十字路口

自己的路

❶職稱、行業名稱

旅　　　行

❷查詢名字
- 起源及由來
- 字型結構
- 意思

- 「旅」＝原本是「軍隊」的意思
  形似人們聚集在旗子下方→軍隊的行進
  扩「旗」＋𣇃「人」
- 英語中的「旅行」……
  ①travel→travail：苦役、拷問的衍生詞彙
  　　　　　trouble：困難、麻煩的相關詞
  ②trip→有腳步輕快的語感
  ③journey→從此處到彼處的遙遠旅程。
  　　　　　個人內在的成長過程。

④voyage→航行、物語般的探險。
⑤tour→巡視、周遊。
- 道路，人們應該遵守的道理。
- 步行、前進、巡迴、旅行
- 行為
- 有此一說：
  字型表達
  「十字路口」

十字路口
crossroad

圖表2-5

參考辭典：《字訓》（白川靜、平凡社）、《新明解 現代漢和辭典》（三省堂）、《旺文社 漢字典》（旺文社）、《學研 新漢和大字典》（學習研究社）

近瀨：「廣田君，我可以問你一個問題嗎？你對〈旅〉這個字有什麼印象？」

廣田：「嗯……我覺得〈旅行〉和〈旅〉這兩者有點不一樣呢！

提到旅行，就會讓人感到既興奮又期待，要去經歷一場不尋常的體驗。但如果是旅的話，就是一場既遙遠又危險的行程，是在自己有所覺悟之後，為了某種更大的目標而離開。對了，

就像是下定決心離開家裡的感覺。

　　我到國外當背包客四處遊歷，也算是旅的一種。為了體驗人生，儘管要冒風險，也要去看一看未知的世界，試一試自己的可能性，必須要有這樣的覺悟才能離家出遊。」

　　近瀨：「英語中也有好幾個用來表達旅行的詞彙，廣田君說的〈旅行〉是〈trip〉，而〈旅〉則是〈journey〉或〈voyage〉。

　　我們販售的旅遊商品也包含這兩種類型。例如：短期的休閒觀光旅行，就是〈trip〉；也有中長期的自我充實之旅，例如：背包客自由行或留學支援服務等所謂的〈journey〉。」

　　廣田：「在人生當中，這兩種旅行都是必要的。雖然我從事的是旅遊業，像這麼基本的語意，以前卻想都沒有想過。

　　話說回來，下週我要去九州地區的營業處辦事，就是之前說的促銷宣傳活動。我已經把出差申請表放到資料夾裡了，能請你幫我蓋章通過嗎？」

　　近瀨：「像這種旅行，英語應該叫作〈tour：巡視〉。」

技巧 1

定義化

掌握事物的本質後加以表達

藉由「定義」為事物賦予本質特性，並加以區隔

進行過根源探索的基礎訓練之後，接著就要進入概念思考的第一個技巧——「定義化」。

不同於其他動物，人類靠著智力的優勢使生活及社會得到高度的發展。能夠達到這個結果，其可能的要素之一，便是人類具備語言能力，藉由語言來定義事物，產生無數的概念。

我們要使事物得到發展，就必須將這個世界細細劃分，分辨事物的種類，明白哪些事物和自己具有同質性。這種劃分的行為便是概念化。

所謂的**概念化，便是利用語言的定義，為事物賦予本質特性並加以區隔，對事物進行分類後再確實掌握**。我們藉由語言替事物下定義之後，就能夠確實掌握事物的狀態。

為了理解上述的內容，我們先從簡單的問答題開始。

問答題

請用簡單的圖片表達下面這六種食物的關聯性。

1. 麵　　　　　　　4. 義大利麵（pasta）

2. 味噌拉麵　　　　5. 義大利細麵（spaghetti）

3. 蕎麥麵　　　　　6. 披薩

大家能清楚描述它們的關聯性嗎？解答範例在下一頁，請大家先好好思考之後，再參考解答。

粗略區分這六種食物時，我們也許會有「這個可以歸類到比較大的範圍」、「這要細分到較小的類別」等念頭。心裡想到了事物之間的**包含關係**和**上下關係**，這正是一種概念思考的形式。

解答 A 是基於**概念的大小**所描繪而成的包含關係圖。在這幾種食物中，涵蓋範圍最大的是「麵」這個概念。相較之下，「味噌拉麵」、「義大利細麵」就是比較小的概念，「披薩」則與麵分屬於不同類別，因此被畫在圓圈範圍之外。

解答 B 則是以**上位概念／下位概念**所描繪的樹狀圖。上位概念意指大分類（種類當中的類），下位概念則指小分類（種類當中的種）。因此在這一題中，「麵」是最上位的概念，其下分別有「味噌拉麵」、「義大利細麵」，而「義大利麵」則算是中位概念。「披薩」被劃分到樹狀圖之外，它不屬於麵這種上位概念，因此被歸類於中位概念。

就像這樣，我們將許多事物轉化為概念後再加以理解，透

過事物的本質內容掌握其涵蓋範圍，接著設置適當的分隔線來區分概念（＝對事物的劃分）。

內涵與外延

關於概念的形成，人們經常會提及「內涵與外延」。

所謂的**內涵**，表示概念所具備的本質特性。而所謂的**外延**，則表示擁有該本質特性的概念所適用的範圍。以「麵」這個概念為例，**圖表 2-6** 便描繪出它的內涵與外延。

若想在心中確實形成「麵」的概念，必須要對麵試著做出定義，如下所示──「所謂的麵，就是將小麥粉搓揉後切成細長狀的食品，例如：拉麵或蕎麥麵、烏龍麵、義大利麵等。」

解答範例

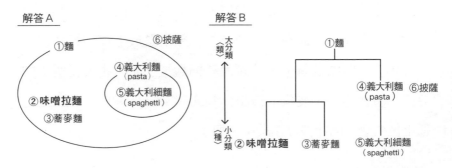

這個定義包含了內涵與外延兩個要素。前半段是內涵，定義了麵所擁有的本質特性，屬於抽象層次的作業；後半段則是外延，列舉出符合麵這個概念的具體實例，展現出概念所衍伸的事物，屬於具體層次的作業，用來補充定義的不足。

果然這裡也要兼具抽象和具體這兩項作業。為了充分表達概念的內容，就必需對內涵詳加定義，這是抽象作業；而為了使概念的衍伸帶來真實感，就必須適當地提出外延事物，這便是具體作業。

形成「麵」這個概念的兩項作業

所謂的「麵」──
「是將小麥粉搓揉後切成細長狀的食品。
└┄┄ ①〈內涵〉的作業　抽象層次定義概念所擁有的本質特性。

例如：拉麵或蕎麥麵、烏龍麵、義大利麵等。
└┄┄ ②〈外延〉的作業　具體層次提出具體實例，來展現概念所衍伸的事物。

客觀定義與主觀定義

接下來，針對事物的定義，我們要進入「客觀與主觀」的主題。關於這個部分，我們已經在基礎課程中的「關鍵概念③概念、觀念、信念、理念」做了部分說明，這裡我們將深入講解相關理論。

圖表2-6｜內涵與外延

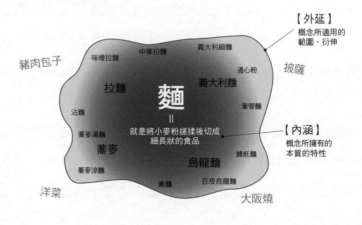

我們人類必須要過著互相合作的社會生活，因此需要交換意見、制定規則，一起朝共同的目標前進。在這種情況下，無論如何都不可以缺乏客觀的定義。

例如：「所謂的麵，就是將小麥粉搓揉後切成細長狀的食品。」便是大家都能了解的共通定義。在這個基礎下，我們才能進行意見交換，協同製造、販售並加以料理，發展出相關產業。

再舉一個例子，公益財團法人日本道路交通情報中心，針對汽車道路的堵塞與擁擠，提出了以下的定義。

「擁擠」與「堵塞」的定義（參考公益財團法人日本道路交通情報中心）

區分	高速道路	都市高速道路	一般道路
堵塞	時速 40km 以下	時速 20km 以下	時速 10km 以下
擁擠	---	時速 40km 以下	時速 20km 以下

＊交通管制圖中，以「紅色」表示路況堵塞，以「橘色」表示路況擁擠。

　　日本道路交通情報中心利用客觀的數值來定義路況，向民眾及駕駛人提供明確的資訊，此舉有助於管控道路上的汽車流量。

　　警察也是依照客觀的數值來定義汽車的行駛速度，這就是法定速限。如此一來，便能清楚的知道時速超過幾公里時，便是違反交通規則。

　　就像這樣，**為了對眾人實施公平公正的原則，客觀的定義是不可或缺的要素**。大家能夠一致認同的客觀定義，早已滲透到世界的每個角落，為大眾帶來了利益，因此我們很容易認為事物的定義必然非客觀不可。但是「客觀」只占了重要性的一半而已。換言之，剩下的另一半就是**用主觀的態度為事物下定義**。

　　哲學家尼采曾經說過：「這個世界上沒有事實，只有解釋。」如前面提及的例子──「所謂的麵，就是將小麥粉搓揉後切成細長狀的食品。」、「高速公路上的堵塞，意指用時速四十公

里以下的低速駕駛狀態。」這兩件事情的定義很容易以客觀的說明呈現。但在我們的生活中，無論是在事業或工作上打拚，都不會只處理這種單純的概念。

例如：上一章向大家介紹了「何謂成長？」、「何謂事業？」這兩份作業，其中所產生的定義事實上便相當多元。當主題的範圍愈大，定義就愈複雜，而這種複雜性正是這個世界的奧妙及有趣之處。

語言和概念往往伴隨著使用者而存在，因此**字典上的某些解釋也不得不隨著時代而發生變化**。舉例來說，「好心有好報[15]」，這句話在字典上的意思是，「對別人仁慈，最終都會回報到自己身上。」但是這樣理解的人正逐年減少。根據日本文化廳在平成 22 年度（西元 2010 年）進行的「國語相關民意調查[16]」中顯示，當時僅剩下 45.8％的人是這樣認為。

相對之下，有愈來愈多年輕人認為，「對別人仁慈並提供幫助，結果不一定對受助者有益。」這樣想的人高達該調查的45.7％。如果持續發展下去，未來字典上的解釋勢必會有所修改。

---

[15] 日語原文為「情けは人のためならず」。
[16] 日語原文為「国語に関する世論調査」，日本每年都會舉辦這種關於日語的使用調查，以了解日本國民對國語的使用狀況及變化，一方面也可以作為國語教育的施策參考。

此外，**擁有科學的見解，未必就能做出客觀的定義。**

比方說，關於「時間」與「生命」的闡述，在科學上是否具有絕不更改的客觀定義呢？其實這是不可能的，因為若不設定有意義的限制和條件，就無法進行定義。

如此想來，所謂的客觀定義，充其量就是大家都一致認同的觀點，或者至少有兩人以上具有共同想法的互為主體性認知（Intersubjectivity），也可以想成是社會上的普遍認知，我們不應過度倚賴（**圖表 2-7**）。

圖表2-7 | 事物的客觀定義，即為眾人可以共同了解的看法≒互為主體性的定義≒社會上的普遍認知

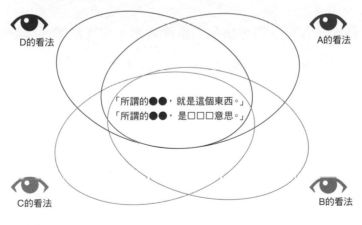

「所謂的●●，就是這個東西。」
「所謂的●●，是□□□意思。」

D的看法　　A的看法

C的看法　　B的看法

不過，這並不是要大家丟掉客觀的態度或加以輕視，能客

觀的看待事物，並以此確認情況，可說是重要的前提。

在這個前提之下，你能得到多少意志性、創造性的主觀想法，才是更重要的事。這也是習得概念思考的目的之一。

根本概念的差距，導致定義的品質大不相同

Panasonic 的創立者松下幸之助曾經說過：「所謂的事業，即為製造人才。」而本田技術研究所的第一任社長本田宗一郎則說：「所謂的事業，即為研究人們的喜好。」

這些都非常不同於字典中的定義——「所謂的事業，即為基於一定的目的與計畫而經營的經濟活動。」

然而，各有各的想法並不是件壞事。如同基礎課程的圖表1-14「定義內容的語感範圍」所示，事物具有廣泛的定義。

以下便是重點歸納——

● 當定義的內容是許多人都能「共同了解 × 說明性強」時，愈接近概念。
● 當定義的內容並非眾人共同了解的事物，而較屬於個人

的想法時，則傾向於觀念或信念。

● 當定義的內容並非理性的說明，而較屬於意志上的念頭時，則傾向於理念或信念。

● 尤其是在商務場合，由於融合了科學、美學、哲學的思考邏輯，因此沒有唯一正確的答案。勉強來說，只要是「能夠讓人馬上理解，並產生出動力的定義」就是好的定義。

在舉行概念思考的進修講座時，為了讓大家學會定義化的能力，我總會讓學員們練習用最根本性的話語來表達事物的概念。人們生活在世界上，往往會產生出無數的概念，但其中對事物所定義的根本性概念，才最能考驗出一個人掌握本質的能力。比如以下這些作業：

● 請用自己的話來定義何謂「工作」。
● 請用自己的話來定義何謂「事業」。
● 請用自己的話來定義何謂「成長」。
● 請用自己的話來定義何謂「創造」。
● 請用自己的話來定義何謂「風險」。
● 請用自己的話來定義何謂「自律」（請問這和「自立」有

何不同？）。

● 請用自己的話來定義何謂「幸福的工作」（請問這和「成功的工作」有何不同？）。

面對這些定義模糊且範圍廣泛的概念，很少人可以堅定地說出自己的「cept＝心中領會的內容：concept的字根」，「cept」就是一個人的「觀點」。

這些定義化的題目，事實上正是在詢問你是否具有堅定的「工作觀」、「事業觀」、「成長觀」。**觀點強烈的人，所表達的定義內容既明快又令人印象深刻。**反之，不能好好說出自己觀點的人，表示心裡對於該主題的「cept」還很薄弱，理解不夠清晰。

用意志改變定義，才能成就真正劃時代的商品和事業

在大多數的情況下，我們總會不自覺站在既有的框架中處理事情，發想創意時也是以大家都能共同了解的概念作為前提。這麼做既不會出錯，也很容易與他人溝通，所以做起事來就更迅速、更輕鬆了。這就是為什麼商業世界裡總會生產出類似的

商品，陷入商品化的窠臼之中，使商品變得隨處可見且容易被取代。

但是那些能對後世留下重大影響，被稱之為劃時代的商品和事業，**做的事情卻是打破既有的概念與定義，引導人們走向新的概念與定義**（圖表2-8）。

圖表2-8│用意志來改變既有的定義，才能成就真正劃時代的商品和事業

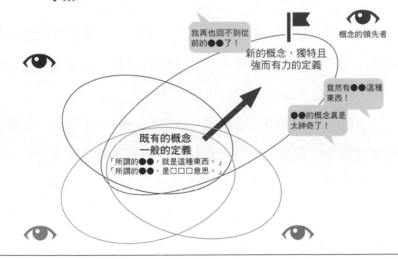

舉例來說，美國的 3M 公司便開發了劃時代的「Post-it」便利貼產品。一般我們說到黏膠，腦海裡聯想到的概念及定義便是，「**將兩個物品緊緊黏貼在一起的東西**」。

但是 3M 公司的員工們卻推出了他們自己獨特的概念及定

義──「**黏膠是能將兩個物品黏貼在一起，也能再次撕開的東西。**」黏著性較差的黏膠，確實是實驗室的失敗作品。但是在提出全新的解釋和用途後，便誕生出便利貼這一大類型的產品。

此外，在彼得‧杜拉克的著作《管理大師彼得‧杜拉克最重要的經典套書[17]》中，提到了一名向因紐特人（住在北極圈周圍的加拿大北部原住民）販售冰箱的業務員故事。

若按照一般人的思考邏輯：「**冰箱即為冷藏並保管食物的容器**」，那向生活在冰雪國度的人銷售冰箱，便是違反常識的行為，一點也不合理。

但是那位業務員卻向因紐特人這麼宣傳：「**冰箱是『保溫』並保管食物的容器**」。換句話說，在極北苦寒之地，尤其到了冬天，人們把肉品放置於屋外結凍後，反而會造成料理上的困難。但如果是放在冰箱裡，就能夠防止肉品結凍，使得冰箱受到當地人的喜愛，因而成為暢銷商品。

杜拉克在該書中寫道：「向因紐特人銷售用來防止食物結

---

[17] 英語版於 1973 年出版，原書名為《*Management: Tasks, Responsibilities, Practices*》，最新中譯版由臺灣的天下雜誌於 2020 年出版，分為三本《管理的價值》、《經理人的實務》、《經營者的責任》，目前集合為套書《管理大師彼得‧杜拉克最重要的經典套書》銷售。

凍的冰箱，這種創新的想法不亞於開發新製程或發明新產品。（中略）創新並不等同於發明，它是一種經濟和社會的概念，而非技術。」這個案例將人人理解的概念翻轉了一百八十度，因而獲得了成功。

另一個案例是日本屋久島的杉木林保護運動，它為既有的概念帶來了巨大的轉變。

日本的昭和四十年代（西元 1965 ～ 1974 年）正值高度經濟成長期，杉樹被大量砍伐以作為燃料之用。當時屋久島的島民大部分都認為，「**杉木林是能源資源**」，這樣的想法非常普遍，因此島民們也認同砍樹賣錢的行為。

然而，有一群極少數的人卻對此抱持著懷疑的態度，他們懷抱著使命感挺身而出，大聲疾呼相反的概念——「**屋久杉林是地球的遺產！**」。

時至今日，幾乎沒有人再把杉樹當作能源資源，也不會為了賺錢而去砍伐屋久島的杉木林。 但是在五十年前，那還是社會上的共同想法，大家也都積極地配合。

當我們認識了劃時代的商品和事業之後，就會讚嘆連連「●●的概念真是太神奇了！」、「我再也回不到從前的●●了！」、「竟然有●●這種東西！」這正是打破商品和事業的

既有框架，將使用者引領到新天地的證據。

　　你對負責的商品和事業付出了多少努力，讓自己用意志、主觀的態度去打破概念和定義呢？

圖表2-9│劃時代的商品實例

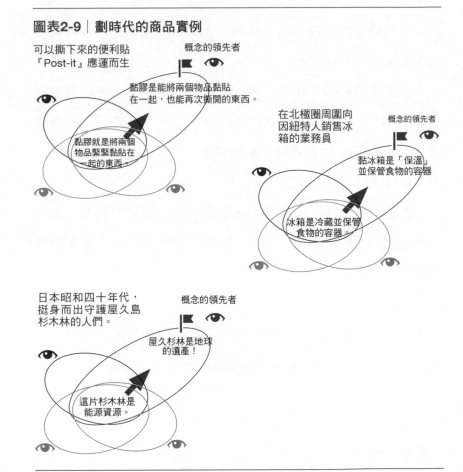

可以撕下來的便利貼『Post-it』應運而生

概念的領先者

黏膠是能將兩個物品黏貼在一起，也能再次撕開的東西。

黏膠就是將兩個物品緊緊黏貼在一起的東西。

在北極圈周圍向因紐特人銷售冰箱的業務員

概念的領先者

黏冰箱是「保溫」並保管食物的容器

冰箱是冷藏並保管食物的容器。

日本昭和四十年代，挺身而出守護屋久島杉木林的人們。

概念的領先者

屋久杉林是地球的遺產！

這片杉木林是能源資源。

定義化作業1-C｜定義自己的職務、行業

①在腦海中想一想自己的職務種類、行業種類之相關經驗、知識與資訊。反覆回想平時工作的業務內容，該職務和行業所具備的知識、資訊及印象，以及至今為止，在工作上所經歷的種種事件和小故事等。

②將學習單 1-B〈根源探索〉的內容寫到這裡來。

③思考該職務和行業的重要觀點及關鍵字。

④請用自己的話來定義其所從事的職務和行業。

學習單1-C｜定義自己的職務、行業

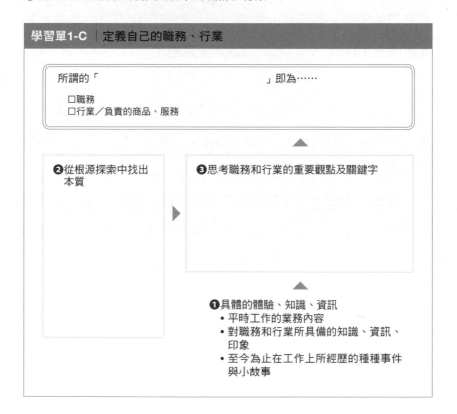

所謂的「　　　　　　　　　　　　　　　　」即為……
□職務
□行業／負責的商品、服務

❷從根源探索中找出本質

❸思考職務和行業的重要觀點及關鍵字

❶具體的體驗、知識、資訊
• 平時工作的業務內容
• 對職務和行業所具備的知識、資訊、印象
• 至今為止在工作上所經歷的種種事件與小故事

我們先看定義化的作業。延續前面的「根源探索」，請試著對自己所投入的職務、行業（自己負責的商品、服務也可以）進行定義。

當然擔任業務員的人就在字典裡查詢業務員，擔任會計的人就查詢會計，字典裡會記載文字上的定義。但是這份作業的最終目的不是一般常見的定義，而是要請你用自己的觀點重新審視職務和行業，用自己的話語來下定義。

上團體課時，我會設置一段時間讓學員們各自分享定義。即使是從事相同職務、相同行業的人，事實上也會有各式各樣的定義。

因此當各組分享定義時，我再將圖表 1-14 的四象限圖交給學員們，大家要把各自的定義寫在便利貼上，然後將這張便利貼貼到象限圖裡，看看自己究竟偏向概念、觀念、信念、理念的哪一個區塊。

從圖表中可以看出每個人的答案分布狀況，進而誘發自己產生各種新的發現（**圖表 2-10**）。

圖表2-10│用來黏貼「職務、行業定義」的矩陣圖表

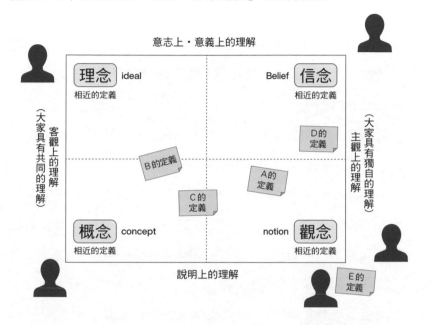

近瀨太志的概念思考奮鬥記②

近瀨今天也在上班前來到了公司，坐在自己的位置上努力寫「概念思考進修課程」的作業，他正在思考自己職務的定義。

近瀨：「（自言自語）〈販賣〉的意思是買賣物品，說得更抽象一點，就是財貨之間的交流。

但如同中島經理所言，我們與對方的交流並不僅僅限於眼睛看見的財貨而已，儘管不能變成直接的銷售數字，但彼此之間也會交流有用的資訊或信賴感、感謝的念頭。

這些全都應該當作是我們和客戶之間的〈價值交換〉。

而建立彼此的關係，持續進行這種價值交換，就是促銷活動企劃（日語：販売企画）這份工作的重要部分吧！」

此時，促銷一課的梶川組長也來上班了。

梶川：「近瀨先生，你今天也在寫作業嗎？」

近瀨：「是啊！我正在定義自己的職務。梶川組長，你怎麼看待促銷活動企劃這份工作呢？」

梶川：「我是借用消費者購買法則的概念。」

近瀨：「消費者購買法則是指『AIDMA』（注意→興趣→慾望→記憶→行動）嗎？」

梶川：「沒錯，但是我用的是『AISAS』法則（注意→興趣→檢索→行動→共享資訊）。因為網路的影響力愈來愈大，我想這個概念更吻合現況。所以我把自己的職務定義為〈強化 AISAS 的工作〉。」

近瀨：「原來如此，我們會參與『AISAS』的每一個階段，並負責強化任務，的確如此。」

梶川：「我們團隊也會接受團體旅遊的訂單，團體旅遊一定有一個負責人，去年我一直在思考，該如何加強對負責人的 AISAS。」

近瀨：「（再度獨自思考）的確可以像梶川組長那樣，從消費者購買法則的角度來觀察這份工作，但要說我自己的思考角度……有了，就是與顧客之間的關係！一般促銷活動企劃的工作有三種類型。

1. 「單次開發的企劃」→獲得許多新客戶
2. 「加深客戶關係的企劃」→與既有的客戶緊密交流
3. 「維持長期關係的企劃」→與既有的客戶保持長期交流

一直以來，有許多優秀的企劃人員都是採用 1 這種方法，

但是這種體制太過仰賴熱門的促銷活動，導致銷售量永遠不穩定。

對現在的我來說，身為促銷活動企劃最重要的任務，是像2、3那樣建立與客戶的關係（**圖表 2-11**）。」

學習單1- C | 定義自己的職務、行業

近瀨太志的作業內容

「所謂的 **販賣企劃**」即為……
☑職務
□行業／負責的商品‧服務

● 思考買家與賣家之間如何進行「價值交換」的工作。
● 首要之務是增加「財貨交流」的次數。
● 次要之務是頻繁且持續地進行「價值交換」。

❷從根源探索中找出本質

〈販賣〉
•財貨的交流
　（價值交換）

〈企劃〉
•在腦海中思考、描繪藍圖
•設計好點子
•樂觀的等待成果並充滿期
　待感

❸思考職務和行業的重要觀點及關鍵字
販售給客戶的東西＝
　•直接的商品／服務
　•間接的資訊、便利度、品牌價值（信賴感、高質感）
從客戶那裡得到的等價事物＝
　•直接的金錢回饋
　•間接的情報（感想、意見、抱怨、評價）、感謝的話語
　→努力延續這種財貨上的交流＝重複性
企劃工作的三種類型
　1.「單次開發的企劃」→獲得許多新客戶
　2.「加深客戶關係的企劃」→與既有的客戶緊密交流
　3.「維持長期關係的企劃」→與既有的客戶保持長期交流
　→為實現 2、3 目的，必須要將「財貨交流」轉變為「持續
　　交換價值」的關係。

❶具體的體驗、知識、資訊
　• 平時工作的業務內容
　• 對職務和行業所具備的知識、資訊、印象
　• 至今為止在工作上所體驗的種種事件與小故事
　……試著反覆回想

圖表2-11

＊　＊　＊

當天近瀨仔細地研究銷售總部所做的市調數據，總部經營的個人旅遊網站「Planet Walking」共有三萬名註冊會員，經常被用來諮詢各類旅遊服務。現在他手邊的市調數據也是從這個網站中蒐集來的。

近瀨：「（獨自思考）過去認為旅行充滿了痛苦與危險，到了現代卻成為人們的一大休閒娛樂，人們出門旅行的原因也逐漸增加和擴大。」

因此近瀨一一細看問卷調查中「想去旅行的理由」這一題的回答。

- 舒緩平日的壓力，轉換心情
- 泡溫泉保養身體
- 想加深與家人間的關係
- 為了大肆購物和吃好吃的食物
- 因為能接觸到未知的世界與文化
- 希望能有凝視自己的時間
- 為了能結交新朋友（當地人或一起住在青年旅館的人）

● 追求不同於平日的氛圍

● 想去各地登山

● 想先探察未來可能居住的地方

近瀨轉而向組員中的廣田（畢業後進公司三年）和坂井（畢業後進公司五年）提問。

近瀨：「你們覺得人們想去旅行的根本理由究竟是什麼呢？」

廣田：「您是問我自己嗎？還是一般的客人呢？」

近瀨：「總之，先說說自己的情況吧！」

廣田：「我是比較傾向深度旅行的人，這麼說可能有點極端，但內心深處就是覺得『想試試自己的能耐』。

當一個背包客，幾乎每天都會遇到問題，對身心都是種挑戰。但我喜歡解決問題，為了解決問題，一定需要其他人的幫忙，因此讓我深深感受到旅行是件非常人性化的事。」

近瀨：「廣田君屬於專業旅人和修行者的類型呢！」

坂井：「我沒有那麼深刻的感受，『試試自己的能耐』對我來說有點太沉重。我想旅行的心情比較單純，大概就是想去感受不同於平日的生活，去散散心，這就是一個很簡單又很強烈的理由了。

旅行就是『逛景點、購物、吃美食』，還有『拍照、分享到社群媒體上』，包括我在內，這應該是多數客人的心聲吧！」

近瀨：「學生時代的我也會四處進行低調的攝影之旅，基本上這與廣田君的心情類似。但現在有了孩子之後，我很享受一家人單純去泡泡溫泉，舒緩工作上的壓力，所以我也非常認同坂井君的意見。」

坂井：「我想多數人都追求能有一趟充滿歡樂、療癒、感動和邂逅的旅行吧！事實上，最近的問卷調查顯示，旅行的理由從高至低的排名，依序是：想去景點觀光（62％）、轉換心情和養精蓄銳（43％）、接觸不同的文化（38％）。」

近瀨：「這些理由，無論哪一家公司的調查結果似乎都是一樣的，實際上也很容易想像得到。所以旅行社才會以便宜的價格提供舒適的豪華之旅，或是帶遊客到能令他們更感動、更耳目一新的觀光景點，大家全都忙著競爭這塊大餅。

但是一味地追求客戶的感官享受，用表面上的反應來銷售旅遊商品就夠了嗎？我比較在意的是，我們的銷售方式是否一直都是基於這種表面上的膚淺反應？

隨著日本人的生活日漸富裕，也逐漸習慣旅行，同樣的玩樂理由可能會在品質上發生變化，變成更深一層次的樂趣。我比較關注的是這一點。我們公司既不是大規模的企業，也不是

頻出奇招或是降價策略的新創公司，所以必須掌握人們之所以會去旅行的根本原因，好好採取相應的對策。」

廣田：「旅行可能是為了主動改變自己，也可能是希望利用環境而使自己獲得改變，我想追根究底是基於這種慾望。無論是哪一種旅行，回家後都會突然發現自己和以前不一樣了，這種感覺很棒，因此下次還想要再去旅行。」

坂井：「我認同。雖然我四處觀光、品嚐美食、購物，不停地在消費，但最終都化為自己的成果。

旅行不但使我增廣見聞，加深見識，打造眼力，也給了我寬廣的心胸。畢竟旅行時全都要靠自己的判斷，強迫自己思考。即便是簡單的輕旅行，旅行前後心態依然有所變化。

原來是這樣……所以當自己覺得生活卡住時，就想要出門旅行。因為我們的潛意識知道，旅行能使自己重獲新生。」

近瀨：「旅行可能真的有這種作用。當然旅行的有趣之處，最直接的就是能接觸到異於平日的景色和文化，以及不同想法的人和食物等外界刺激。但是最終讓我們感覺到『旅行真好，好想再去』的真正原因，或許是因為旅行能為我們的心靈帶來變化。」

廣田：「在我們的日常生活中，就算想改變自己也很難做到，而且也不知道該變成什麼模樣才好。但是只要出去旅行，不管你願不願意，最終都能夠改變自己。旅行時所得到的成長

與學習，是工作和日常生活中絕對無法獲得的，有品質保證。」

近瀨再度看向學習單，一個人獨自思考（**圖表 2-11**）。

旅遊業界一直變換著花樣在銷售輕旅行的觀光行程，未來這也許仍會是主戰場。但是成熟的旅行愛好者會在觀光的吃喝玩樂中，深深體驗到自己所發生的改變與重生的喜悅。

觀光（sightseeing）就是「去那個場所觀賞亮光」，著重「場所」（spot）的屬性。不斷爭取客人到某個場所消費，這種層次的理解讓近瀨開始感覺有些不對勁。因為近瀨將旅行的本質視為「使人產生變化的過程」，強調的是「過程」。

近瀨所理解的旅行觀，比起〈trip〉，實則更接近〈journey〉。「我認為以〈journey〉為訴求的旅行方式，應該能與客戶建立更頻繁緊密的關係。但實際的商業行為卻壓倒性地多屬於〈trip〉類型。」——近瀨感覺到自己的想法與現實之間有落差，寫完學習單後隨即擱筆（**圖表 2-12**）。

學習單1- C │ 定義自己的職務、行業

近瀨太志的作業內容

「所謂的 **旅行** 」即為……
□職務
☑行業／負責的商品、服務

● 到外界四處走走,改變自己當時內在狀態的活動。
● 邂逅的「十字路口」。
● 值得說道的探險故事。

❷ 從根源探索中找出本質

• 一趟改變自己的行程
Journey=
A long and often difficult process of personal change and development.
（The Oxford English Dictionary）
旅行=
長途且經常伴隨著困難,是個人的變化與成長的過程。

• 十字路口
• 值得說道的探險故事

❸ 思考職務和行業的重要觀點及關鍵字

販售給客戶的東西=
• 旅行=外面的（物理上）移動 × 內面的（精神上）變化
• 發現的喜悅
• 邂逅的快樂
（邂逅人、街道、文化、大自然、美食……）
• 開啟未知大門的探險活動
• 旅行之後的成長感與蛻變感
• 通常伴隨著麻煩（travel 和 trouble 同源）

• 觀光=去那個場所「觀賞亮光」= sightseeing
→觀光著重場所（spot）,旅行著重過程（process）

❶ 具體的體驗、知識、資訊
• 平時工作的業務內容
• 對職務和行業所具備的知識、資訊、印象
• 至今為止在工作上所體驗的種種事件與小故事
……試著反覆回想

圖表2-12

CONCEPTUAL
THINKING

第 **3** 章

將事物的結構簡化表達

模型化
建立思考模型

前一章提及如何「定義化」，學會了將事物的本質濃縮為簡短的語言。

這裡將更近一步，訓練大家如何以圖像方式來表達事物的結構，這就是第二個技巧——「模型化」。

模型（model）二字正如字面所言，即「**模擬實物建構出形體**」。

要直接理解世上發生的種種現象與經驗，往往太過於複雜。而那些肉眼看不見的事物，也多半難以和他人共享。此時我們要將事物的結構、機制、關聯性簡化表達，使人們能輕易吸收，這就是「**模型化**」（**圖表 3-1**）。

小男生經常會製作塑膠模型玩耍，例如：將一架結構複雜的實體飛機簡化，製作成縮小版的塑膠模型。塑膠模型可以說是一種物理式或機械式的模型。

概念思考中所謂的模型，並非機械式的模型，而是思考上的模型。

「模型化」一詞聽起來似乎是在做一件困難的事情，其實我們在平日的工作現場便經常這麼做（**圖表 3-2**）。

圖表3-1│何謂模型化

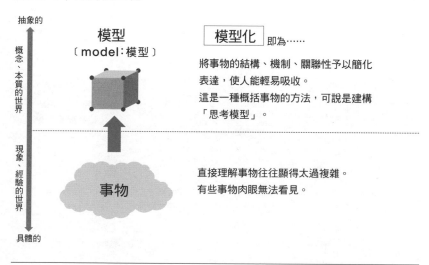

比方說，面對營業額難以提升的狀況時，我們不能漫無目的思考對策，而應該將創造營收的要素做出**層次化**的分析，確實地掌握理解，再好好討論應該將重點擺在哪裡，以採取相應的對策。像這樣畫出樹狀圖，便是模型化的思考方式。

同樣的，想要提高生產性能時，便去分析製造工程，從中找出因果關係，再思考適當的對策。為整體分析出**具體的步驟**，並把握其中的因果關係，這也是模型化。

圖表3-2 ｜ 何謂模型化思考

〔 層次化 〕將營收要素畫成樹狀圖，思考該以
何處為重點再採取對策。

面對營收不佳的狀況，以深思熟慮取代
一時興起的對策

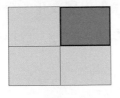
事物

〔 步驟化 〕為整體劃分出步驟，從中找出因果
關係，適當地掌握事物的狀態。

若要提高生產性能，就不能用症狀療法的
方式思考對策

事物

〔 四象限圖 〕畫出兩條軸線將市場切成四個象
限，客觀俯瞰大局，藉此決定要
攻略的領域。

不要漫無目標的進入市場

事物

〔 商業模式化 〕調整招攬客人或收費的構造，
發明能獲利的結構。

利用以下做法，而非像無頭蒼蠅似地賺錢

事物

此外，進入市場時，利用**4象限圖**來掌握市場，發明賺錢的機制，以此**建構商業模式**，這也是模型化。

我們有時候會因眼前發生的具體事件而受到擺弄，如此一來，採取對策時往往憑藉著一時的想法，或用症狀療法來解決現場的問題。

但是正因為有這種狀況存在，**我們才必須將思考提升至抽象層次，將整體狀況轉化為圖像，有組織的去理解它**。概念思考的第二個技巧「模型化」，便能在這種場合中發揮出它應有的功能。

圖像式的資訊表現
從數據的視覺化到概念的視覺化

世上的種種現象、狀況和概念，都能夠用圖形來表現（**圖表 3-3**）。

圖表 3-3 左側是能忠實展現客觀數據的圖表，包括地圖在內，還有統計圖表所使用的長條圖、圓餅圖或函數圖形。另外，像是設計圖、樂譜等都屬於此類。

中央則是機械模型圖（例如：家電說明書上的圖形），情況概括圖、結構分析圖（例如：營收要素樹狀圖、俯瞰市場的

4 象限圖），利用圖形將結構、機制予以視覺化。

隨著圖表往右側推移，更能以視覺化的圖形表達事物的概念，以此展現出事物的意義和本質。

典型的例子便是在之後的作業中要完成的概念模型圖，畫出概念模型圖的人，無論如何都要開始融入自己的解讀和觀點。

概念視覺化的最後，出現了宗教畫性質濃厚的曼陀羅圖和禪畫、抽象藝術等表現形式。超越時空留存至今的曼陀羅圖和抽象藝術，並非每個人都能夠理解其中的意涵，顯示這種創作並不具備客觀性。但若是看得懂的人，就能理解圖像中所表現

圖表3-3│各種圖形表現

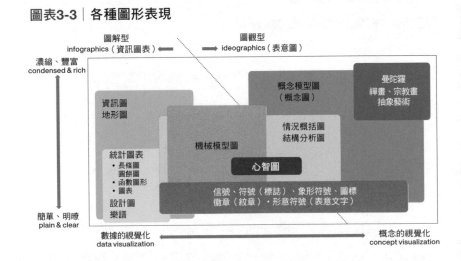

的偉大真理，因此這些圖像給人們帶來不可抗拒的吸引力。

　　概念圖會喚醒人們內心原有的某些事物，這點便超越了傳達訊息的功能。

圖解與圖觀

　　近來人們將資訊繪製成圖形的行為，稱之為「**圖解**」（**infographics**）。但是本書想要向各位介紹「**圖觀**」的概念，並進行更深入的探討（**圖表 3-4**）。

　　簡而言之，圖解表示「**用圖形輕鬆解讀事實／透過圖形了解實際狀態**」。另一方面，圖觀則表示「**用圖形表達對事物的看法（＝觀點）／透過圖形觀察本質**」。相對於圖解而言，概念圖和曼陀羅圖則更接近「圖觀」。

　　這兩者的區別，與它們對「好的表現」所展現的內容有關。

　　所謂「**好的圖解表現**」，意指**任何人都能輕易看懂的**圖形，觀看者不需要有任何解讀的技術或素養。

　　然而，所謂「**好的圖觀表現**」，則未必是大家都能輕易理解的圖形。後面將介紹概念圖實例——日本哲學家九鬼周造的〈『粹』的構造〉圖、法國哲學家亨利‧柏格森的著作《物質

與記憶 [18]》中的插圖等等，這些都非常難懂，因此觀看者需要有一定程度的解讀能力和素養。

想要將複雜的事物巧妙地繪製成模型圖，便需要仰仗作者運用獨特的手法大膽的進行判斷與濃縮。經由作者的判斷與濃縮過後的表現，觀看者還要再做適度的補充、復原、延伸等種種手段才能進行解讀，因此需要具備相當的基礎能力。

圖表3-4｜圖解與圖觀

圖解	圖觀
■ 主要是將數據、資訊、組織結構繪製成圖	■ 主要是將概念和本質繪製成圖
■ 透過圖形輕鬆解讀事實	■ 用圖形表達對事物的理解方式（＝觀點） 透過圖形觀察本質
■ 透過圖形了解實際狀態	
■ 目的性：適合用於報告之中	■ 目的性：適合用於深度思考
● 人人都懂的易讀性 ● 強烈的印象 ┐全都很重要 ● 俐落的呈現方式 ┘	● 思考者的理解程度 ● 覺察深度 ┐全都很重要 ● 濃縮的呈現方式（Less is more）┘
■ 內容正確明瞭	■ 具啟發性的概略圖即可
■ infographics＝資訊圖	■ ideographics＝表意圖
■ 統計圖表（各種數據推移圖、圖形）、資訊圖、機械模型圖等等	■ 概念模型圖、曼陀羅圖、徽章圖案等

舉例來說，請在搜尋引擎上檢索「南方曼陀羅」（南方マンダラ）的繪圖，這是由生活在日本江戶時代至昭和年間，一位生物學家南方熊楠（1867 ～ 1941 年）所描繪的曼陀羅圖。

南方先生用這張概念圖表達出，世上森羅萬象皆由緣起而

---

[18]《物質與記憶》一書於 2013 年由中國安徽人民出版社出版簡體中文版。

生的原理。也許有人對「南方曼陀羅」給予的評價是「亂畫一通」，但也有人覺得那是「妙趣橫生的圖」，並深感佩服。像這種「對概念圖的觀感」，就能看出每個人的差異。

優秀的概念圖，其特長是「**less is more**」（少即為多）。

繪圖者必須具備將事物結構濃縮為「less」的技巧；而觀圖者則必須具備細品圖片的眼光，才能展開成為「more」。

圖形化技巧一覽

接下來要向大家詳細介紹圖形表現的技巧，大致上可以分成兩種類型。

● 將數據繪製成圖形的表現技巧

（圖表 3-5）

● 將概念繪製成圖形的表現技巧

（圖表 3-6）

首先，是第一種類型，這是統計圖經常會使用的圓餅圖、長條圖、圖表等用來呈現數據的圖形。

　　將數據進行歸納整理後便能使人一目瞭然，這種表現形式便是「**表格**」（**table**），做法是在行列之間建構出許多格子，例如：電子試算表中的電子表格（spreadsheet）便屬於這種形式。

　　但是這種表格只是將數據整齊排列而已，無法展現出整體數據的實際狀態。而圖表才能將數據中的數值轉換為幾何圖形，使人更容易掌握其中的**數量**及**各種數據的變化**。

　　如**圖表 3-5** 的長條型、圓餅圖、雷達圖、氣泡圖、瀑布圖、箱型圖等等，圖表的種類繁多。

　　重點是**你想從數據當中讀取到什麼資訊、想讓人觀察到什麼事實**，請依據自己的需求來決定該使用何種視覺造型。最重要的條件，是讓人看一眼就能直覺地抓住圖表的意涵。

　　第二種類型，是將事物中所蘊含的結構、機制，以及所具備的概念、意義繪製成圖形的技巧，如**圖表 3-6** 整理出的技法。

　　將事物的根本要素繪製成有意義的配置圖，或者用層次加以區分，也可以利用因果關係加以串連。另外，還有表達流程、劃分類型……諸如此類，這裡列舉了概念圖的基本表現技巧。

將概念繪製成圖形時，最重要的是思考如何在事物中賦予洞察之光，如何捨去雜亂無用的元素，以表現出本質。

圖表3-5│將數據繪製成圖形的主要表現技巧

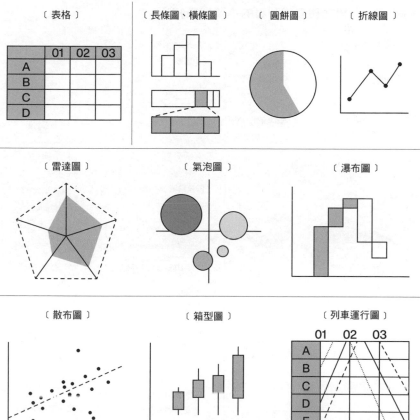

〔表格〕　〔長條圖、橫條圖〕　〔圓餅圖〕　〔折線圖〕

〔雷達圖〕　〔氣泡圖〕　〔瀑布圖〕

〔散布圖〕　〔箱型圖〕　〔列車運行圖〕

這種表現技法就像是一把有助於我們工作的利刃，它能深深插入事物的內部，大膽的削除不必要的部分，進而形塑出概念來。我在各處提供了一些如何運刀的好例子。

圖表3-6│將概念繪製成圖表的主要表現技巧

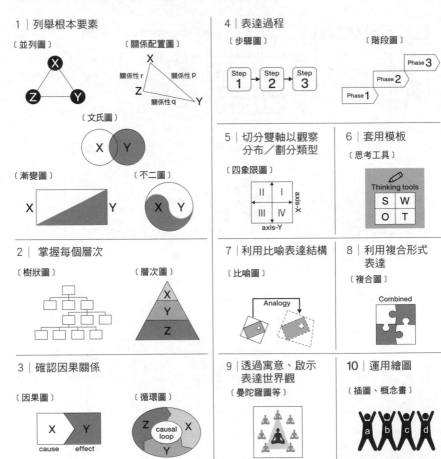

接下來便進入模型化的練習。首先，請用一張圖表達出概念。「工作」是一個廣泛而籠統的概念，為了理解這個概念，你會深入挖掘出什麼樣的根本要素，予以抽象化，並洞察其本

1 ｜ 列舉根本要素

〔 並列圖 〕
排列要素

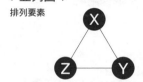

〔 應用實例 〕
找出根本要素並簡單的排列。

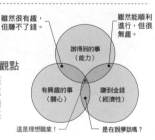

古代認為的世界五大元素。

〔 文氏圖 〕
展現要素之間的包含關係及影響範圍

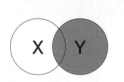

〔 應用實例〕職業選擇三觀點
找出根本要素，並表現出要素之間的包含關係和影響範圍。其中在「X∩Y」這種交集處，可以找到特別重要的資訊。

雖然很有趣，但賺不了錢。

雖然能順利進行，但很無趣。

辦得到的事〈能力〉

有興趣的事〈關心〉

賺到金錢〈經濟性〉

這是理想職業！

是在說夢話嗎？

〔 關係配置圖 〕
展現要素之間的關係位置

關係性r
關係性p
關係性q

〔 應用實例 〕
找出根本要素，依據要素之間的關係分配位置。右圖是哲學家九鬼周造所繪的「粹」的構造圖。他將形成「粹」的八個根本要素抽取出來，同時再有意義的分布在圖形上。

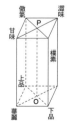

傲氣
澀味
甘味
樸素
上品
下品
華麗

＊出處：九鬼周造《「粹」的構造》
（日本岩波文庫）P.49

〔漸變圖〕

表示要素關係的漸進式變化。

〔應用實例〕脈絡與內容在意思溝通層面上的混合

以二元的方式觀察事物時，其表現方式通常不是非黑即白，而是呈現出一種從白色逐漸過渡到黑色的漸變效果（漸層）。下面的例子是將意思溝通視為「內容」（Contents）和「脈絡」（Context）這種二元組合的漸變圖。「高／低脈絡文化」的概念是美國文化人類學家愛德華‧霍爾在《超越文化》一書中提出的。

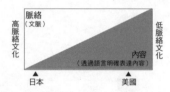

〔不二圖〕

X和Y這兩種根源彼此互相影響，最終融為一體（＝不二、一如）。

〔應用實例〕太極圖

在古代中國思想中常用的「太極圖」，白色部分代表陽，黑色部分代表陰。陽與陰的二元相互交融形成因果循環，陽的前導部分內含陰，陰的前導部分內含陽。

當以二元論方式來看待事物時，比起單純將二元內容分離對立，倒不如站在絕對的立場，以不二或一如的角度觀察，更能使人進一步深入思考。可以將「環境與自我」、「肉體與精神」套入這個圖中來理解。

〔應用實例〕莫比烏斯環

若要表達兩種根源看似相互對立，實則為一體，那麼「莫比烏斯環」也是一種有效的形式。愛與憎、生與死、美與醜、正義與獨善其身等對立的價值，正是「莫比烏斯環」的典型特徵。當人們追逐其中一種價值時，不自覺的便會來到另一面，這便是其中的妙趣所在，比「硬幣的一體兩面」更加深奧。日本禪僧白隱早在數學家莫比烏斯之前，就已經在自己的禪畫中使用了扭曲的圓環。此外，還有以管狀形式表現莫比烏斯環的「克萊因瓶」。

2 | 掌握每個層次

〔 樹狀圖 〕

將要素分解為樹枝狀結構再加以理解。

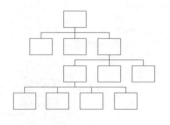

〔 層次圖 〕

將要素分解為層狀結構再加以理解。

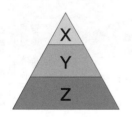

〔應用實例〕日本十進分類法

這是將要素分解為層層樹枝狀結構的表現技巧，例如：廣為人知的邏輯樹和決策樹便屬於此類，應用實例提出的十進分類法，是日本的圖書館使用的一種分類學門的樹狀圖。

類		網		目	
0	總記	40	自然科	460	生物科學
1	哲學	41	數學	461	理論生物學
2	歷史	42	物理學	462	生物地理
3	社會科	43	化學	463	細胞學
4	自然科學	44	天文學	464	生化學
5	技術	45	地理	465	微生物學
6	產業	46	生物科學	466	
7	藝術	47	植物學	467	遺傳學
8	言語	48	動物學	468	生態學
9	文字	49	醫學、藥學	469	人類學

〔應用實例〕馬斯洛的五大需求理論

這是將事物的要素分解為層狀的技巧。例如：美國心理學家亞伯拉罕・哈羅德・馬斯洛在其著作《動機與人格》一書中所提倡的五大需求理論，便是以金字塔圖的層次進行說明。

3 │ 確認因果關係

〔 因果圖 〕

展現出要素之間的因果關係。

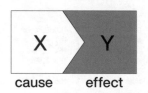

〔應用實例〕理性情緒行為療法的「ABC 理論」

分析事件的結構後，所得出的「原因→結果」的關係至關重要，我以上述的因果圖來表現。在美國心理學家艾里斯所提倡的「ABC理論」中，並非單純的「A→C」關係。換言之，「事件」不會引發「情緒」，中間還要有「觀念」的觸發，也就是「A→B→C」的關係，由「觀念」引發「情緒」，這才是因果關係的精髓。此外，若以圓環形式來表達因果關係，表示彼此之間具有永續循環的特質。

事件　　　　　　　觀念　　　　　　結果所表達的
　　　　　　　　〈對事物的看法〉　　　感情

＊根據Albert Ellis／Robert　Harper合著之《論理療法》繪製成圖
　（國分康孝／伊藤順康譯，日本川島書店）

〔 循環圖 〕

表達循環的因果關係。

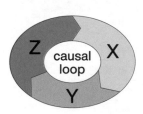

〔 應用實例 〕

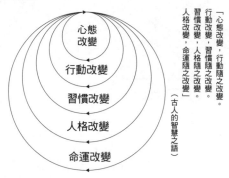

心態
改變

行動改變

習慣改變

人格改變

命運改變

「心態改變，行動隨之改變。
行動改變，習慣隨之改變。
習慣改變，人格隨之改變。
人格改變，命運隨之改變」

（古人的智慧之語）

4 | 表達過程

〔 步驟圖 〕

將每個要素依序排列。

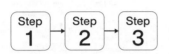

〔 階段圖 〕

依據事物當前的階段、局勢、相位掌握其變化程度。

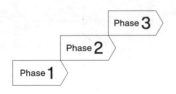

〔 應用實例 〕演算法

演算法是一種典型的步驟圖，是用來掌握整體流程的基本表現技巧。

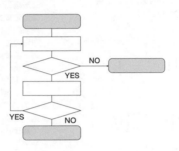

〔 應用實例 〕SECI模型圖

若要表達事物經歷不同階段所發生的變化，可以使用階段圖。應用實例所提出的「SECI模型圖」也展現出典型的階段變化。此外，奧圖・夏默的《U型理論精要》也著眼於各階段的變化，因此亦使用這類圖形。

＊根據野中郁次郎、紺野登合著之《創造知識的方法論》（簡體中文版）繪製成圖

5 | 切分雙軸以觀察分布／劃分類型

〔 四象限圖 〕

利用兩條基準軸劃分事物的特性，在四象限的平面上做整體性的概觀。

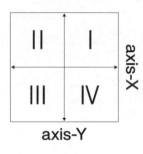

axis-X

axis-Y

〔應用實例〕波士頓顧問集團所開發的
「PPM」（產品管理組合）圖

又被稱為「田字型矩陣」，是擬定事業策略，或在行銷部門進行事業分析，與市場定位時經常使用的技巧。這種圖表能將複雜的事物劃分成四個部分，使人一目瞭然。實例中的「PPM 圖」便是藉由分類的方式對業務進行篩選。各象限的名稱都使用了類比技巧命名，使人容易記憶。

〈市場成長率〉 高 低

| 明星商品 star | 問題兒童 problem child |
| 搖錢樹 cash cow | 喪家犬 dog |

高 ←→ 低
〈相對市占率〉

〔應用實例〕思維球（Thought Sphere）

思維球可使用三條基準軸，劃分出八個立體象限來概括事物，但在腦海中建構的圖像會變得更加複雜。無論是雙軸或三軸，你設定的基準軸將會成為圖表的生命線。

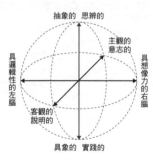

抽象的 思辨的

主觀的
意志的

具邏輯性的左腦

具想像力的右腦

客觀的
說明的

具象的 實踐的

＊敏銳思考與多元思考

6 | 套用模板

〔 思考工具 〕
利用制式化的思考工具
來概觀事物。

在商務現場，除了應用實例中的「SWOT分析」、「五力分析」之外，其他像是「行銷4P」（Product, Price, Place, Promotion）、「As-is（現狀）/ To-be（理想）差距分析」、「PDCA循環」等思考工具亦廣為普及，這些圖表都能夠有效地對事業進行整體性的檢視。

〔應用實例〕「SWOT」分析

〔應用實例〕五力分析

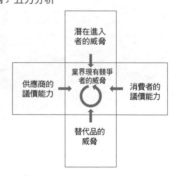

＊根據麥可・波特之著作《競爭策略》繪製成圖

7 ｜利用比喻表達結構

〔比喻圖〕

運用類比手法。

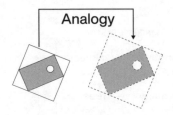

〔應用實例〕意識的冰山模型

利用比喻方式表達事物，而非直接進行說明。由於人類的意識／潛意識結構很難直接理解，因此利用冰山作為比喻，使大家在腦海中聯想圖像，有助於理解。

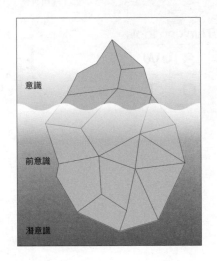

8│利用複合形式表達

〔 複合圖 〕
結合各式各樣的表現形式，
用以表達同一個概念。

Combined

〔應用實例〕班傑明的溝通模型

這張圖表達了資訊來源（source）與接收者之間所產生
的溝通機制。圖中有兩個相互對峙的三角形，以及用來
表達過程的箭頭等，善用各種圖形組合，最後形成了一
個有助於理解的整體模型。

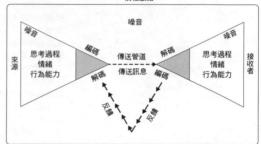

＊James B. Benjamin著作之『Communication』日語版（西川一廉譯，
日本二瓶社出版）P.5

9 | 透過寓意、啟示表達世界觀

〔 曼陀羅圖等 〕

透過複雜而抽象的寓意和啟示，來表達自己獨特的概念世界及宇宙觀。

〔應用實例〕請利用網路搜尋以下的圖畫

- 曼陀羅圖
- 南方熊楠的曼陀羅圖
- 白隱禪師的禪畫
- 蒙德里安的抽象畫

概念模型圖的極致便是曼陀羅圖和抽象畫，想要將複雜的事物巧妙地繪製成模型圖，便需要仰仗作者運用獨特的手法大膽的進行判斷與濃縮。而經由作者的判斷與濃縮所表現出來的圖畫，觀看者還要再做適度的補充、復原、延伸等種種手段才能進行解讀，因此需要具備相當的基礎能力。面對意義高度濃縮的圖畫，某些人會感到「荒謬可笑」，但也有人覺得那是「妙趣橫生的圖」，並深感佩服。優秀的概念圖會表現出「less is more」（少即為多）的原則，繪圖者必須具備將事物結構濃縮為「less」的技巧，而觀圖者則必須具備細品圖片的眼光，才能展開成為「more」。就這個觀點而言，下面列舉的柏格森所繪製的這張圖可說是「哲學曼陀羅」。

〔應用實例〕柏格森《物質與記憶》中的插圖

P是包圍著自己的現實世界，圓錐SAB則是自己內在所累積的所有記憶，頂點 S 表示此時此刻自己的知覺與現實世界的接點。

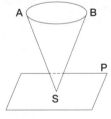

「頂點S的每一個瞬間都依循著現在的我不斷前進，與可動平面P持續接觸。（中略）身體的形象集中在頂點S上展現出來。」

柏格森著《物質與記憶》
（熊野純彥譯，岩波書店）

10 ｜ 運用繪圖

〔插畫、概念畫〕

透過圖畫描繪出本質。

〔應用實例〕

不使用幾何圖形，而改以插圖將事物的本質描繪出來，有時會是很有效的做法。

下面是拙著《工作哲學圖鑑》中所描繪的圖片，用以表達「professional」的原意為「profess」（起誓）。在這張圖觀形式的圖片中，便藏了抽象訊息。很多插畫僅僅是描繪具體的事物，畫中並不帶有其他意涵（但有助於營造畫面上的氛圍），然而圖觀具備前後脈絡，要求圖片是概念畫。

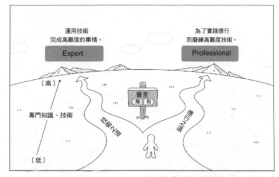

村山昇《工作哲學圖鑑》圖：若田紗希

質呢？之後你又會如何表達呢？

　　這裡我想跟大家分享思考過程的三種歸納圖──〈空間型、時間型、混合型〉。

模型化作業2-A｜用一張圖表達概念

請用一張圖描繪出「何謂工作」。

技巧 2 ── 模型化

150

1 | 空間廣度的理解

要用一張圖來表達事物的概念時，最基本的做法就是**思考其意義的廣度**。

而為了掌握意義的廣度，就要考慮基軸的內容。如果是以雙軸進行歸納，就繪製成縱軸 × 橫軸的平面圖；若是以三軸來歸納理解，則可以繪製成立體圖形。

接下來，就讓我們以「工作」為例試著練習看看。

我們經常把「工作」一詞應用在各式各樣的場合中。

「你今天就把記帳工作整理一下」、「業務工作的難處就在這裡」、「課長這份工作的壓力很大，真辛苦」、「這份工作終於足以維持生計了」、「他一生中所完成的許多工作令人非常感動」、「在開發中國家蓋一座醫院，這就是我該做的工作」等。

如上所述，「工作」一詞所涵蓋的意義廣度要使用什麼樣的基軸來呈現，這正是概念思考的重要基礎能力。

比如說，我們可以著眼於**工作所花費的時間**。

有像記帳這種短時間的工作，也有像課長工作這種需要一

定時間的工作，更有甚者，是花費一生才能完成的長時間工作。

　　因此我們用來掌握工作概念的基軸，其中一軸可以依據「時間的長／短」，或是以「單次性／持續性」來進行分類。

　　接下來，**工作的重要性也有所不同**。

　　例行事務型的繁雜作業並沒有那麼重要，屬於較輕鬆的職務類型。但是像業務工作或課長工作這種需要向合作對象或企業負責的工作，就有一定程度的重要性。而在發展中國家建設醫院，便是非常重要的工作。

　　這麼一來，可以設想另一軸是以「重要／輕鬆」來進行分類。不過，這樣的分類似乎仍不夠清晰，「重要／輕鬆」之中的深層內涵究竟是什麼呢？

　　我想，其中的內涵或許在於**動機的不同**。

　　例行事務的動機通常不是太高尚，只是一些非處理不可的事務。相較之下，在發展中國家建設醫院，這項工作的深層動機卻具有使命感。因此基軸的兩端就可以劃分為「不得不做的動機／從心底湧現的動機」這兩種極端情況。

　　然後再根據這兩條基軸繪製成一個方形的框架，接著將各種要素分配在這個方形框架中。如此一來，這張雙軸平面圖便呈現出工作概念的範圍（**圖表 3-7**）。

這裡補充一則寓言故事「堆磚的三個男人」，用以加強說明平面圖。

圖表3-7｜〈模型化作業2-A〉以空間廣度來理解「工作」

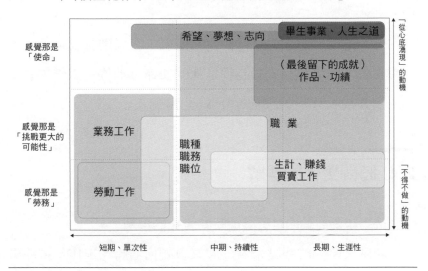

在中世紀歐洲的某個城鎮，有三個男人正在建築工地辛勤的工作。當人們詢問他們正在做什麼時，三個男人的答案如下。

第一個男人低聲的說：「我在堆磚塊」。第二個男人說：

「我正在賺錢」。接著，第三個男人抬起頭來回答：「我正在建造城鎮上的大教堂」。

　　雖然這三個男人同樣在堆磚塊，但他們的工作觀卻截然不同。

　　有人把堆磚塊當成是單次性的作業，有人則當成是賺取生存糧食的工作，也有人認為那是他的使命。他們對工作的態度如**圖表 3-8** 所示，分別屬於不同的位置。

---

2 ｜ 時間變化的理解

　　接下來要討論的是**著眼於時間變化**的模型。

　　若就長時間的觀點來看，大家會如何看待「工作」這件事呢？當我們的腦海中浮現出各式各樣的工作類型時，自然會察覺到工作前後所創造出的價值。關於價值創造又可以區分為以下幾種不同形式。

　　第一種是「**增減型**」的工作。例如：販售商品是增加銷售量的工作，若努力加速製造商品，那就是提高產能的工作；如果在商品上增加某些功能，就會成為提升性能的工作。我們將

圖表3-8│〈模型化作業2-A〉以空間廣度來理解「工作」（補充圖）

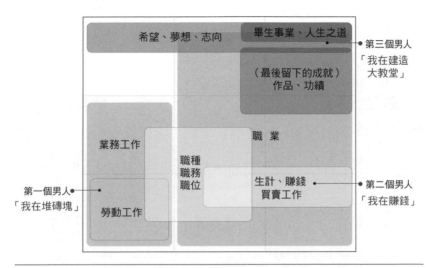

這種工作形式以記號表示為「A → A+」。

然而，工作並不僅僅侷限於正向的價值創造。

有時候我們的工作可能會做得不夠完善，反而降低其原有的價值，這就是負向的價值創造「A → A-」的情況。

綜合考量以上的情形，這種工作形式可以用「A → A±」來表現。

此外，還有「**變形、變質型**」的工作，以記號表示為「A → B」。

諸如改變外觀、改變做法等均屬於這一類型的工作，組合

／分解、編輯、改變品質也屬於此類。有時我們會因為工作笨拙，而導致事情變得更加混亂，但在某種意義上也可以稱為變形型的工作。

還有一種絕不可遺忘的工作形式，那就是「**創造型**」的工作。例如：開創新領域、發明新事物、突破既有的框架提出新的想法、建立獨特的表達方式等等，這都是「0→1」的工作。

誠如上述，以時間變化的觀點將「何謂工作」加以模型化，可以表達為以下三種形式。

> 所謂的工作，就是使事物
> 1.「A→A±」〈有所增減〉
> 2.「A→B」〈發生變形、變質〉
> 3.「0→1」〈加以創造〉

結合這三種複雜而微妙的形式來思考何謂工作，我們可以用以下三個圓圈組合而成的文氏圖來表達（**圖表 3-9**）。

圖表3-9｜〈模型化作業2-A〉以時間變化來理解「工作」

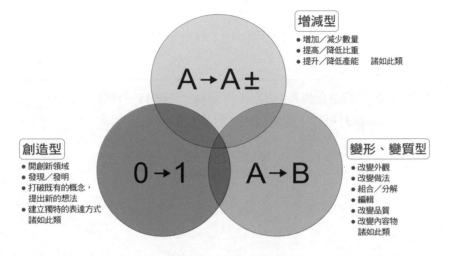

增減型
● 增加／減少數量
● 提高／降低比重
● 提升／降低產能　諸如此類

A→A±

創造型
● 開創新領域
● 發現／發明
● 打破既有的概念，
　提出新的想法
● 建立獨特的表達方式
　諸如此類

0→1

A→B

變形、變質型
● 改變外觀
● 改變做法
● 組合／分解
● 編輯
● 改變品質
● 改變內容物
　諸如此類

3 ｜ 混合式理解

還有一種工作形式混合了空間與時間這兩種類型的做法。

如同第二點的時間變化所述，**工作被認為是作業前→作業後的創造價值活動。**

圖表 3-10 便是以另一種形式表達出這種隨時間變化的情況。

無論工作的形式屬於「A → A±」〈增減〉、「A → B」〈變形〉，還是「0 → 1」〈創造〉，都是依循著「**INPUT → THROUGHPUT（縮寫為 THRUPUT）→ OUTPUT**」的流程進行。

例如：要製造一張椅子，是先投入（INPUT）原材料木材，經由工匠發揮其能力、意志和身體的價值創造迴路（THRUPUT），最後才能產出（OUTPUT）椅子。

圖表3-10｜〈模型化作業2-A〉工作即為「**INPUT→THRUPUT→OUTPUT**」的價值創造＝基本圖＝

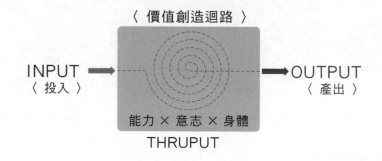

〈 價值創造迴路 〉

INPUT　　　　　　　　　　　　　　　OUTPUT
〈 投入 〉　　　　　　　　　　　　　　　〈 產出 〉

能力 × 意志 × 身體
THRUPUT

事實上，**要做好一份工作，並非靠一個人閉門造車即可完成。**

例如：工匠製造椅子時，手上的木材便是由他人切割後運送過來的東西，工作機具也是由他人設計、製造、販售的產品。而工匠所學習的製造知識，更是來自於過去的工匠們所饋贈的禮物。當然，要做好這份工作需要有一副健康的身體，那就有賴均衡的飲食。換句話說，便是攝取動植物的生命。

如此看來，**工匠工作的 INPUT，其實是由其他人所提供的各種 OUTPUT 組成。**

與此同時，**這位工匠的 OUTPUT 也會成為別人的 INPUT**。

那張嶄新的椅子設計，或許會激發其他椅子工匠的靈感，也可能會讓購買椅子的人坐在上面寫出暢銷小說。這樣一想，所謂的工作，似乎是一連串**持續的連鎖過程**（圖表 3-11）。

圖表3-11│〈模型化作業2-A〉工作即為「**INPUT→THRUPUT→OUTPUT**」的價值創造＝連鎖圖＝

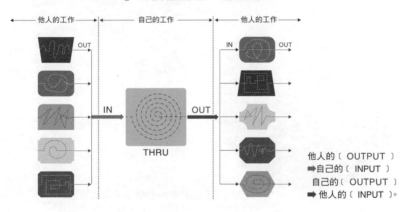

他人的〔OUTPUT〕
➡自己的〔INPUT〕
自己的〔OUTPUT〕
➡他人的〔INPUT〕。

此時，工作不但經歷了時間的變化，同時還與其他無數的工作，在廣大的空間裡產生複雜的連結。

如果我們用宏觀的角度來發展這種連鎖過程，結果將會如何呢？我想應該會形成以下這張圖吧！

換句話說，就是「這個世界是由無數的個體組成無窮無盡的 INPUT → THRUPUT → OUTPUT，而這種價值創造的連鎖過

程，編織成一個壯麗的世界。」

　　圖表 **3-12** 便表達出這個意象。

圖表3-12│〈模型化作業2-A〉工作即為「**INPUT→THRUPUT→**
　　　　　OUTPUT」的價值創造＝連鎖世界圖＝

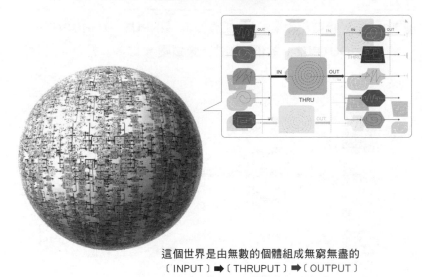

這個世界是由無數的個體組成無窮無盡的
〔INPUT〕➡〔THRUPUT〕➡〔OUTPUT〕
這種價值創造的連鎖過程，編織成一個壯麗的世界。

　　透過以上內容，我向各位介紹了三種，如何在一張圖上描
繪出「工作」概念的過程。

　　儘管是在紙上簡單的描繪出思考流程，但實際面對一個模
糊不清的概念時，繪製模型圖並非如此輕鬆順利。我們會經過

一番猶豫不決的過程，不斷地試驗和思考，在反覆思索的過程中才能逐漸看清事物的本質。

因此第一張概念圖可能會寫了又改，改了又寫，畫得亂七八糟。但擱置幾天後再重新檢視，就能一下子看見必要的內容，使模型圖更加切中要點。

想要完成一張漂亮的概念圖，繪圖技巧自然不可或缺。除此之外，更需要具備**深入事物本質的思考力，掌握根本要素的洞察力和語彙力，以及發現基軸的判斷力**。

在現實生活中，我們總習慣於處理眼前的問題，大家不妨稍微拉高視野，建立起有別於平日的反向思考習慣，不斷深入事物的根源，這是非常重要的能力。

那麼就讓我們將這個做法應用在平日的工作中，試著進行模型化。

請想一想前幾章提及的定義化作業，自己所從事的職務和行業（或者負責的商品、服務）。

你對職務和行業的掌握度，會在定義化作業的步驟④定義化→⑤模型化的過程中得以進一步的思考，因而有更深入的理解。

接著，還要思考如何實踐步驟⑥具體行動，以防淪於理念論（idealism）而無法落實。

實際演練時，在思考模型化的結構和圖形的過程中，可能會發現定義不充分或不明確的情況，此時應該就要回到定義化的步驟重新再想一想。這麼一來，無論是後續的模型化還是具體行動，都會變得更加強而有力。

概念思考並不是要我們想出正確答案，而是藉由定義化與模型化、抽象層次與具體層次之間反覆思索，自然而然的在心裡形成對事物的概念，建立起積極的意志，並產生具體的行動。若能完成這些步驟，便算是達標。

模型化作業2-B｜以模型化的方式來理解自己的職務和行業

寫圖表左半邊的步驟①〜④，是將〈定義化作業1-C〉的內容複製到這裡來。
⑤在上述基礎上，請用圖形表達該職務和行業。
⑥最後請檢視整張圖表，想想該如何落實在行動上，該從何種主題著手，並
　一一寫下來。

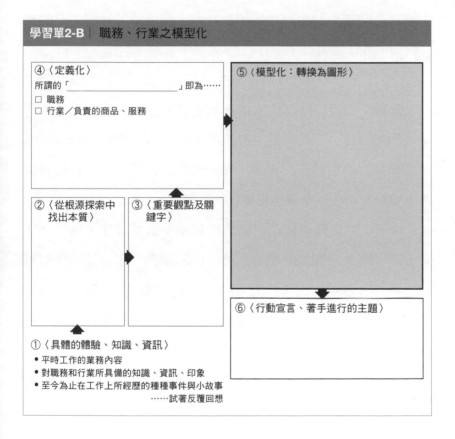

學習單2-B｜職務、行業之模型化

④〈定義化〉
所謂的「＿＿＿＿＿＿＿＿＿＿＿」即為……
□ 職務
□ 行業／負責的商品、服務

⑤〈模型化：轉換為圖形〉

②〈從根源探索中找出本質〉

③〈重要觀點及關鍵字〉

⑥〈行動宣言、著手進行的主題〉

①〈具體的體驗、知識、資訊〉
● 平時工作的業務內容
● 對職務和行業所具備的知識、資訊、印象
● 至今為止在工作上所經歷的種種事件與小故事
　　　　　　　……試著反覆回想

近瀨太志的概念思考奮鬥記③

近瀨認為，「促銷活動企劃」（日語：販売企画）這項職務的本質，是思考買家與賣家之間如何進行「價值交換」，並在雙方之間建立起頻繁且持續交換的「關係」。他將自己的想法繪製成圖（**圖表 3-13、14**），並與中島經理討論。

近瀨：「我覺得促銷活動企劃這份工作，有點像是『專門辦活動的單位』，總之就是推出熱門商品吸引客戶的青睞。即便我們某次的旅遊行程大賣，客人也會因為這一類的行程不需要手續費，而在下次選擇更便宜的旅行社。」

中島：「這種事情在促銷課裡長期不斷地發生。為了增加新客戶，讓大家知道我們公司所提供的服務，未來還是需要舉辦這種具有爆點的宣傳活動。但並不是單純增加『單次買賣』的銷售量就好，而是要建立起我們與客戶之間的關係，使客戶下次還會再回頭消費。我認為你將這個本質表達得很好。」

近瀨：「所謂的企劃，究竟是企劃什麼內容呢？我們促銷課的使命，到底是企劃一次性的熱門活動，還是建立持續性的關係呢？」

中島：「希望能兩者兼顧。如果能與客戶建立起廣泛的關係，並在這些關係的基礎上設計活動，效果肯定會有所提升。」

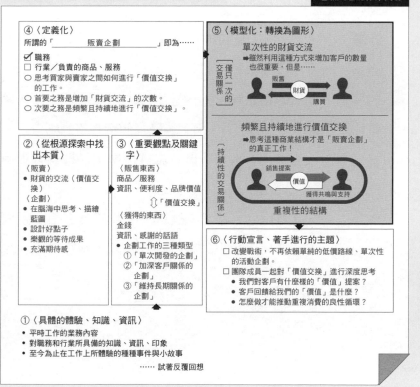

圖表3-13

近瀨：「嗯，看來應該要把與客戶建立的關係視為一種基礎建設。隨著網路的普及，我們與客戶的對話方式也愈來愈多元了。」

中島：「用閃電狀的線條來表達旅行，這種方式真不錯！商業行為往往是在決定要達成的目標點後，便以直線方式有效

率地勇往直前，和閃電狀的旅行恰好形成了對照。這種出人意料的動態便是旅行的本質。」

近瀬：「我想，出人意料的動態便是指邂逅吧！包括人與人的邂逅，眼中所見的景色、體驗的文化、品嚐的食物、途中碰上的麻煩、偶然的相遇等，這正是旅行的意義所在。那些邂逅會帶你去到意想不到的地方，因而遇見一個意想不到的自己，你可能會有所改變，或者被迫改變。旅行便是這樣透過外界與內心的交互作用，創造出每一個人的故事。」

中島：「自己的變化、邂逅、故事……我們就著眼於這個部分，思考一下該如何與未來的客戶建立關係，稍後可以在團隊討論時提出來。」

近瀬：「是，還請您多指教！」

接下來，是為事物劃分類型的訓練，即所謂的**類型化**，意思是**根據某一事物的共通特徵或性質，將其劃分為更小的群體**。

這項作業的目的是為了找出事物的特徵和性質，並描繪出群體之間的關係。

學習單2-B ｜職務・行業的模型化

④〈定義化〉

所謂的「＿＿＿＿＿＿旅行＿＿＿＿＿＿」即為……

☐ 職務
☑ 行業／負責的商品、服務
○ 到外界四處走走，改變自己當時內在狀態的活動。
○ 邂逅的「十字路口」。
○ 值得說道的探險故事。

②〈從根源探索中找出本質〉

● 一趟改變自己的行程
　Journey ＝
　旅行 ＝
　長途且經常伴隨著困難，是個人的變化與成長過程。
　（The Oxford English Dictionary）
● 十字路口
● 值得說道的探險故事

③〈重要觀點及關鍵字〉

● 外面的（物理上）移動 × 內在的（精神上）變化
● 發現的喜悅
● 邂逅的快樂
● 開啟未知大門的探險活動
● 旅行之後的成長感與蛻變感
● travel 和 trouble 同源

①〈具體的體驗、知識、資訊〉

● 平時工作的業務內容
● 對職務和行業所具備的知識、資訊、印象
● 至今為止在工作上所體驗的種種事件與小故事

……試著反覆回想

⑤〈模型化：轉換為圖形〉

旅行後的自己

探險故事

旅行前的自己　　邂逅的十字路口

內在的變化

場所的移動

⑥〈行動宣言、著手進行的主題〉

☐ 我們是否能提供具有以下特色——「內在變化：成長感、重生感、深刻的回憶、發現自我、人生的分歧點＝Journey」的旅遊商品呢？
☐ 有沒有什麼創意能使「邂逅的十字路口」變得更豐富精彩？
☐ 有沒有什麼服務能為客戶打造一個精彩的「探險故事」？

圖表3-14

　　類型化的題材可以是具體的物品，例如：「將鐘錶予以類型化」、「將酒予以類型化」等，這些相對較為簡單。

　　然而，若題材是「將創造性予以類型化」、「將幸福予以類型化」等抽象的概念，難度就會一下子攀升。我們要以什麼作為基軸來為創造性和幸福進行分類？答案非常多元，此時考驗的就是思考深度了。

這裡請以「工作的報酬」作為題材，這是我在企業內部的進修講座裡提出的作業，但請大家不必拘泥於進修講座，在職場上有許多人聚集的場合都可以使用，也可以作為個人練習。

模型化作業2-C｜將事物予以類型化

①「工作的報酬」會讓你聯想到什麼？請舉出幾個例子。
②將腦海中想到的工作報酬進行分類，並畫成一張圖。

　　在字典中查詢「報酬」一詞，其解釋為「對勞動行為付出禮金或禮物作為謝禮」。報酬最重要的意義確實是對勤勞的等價回報。但是對於完成工作的人而言，工作所給予的並非只有金錢。

　　在上進修講座時，首先我會提出作業 1，要求學員以團體方式進行腦內激盪。

大家紛紛在便利貼上寫下自己對工作報酬的想法。結果出乎意料的是，學員桌上的便利貼往往超出預期的數量，令他們感到相當驚訝。

例如：**圖表 3-15** 所列出的報酬內容，至於內容會有多麼精彩，則因團體和個人而有所差異。

聽到工作報酬一詞，人們能深入挖掘，並拓寬自己的想像力到什麼程度，可能取決於對工作的認知深度，而不在於能力上的差異。那些認為工作僅是為了賺錢，所以盡可能輕鬆工作的人，往往不會提出什麼豐富精彩的答案。

接下來，關鍵在於作業 2。該如何將這些工作報酬的答案予以類型化，並用一張圖表現出所有內容，在這裡會展現出更大的個體差異。

我向大家介紹一個由學員所提出的典型答案（**圖表 3-16**）。

橫軸是「物質上的報酬／精神上的報酬」，縱軸是「自己留存的東西／別人給予的東西」，用這兩條基軸畫出平面圖。

在這張平面圖的四個象限裡，分別填入不同類型的報酬。這位學員的切分基軸不但深入根本層面，分類也相當適當。大家若能將自己的想法整理到這種程度，便足夠了。

圖表3-15│〈模型化作業2-C〉對「工作報酬」的想像

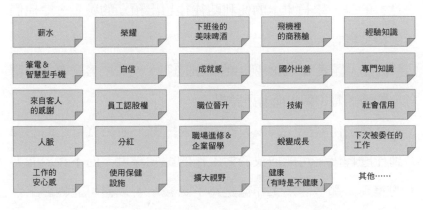

薪水	榮耀	下班後的美味啤酒	飛機裡的商務艙	經驗知識
筆電&智慧型手機	自信	成就感	國外出差	專門知識
來自客人的感謝	員工認股權	職位晉升	技術	社會信用
人脈	分紅	職場進修&企業留學	蛻變成長	下次被委任的工作
工作的安心感	使用保健設施	擴大視野	健康（有時是不健康）	其他……

圖表3-16│〈模型化作業2-C〉「工作報酬」的類型化　學員的答案
　　　　範例①： 雙軸平面圖

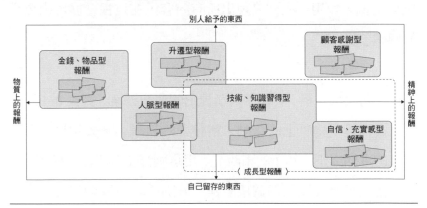

你能否繪製出具有獨特觀點，富含啟發性的圖表？

相較之下，我更推薦大家參考**圖表 3-17** 這份模範答案。

提到工作報酬，許多人都容易忽略報酬③所提出的「**工作本身（行為、成果）**」。無論是製造產品，還是提供服務，你現在所從事的工作行為本身，或者工作時所產生的成果，便是無可取代的報酬了。

舉例來說，職業運動員能夠獲選出場比賽，本身就已經是

圖表3-17 │〈模型化作業2-C〉「工作報酬」的類型化　模範答案

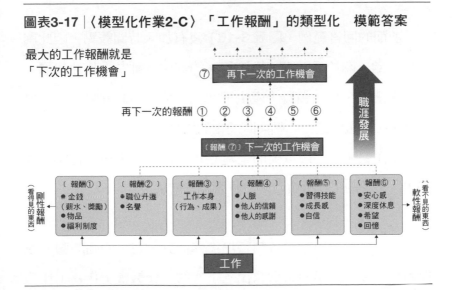

一種報酬。試想一個老是坐冷板凳的候補選手，心情該有多
沮喪啊！即使是一名上班族，能夠身為公司的一員而努力工作，
其所處的職位就是報酬。

更進一步來說，將自己的興趣當作工作並且賴以維生的人，
不管收入多寡，這個工作本身就已經等於是報酬了。此外，我
現在正一行一行的寫著這本書的稿子，等這份書稿付印成冊後，
我拿在手上的書便是無上的報酬。

這個模範答案最需要下功夫的地方，便是**加入時間軸後所
產生的一種動態感**。

前面的回答範例（**圖表 3-16**）沒有加入時間觀點，因此屬
於靜態圖。關於這一點，模範答案的其中一軸為「軟性報酬／
剛性報酬」，另一軸為「產生下次工作機會的時間變化」。換
句話說，這張圖是空間軸與時間軸的組合。

工作報酬中，最重要的是建立起工作的擴大循環迴路，並
提出「下次的工作機會」，以推動職涯發展。

至今為止我觀察過各類職場進修活動，在一開始的腦內激
盪階段，多少還是有人會寫出「下次的工作機會」作為工作報

酬。但到了類型化階段，就沒有人會把這個想法填入圖表中，也只有極少數人會在職涯的動態圖中放入這個特別的要素。

順道一提，配合這個答案，我在課程中補充了以下訊息。

● 「金錢就如同鞭子，雖然可以迫使人們『工作』，卻無法使人『想要工作』。唯有工作內容本身才能喚起人們內在的幹勁。」

● 「迷宮中的老鼠一旦發現了通往食物的道路，便不再探索其他路徑。同理，那些只追求（金錢）報酬而工作的人，也只會做自己必須做的事情。」

● 「創造性本身便是一種報酬，也是一種動機。」

喬舒亞・哈伯斯坦（Joshua Halberstam）著作
《工作》（*Work: Making a Living and Making a Life*）

使用隱喻的圖表令人印象深刻

只要長期參與進修講座，就會遇到各式各樣優秀的作品。概念思考的有趣之處，便是同一個概念卻能衍伸出各種類型的模型圖。接下來，我要從學員的作業中，再向各位介紹三個特別的答案。

答案範例②和③是「比喻圖」的優秀實例（**圖表 3-18**），分別以「人」和「樹木」作為隱喻，表達出形形色色的報酬類型。像這樣模擬我們身邊的事物所描繪的圖形，不但容易引起人們的注意，也容易在腦海中留下記憶。特別是「樹木」這張圖，將「種子」比喻為「下次委託的工作」，確實掌握了前面提及的職涯發展動態，是相當了不起的觀察與發現。

答案範例④也融入了獨特的觀點，令人印象深刻（**圖表 3-19**）。這張圖在「利己／利他」的基軸上列出了各種報酬。學員不但有深入發掘「利己／利他」這兩種根本要素的眼力，文字上還選用「Rice work」（混口飯吃的工作）一詞作為「Life work」的對照。圖形正中央則填入「所有的報酬都關係到自我成長」的核心訊息，整體而言展現出強大的思考力。

將自己繪製的模型圖時時刻刻放在心中，自然能形成自己對報酬的獨特觀點，而掌握這樣的觀點正是概念作業的目的。

第四項模型化的練習是製作市場圖。

透過某個切入點來俯瞰業界及市場，以視覺方式在圖表上呈現出自己公司產品的位置，以及想達到的位置，這在投入事業時是非常重要的一環。製作這份市場圖時，你的概念思考力

圖表3-18｜〈模型化作業2-C〉「工作報酬」的類型化　學員的答案
範例②③

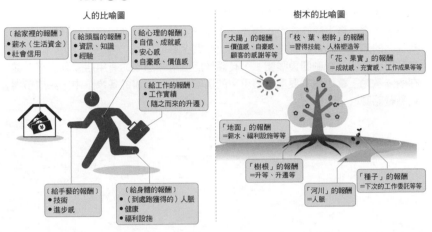

人的比喻圖　　　　　　　　　　　　　　樹木的比喻圖

〔給家裡的報酬〕
●薪水（生活資金）
●社會信用

〔給頭腦的報酬〕
●資訊、知識
●經驗

〔給心理的報酬〕
●自信、成就感
●安心感
　自豪感、價值感

〔給工作的報酬〕
●工作實績
　（隨之而來的升遷）

〔給手藝的報酬〕
●技術
●進步感

〔給身體的報酬〕
●（到處跑獲得的）人脈
●健康
●福利設施

「太陽」的報酬
＝價值感、自豪感、
　顧客的感謝等等

「枝、葉、樹幹」的報酬
＝習得技能、人格塑造等等

「花、果實」的報酬
＝成就感、充實感、工作成果等等

「地面」的報酬
＝薪水、福利設施等等

「樹根」的報酬
＝升等、升遷等

「河川」的報酬
＝人脈

「種子」的報酬
＝下次的工作委託等等

圖表3-19｜〈模型化作業2-C〉「工作報酬」的類型化　學員的答案範
例④：利己／利他圖

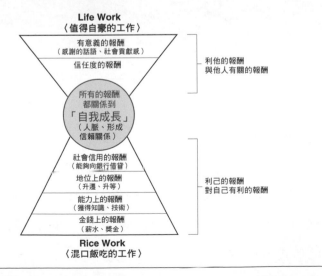

Life Work
〈值得自豪的工作〉

有意義的報酬
（感謝的話語、社會貢獻感）

信任度的報酬

所有的報酬
都關係到
「自我成長」
（人脈、形成
信賴關係）

利他的報酬
與他人有關的報酬

社會信用的報酬
（能夠向銀行借貸）

地位上的報酬
（升遷、升等）

能力上的報酬
（獲得知識、技術）

金錢上的報酬
（薪水、獎金）

利己的報酬
對自己有利的報酬

Rice Work
〈混口飯吃的工作〉

模型化作業2-D │ 繪製市場俯瞰圖

【設定】

你在一家大型餐飲連鎖店總部的新業務發展部門工作。

在該部門裡，員工隨時都可以提出進入新市場的想法。你覺得手沖咖啡市場具有很高的潛力，所以打算在下個月提出相關企劃。

請利用下面的「雙軸四象限圖」，具體地將腦海中想到的有用店家列出來，並在兩條基軸上寫出根本要素，將可用的店家分配到圖表的各象限中，完成市場俯瞰戰略圖。

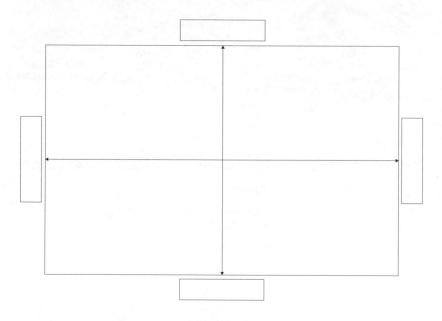

將受到很大的考驗。

市場俯瞰圖通常會在雙軸平面上以定位圖或知覺圖的形式繪製。例如：要俯瞰手沖咖啡的市場，便可以繪製成**圖表 3-20**的形式。

圖表3-20 | 〈模型化作業2-D〉 手沖咖啡的市場俯瞰圖　一般分析圖

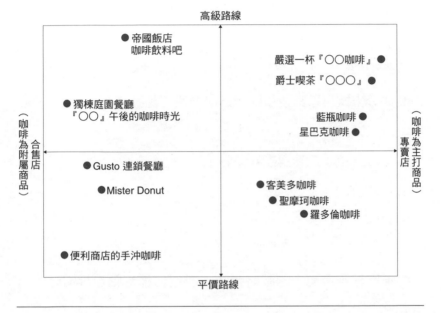

不過，這僅僅是用於客觀分析的圖表。若以「主觀意志」的圖表而言，便是不好的範例。理由會在後面做說明。

首先，我們來介紹繪製俯瞰圖的基本技巧。

如何切分兩條基軸？

要掌握一個籠統的事物時，我們往往會畫出兩條基軸，架設出一個四象限的空間，然後將要素分布於其中，進行歸納分

類後以環視整體狀態。這就是**雙軸平面圖**。

此時，最重要的當然是**劃分出什麼樣的基軸**。

繪製俯瞰圖的顧問們經常會用「切分基軸」的表達方式，而其切分方式可以歸納為以下三種類型（**圖表 3-21**）。

1. 以二元論、二元對立軸切分
2. 以程度軸切分
3. 以時間軸切分

那麼繪製例題中的戰略圖時，要用何種基軸進行切分才有效呢？

讓我們一起來看幾個實例。

首先，一起來看不好的範例。

請見**圖表 3-22a**。

這裡有兩條切分軸，一條是「高價格路線／低價格路線」，另一條則是「品質、功能〈高〉／品質、功能〈普通〉」。

我們時常看見這種雙軸組合的圖形，但這卻是不好的範例，

圖表3-21 | 用來概括事物的基軸切分法

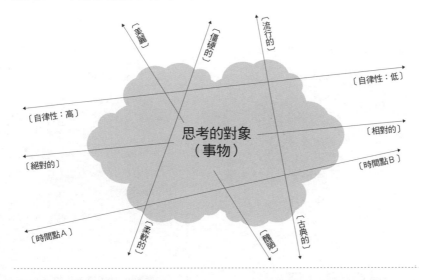

切分基軸的三種觀點:

1 | 二元論、二元對立軸…………
兩端是相反對立的概念
- 二元論的切分法
 「正確↔錯誤」、「美麗↔醜陋」、「物質的↔精神的」等
- 二元對立的切分法
 「流行的↔古典的」、「優點↔缺點」、「僵硬的↔柔軟的」等

2 | 程度軸…………
表達程度的變化
「自律性（低）↔自律性（高）」、「品質（劣）↔品質（優）」等

3 | 時間軸
「某個時間點↔某個時間點」、「過去→現在→未來」等

圖表3-22｜〈模型化作業2-D〉手沖咖啡的市場俯瞰圖　＝各種圖形的解說＝

a：〈不好的範例〉雙軸呈比例關係

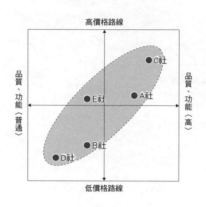

b：：〈不好的範例〉看不到戰略意志

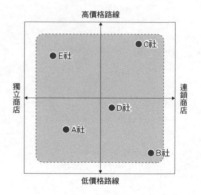

c：「星巴克咖啡」展開事業時的戰略圖（本書的推測）

d：「藍瓶咖啡」展開事業時的戰略圖（本書的推測）

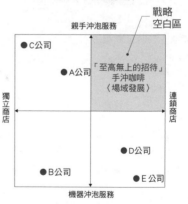

問題出在哪裡呢？

請填入要素之後再檢視，便能一目瞭然。

價格較高的商品，其品質、功能也會比較完善；相反的，如果降低商品的品質、功能，當然就得用低價來取勝。

將品質低劣的商品標高價格出售，不可能維持事業的運作；而將功能完善的商品以低價銷售，也很難持續經營。換句話說，**這兩條基軸呈現出密切的比例關係，實質上只用一種觀點來分類事物。**

在四象限圖中，雙軸成九十度交叉，表示這兩條軸擁有各自獨立的觀點。

接著請看右上角的**圖 b**。

這張圖的雙軸分別是「高價格路線／低價格路線」和「連鎖商店／獨立商店」。

這兩條基軸擁有各自獨立的切入點，當我們將各個參與商家分布到圖表上時，這些商家便會分散到四個象限當中。這張圖能俯瞰整體市場的樣貌，使我們理解市場的分布狀況。

然而，若將這張圖作為新聞記者的客觀分析素材，或主修

企業管理、市場行銷的學生課堂報告，那麼這張圖還算可以接受。

換言之，**這張圖僅描繪出市場的擴散程度，卻看不見創造市場的戰略意圖，可說是一張客觀的第三者圖表。**

就事業參與者而言，這樣的圖表並不足夠，甚至可以說是毫無幫助。

題目所設定的提案場合，是討論後來者如何進入市場的公司內部會議。即便讓大家看了圖 b，也只能看到市場已被現有競爭對手占據，自己沒有進入市場的機會。

事業參與者所需創建的市場圖，必須展現出戰略意圖，清楚了解自己有什麼樣的新機會可以作為基軸，該從何處切入市場，以及目標區塊在哪裡。

因此這裡所需要的不是給第三者觀看而整理的詳細圖表，應該是融入創造市場的各種發想。

利用基軸找出戰略空白區

請想一想，作為成功企業的「星巴克咖啡」，以及掀起咖啡市場第三波熱潮的「藍瓶咖啡」，在展開事業時採取什麼樣的市場戰略呢？

我們可以從星巴克前執行長霍華·舒茲（Howard Schultz）的著作《Starbucks 咖啡王國傳奇 [19]》，回顧星巴克咖啡一路從誕生到風靡全球的歷程。對於不想閱讀創業家自傳，而想從社會學的角度來解讀星巴克的讀者們，我推薦由美國社會學家布萊恩特·西門（Bryant Simon）著作的《咖啡之外：從星巴克了解美國 [20]》一書。

舒茲將星巴克打造至今日的規模，他創業時所見到的市場圖也許正如圖 **3-22c** 所示。

美國是較晚才有咖啡的國家，直到 1970 年代為止，仍舊很難見到一家供應純正咖啡的商店。

當然，有很多大眾化商店都提供類似咖啡的飲品，例如：速食店、休閒餐廳等。但從舒茲的角度來看，那些都不能稱為咖啡。

純正的烘焙咖啡可以在極少數的飯店吧臺裡喝到，但那裡是相當正式的空間，店員與客人隔著一定的距離，而且客人之

---

[19] 1998 年由聯經出版社出版，現已絕版。
[20] 英文書名為《Everything but the Coffee：Learning about America from Starbucks》，尚未有中文版。

間也不會互相交流。

此外，雖然可以在義大利餐廳喝到義式濃縮咖啡，但那不是一個可以讓人輕鬆走進去，買一杯好喝咖啡的場所。

它們仍然是以提供美食為主的傳統餐廳。

在這樣的環境下，舒茲的夢想是讓美國人喝到一杯「**道地**」（**authentic**）的咖啡，是用深焙咖啡豆沖泡、滋味豐富的咖啡。

於是他在全國展開了「**輕鬆友善氛圍**」（**friendly place atmosphere**）的咖啡連鎖店，店裡的裝潢融合了義大利咖啡廳的古樸風格，而且讓咖啡師能與客人輕鬆的交談。

換句話說，舒茲認準了圖 c 右上角的空白區域，就是自己的目標區塊。這張圖表中所展現的「追求道地化」x「輕鬆友善的氛圍」，這兩條基軸便具有戰略意圖。

順道一提，星巴克所提供的「輕鬆友善氛圍」，後來也被美國社會學家雷・歐登伯格（Ray Oldenburg）稱為「**第三空間**」（**The third place**），形成一個相當知名的概念。換言之，星巴克**透過咖啡店的產業型態，實現了「場域革命」**。

圖 d 也一樣。來自美國西雅圖的咖啡連鎖店以星巴克為首，逐漸形成一股強大的勢力，從 1990 年代後半期開始又掀起了一

波浪潮。其中最具代表性的藍瓶咖啡，在事業發展初期所見到的市場圖究竟是什麼模樣呢？

他們深信對客人最好的服務，便是**一杯一杯親手沖泡的咖啡**。自古以來，對商品有獨特堅持的日本商家，都會在各自的店裡提供這樣的服務，但沒有連鎖店會這麼做。藍瓶咖啡認為，「手沖咖啡」是對客人最至高無上的招待，因而發現了這塊戰略空白區。

在我所舉辦的進修講座中，對於學員提出的圖表，我會根據以下兩點來進行評估。

第一點，圖表中的**基軸是否展現出戰略意圖**（這等同於探索事業觀的作業）。

第二點，圖表中是否呈現出戰略空白區。

近瀨太志的概念思考奮鬥記④

　　在近瀨的公司中，促銷業務所負責的旅遊類型是依照目標客群來做區分。

　　主要的三種旅遊類型包括公司法人出遊、一般團體旅行、一般個人旅行。近瀨所帶領的促銷二課負責一般個人旅行，而梶川所帶領的促銷一課則負責一般團體旅行。

　　長年以來，團體旅行的銷售策略就是，將知名觀光景點和溫泉、餐廳、購物地點進行適當的組合包裝。如此一來便能招攬到一定數量的客人，但梶川開始對這種方式產生質疑。她覺得像這一類的旅行很難吸引大家的關注，除了削價競爭以外，就找不到更有效的促銷方式了。

　　近來，雖然國外的團體旅行需求逐漸增加，但卻陷入極端的低價競爭中。若繼續留在這個市場，對公司而言非常不利。

　　因此梶川認為，像田園之旅、醫療之旅這一類目的明確的主題旅遊，相對具有較大的潛力。

　　由於她自己的興趣是陶藝，因此便與知名的文化中心合作，為陶藝教室的學生們設計了一趟前往陶器之鄉巡禮的團體旅遊

行程，結果大獲成功。

在那之後，她便為旅行冠上主題，與該文化中心共同舉辦了繪畫之旅、歌舞伎之旅、建築之旅等行程，目標是招攬對該主題有興趣的人購買旅遊商品，一步一步的累積主題旅遊的行銷技巧。

近瀬當然也將梶川的嘗試列入評估，他希望能加強這種策略。近瀬所負責的範圍，有結合國內外馬拉松行程的個人旅遊商品，也有給小家庭體驗農家生活的民宿之旅等等，像這一類的旅遊需求確實正穩健地增加。

近瀬認為，若要將主題旅遊作為一項主打商品，就必須加強訊息的傳播，於是他和梶川約時間進行意見交流，說明自己的想法。

近瀬：「想做某項主題旅遊時，首先便要收集資訊，你會不會覺得這非常麻煩？」

梶川：「是啊！資訊總是分散在各處，而且品質也參差不齊。

即便是到書局裡尋找相關書籍或旅遊指南，或在網路上搜尋，網路上的訊息也未必都有用。

主題相關資訊和旅遊相關資訊，這兩者幾乎很難搭配得

上。」

近瀨：「我覺得旅遊資訊可以用這張圖表來表達（**圖表 3-23**）。

其中一條基軸是專業人員採訪編輯的資訊，和一般旅行者分享的資訊。由專業人員採訪編輯的資訊，可能是在書局裡販售的旅遊書籍或雜誌，也可能是電視裡當次播放的旅遊節目。

另一方面，旅行者所分享的資訊，例如：部落格的文章或社群媒體上的留言、旅遊商品銷售網站的評價。對於想要了解行程的人而言，閱讀其他旅行者的意見非常有幫助，可惜困難點在於這些資訊都分散在各處。

像這些旅行者的評價，如果能依照旅遊的主題分門別類的整理好，並庫存保留，讓人們隨時都能查詢得到，我想就能發揮很大的用處，也就是這張圖右下角的服務。」

梶川：「原來如此。現在確實還沒有這個區塊的資訊服務。

不過，一般人隨處自由發表的旅遊資訊，如何才能夠依照主題收集起來呢？你打算從什麼地方著手？」

近瀨：「是梶川組長的銷售成績給了我靈感。我想還是要從人群聚集的地方著手，這才是正面攻擊。

比方說，我們可以主動接觸那些有特別愛好的群體，例如：鐵道迷和自行車迷。另外，據說還有田園旅遊協會，我們可以

在這些地方下功夫。

然後邀請有意願的人向我們提供鐵道之旅、單車之旅、地球環境之旅等相關資訊或遊記，並在我們的會員資訊網站『Planet Walking』設置一個主題旅遊的專欄，將這些訊息都刊登在網站上。

只要主題夠多元，資訊量也夠充足，我們的網站就會成為一個資訊集結的平臺，激發人們想參加主題旅遊的慾望。如果將專欄與我們的商品銷售網站結合在一起，客人們也會自然而然的考慮要購買我們的旅遊商品。」

梶川：「那將會是一個既滿足個人需求和團體需求，也能支持主題旅遊和各種旅行的資訊網站了。

我們就把它當作一課和二課的跨部門專案，一起來做做看吧！」

定義化作業2- D ｜製作市場的戰略俯瞰圖

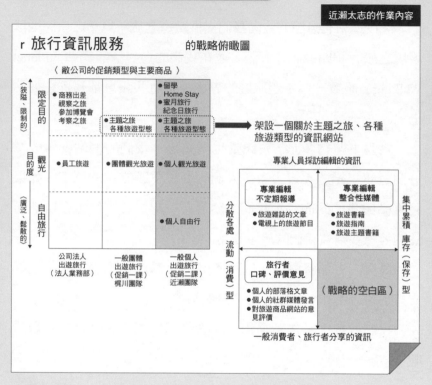

圖表3-23

CONCEPTUAL
THINKING

第 4 章

將事物的原理應用在
其他地方

類推

理解事物的原理後，應用在其他地方

我們在長大成人之後，經常會想起小時候聽過的寓言故事。這或許是因為經歷了人生的驚濤駭浪後，重新意識到寓言故事所傳達的訊息在本質上是重複的。

此外，快速閱讀過新聞報導時，如果在無意間看到某間公司發揮了某種巧思，而大獲成功的報導，就算業界與自己完全無關，偶爾也會靈光一現，發現「這個方法似乎也能運用在自己的公司上！」

像這種經典寓言故事與其他公司的成功案例中，有時存在著超越業界的道理與原理，能夠將其延伸應用。

而在延伸應用的想法背後運作的就是「**類推**」技巧。

類推指的是**從兩件事物之間找出相似性，並根據其相似點展開推測**。以邏輯用語來說，就是「**analogy**」（圖表 4-1）。

擅長概念思考的人，也善於將從事物 A 抽出的本質應用於事物 B 上。此外，比喻表現也屬於一種類推。這是因為豐富的解釋經過巧妙比喻的表現，或是將複雜的事物以簡單的方式比喻，都能鍛鍊概念化的能力。

圖表4-1│什麼是類推

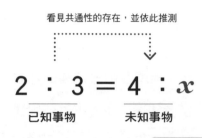

類推（analogy）

以類似點為基礎推測其他事物。

從兩個特殊性案例在本質上一致這點，推論其他屬性也存在類似性。

以相似點為基礎，猜想其他部分或許也相似。

——《廣辭苑》第七版

看見共通性的存在，並依此推測

$$2:3=4:x$$

已知事物　　　　未知事物

x 應該是「6」吧！

寓言故事的教訓
能在現實生活中發揮作用

　　有一則歐洲自古流傳下來的寓言故事《魔法師的學徒》。德國大文豪哥德將這則古老的寓言融入詩文當中，法國作曲家保羅·杜卡斯則在 1896 年將其樂曲化，寫成交響詩。

　　而後這則寓言故事在 1940 年，因華特·迪士尼製作的動畫電影《幻想曲》而變得廣為人知。

　　影像化的場景如下。

　　師父命令米老鼠扮演的魔法師學徒汲水，他兩手拿著木桶，穿梭於屋子內外。碰巧師父出門不在家，米奇看準

時機，有樣學樣的對掃帚施加咒語。於是掃帚雙手提起水桶並邁開步伐，開始代替米奇汲水。米奇開心的打瞌睡。

　　但就在他打瞌睡的時候，水持續累積，最後甚至多到從房間滿出來。米奇醒來後，慌慌張張的想要停下掃帚的動作，但是他卻不知道停止掃帚的咒語。於是米奇拿出斧頭，將掃帚砍成碎片，但這些碎片又分別變成一支支掃帚復活，並開始汲水，掃帚的數量呈幾何級數增加，米奇在變成洪水狀態的屋子裡掙扎著載浮載沉……。

　　你從這則寓言故事中學到什麼呢？

　　有些人或許學到日常生活的智慧「懶惰不會有好下場」。

　　有些人或許會將其套用在自己的工作中，學到「濫用半吊子的技術是一件危險的事情」。

　　或許還有人將其進一步當成對於現代文明的警鐘。

　　美國的評論家兼歷史學家劉易士・孟福（Lewis Mumford）在《藝術與工藝技術》（*Art and Technics*）中提到這則寓言，並如此描述。

「大量生產是嚴酷的新負擔，因為被課以不斷地持續消費的義務。（中略）《魔法師的門徒》這則毛骨悚然的寓言，能夠套用在從照相到美術作品的複製，從汽車到原子彈等我們所有的活動上。這彷彿就像發明了只有油門，卻沒有煞車也沒有方向盤的汽車，唯一的操作方式只有讓機械更加快速地運作。」

從一則寓言故事中抽出的內容、套用的地方因人而異。**圖表 4-2** 所展現的就是這一點。

像這樣，透過類似性，將從某件事物中發現的本質延伸應用到其他事物上，就是類推。

圖表4-2｜類推的「π字思考流程」①寓言故事的教訓能在現實生活中發揮作用

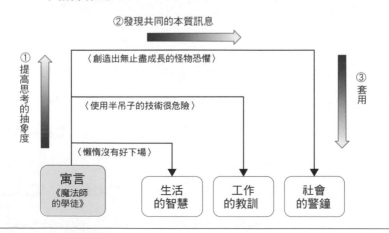

②發現共同的本質訊息

① 提高思考的抽象度

③ 套用

〈創造出無止盡成長的怪物恐懼〉

〈使用半吊子的技術很危險〉

〈懶惰沒有好下場〉

寓言《魔法師的學徒》

生活的智慧

工作的教訓

社會的警鐘

類推也能以概念思考的特徵「π字思考流程」來理解。

用類推的思考態度來看，
世界上充滿了靈感

除此之外，還能看到許多像這種採取類推的思考形式。

譬如經營學碩士課程經常進行的案例研究。藉由研究某企業的成功（或是失敗）案例，找出成功（失敗）的本質原因，透過與自己負責的事業之間的類似性，推測成功（避免失敗）的方法。這種學習法利用的也是類推這種知的運作。此外，假設某家企業成功的運用了一種商業模式，並試圖將這種模式也延伸應用到其他事業上。這時的思考也屬於經過π字流程的類推（**圖表 4-3**）。

如果將思考範圍擴大，仿生技術（biomimetics）或許也是如此。生物的身體，包含了長時間適應大自然的各種智慧。而仿生技術就抽出其原理，應用在人類使用的工具上（**圖表 4-4**）。這也是類推思考的產物。

如果抱持著試圖從中抽取出什麼的「思考態度」觀察萬事萬物，就能發現裡面藏有各種線索。

圖表4-3│類推的「π字思考流程」②案例研究學習等

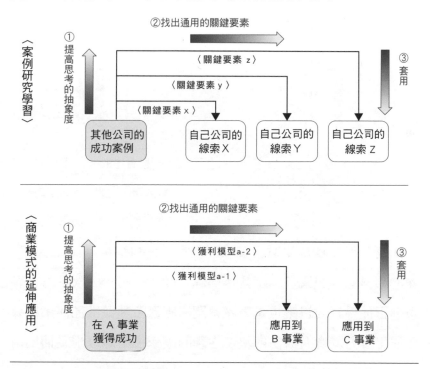

所以不能只是漠然的看著這個世界，建立類推的思考態度是一件重要的事情，譬如「這個現象背後的基本原理是什麼」、「如何將這件事情在本質上與自己相互結合」、「從這個案例中可以抽取出什麼樣的教訓」等（**圖表 4-5**）。

接著就透過小習作加深理解吧！

這個小習作沒有固定的正確答案。即使在實際的研習活動

圖表4-4│類推的「π字思考流程」③仿生技術（biomimetics）

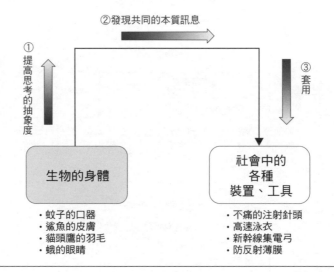

中進行，得到的答案也是五花八門。不過，類似「任何事情只要運用蠻力就會有辦法解決」之類的感想，不足以稱為抽出精髓。因為這樣的思考太淺薄，稱不上創造性的類推。

我給出以下提示作為類推的參考方向，幫助大家從這則故事中，抽取出分量足夠的感想（當然，學員也可以從截然不同的方向來思考）。

舉例來說，推廣「創新」概念的約瑟夫・熊彼得（Joseph Schumpeter）曾說過，「不管把多少郵件馬車串聯在一起，都絕對不可能成為鐵路」。熊彼得口中的郵件馬車與鐵路，分別象

圖表4-5│類推的思考態度

以萬事萬物為教材
建立試圖從中抽取出什麼樣的思考「態度」非常重要

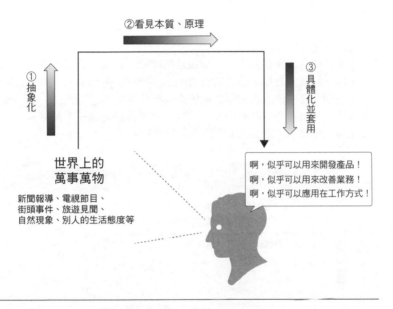

②看見本質、原理

①抽象化

③具體化並套用

世界上的
萬事萬物

新聞報導、電視節目、
街頭事件、旅遊見聞、
自然現象、別人的生活態度等

啊，似乎可以用來開發產品！
啊，似乎可以用來改善業務！
啊，似乎可以應用在工作方式！

徵著什麼呢？

　　另一個例子來自《松下幸之助的小故事》（PHP 新書）。

　　昭和 36（1961）年，松下幸之助造訪松下通信工業時，幹部們正在開會。當時該公司將車用收音機出貨給豐田汽車，但面對貿易自由化所帶來的價格競爭，豐田汽車提出了將下半年的出貨價格調降 20％的要求。

　　幸之助對幹部這麼說——「依照常識來想，照理來說應該

類推小習作3-A │《戈第亞結》

【例題】請閱讀《戈第亞結》的故事，並思考以下兩點：
①從神話中抽取出本質的訊息
②對於負責事業的教訓、行動

《戈第亞結》

弗里吉亞國王戈第亞製作了一個複雜的繩結，並預言「不管解開這個結的人是誰，都能成為亞細亞的統治者吧！」許多人前來挑戰，但沒有任何一個人成功。亞歷山大大帝來到弗里吉亞時也試著解開這個結，果不其然也失敗了。失去耐心的亞歷山大取出寶劍，將這個繩結一刀斬斷。……亞歷山大後來實現了預言，成為亞細亞的統治者。

學習單3-A │《戈第亞結》

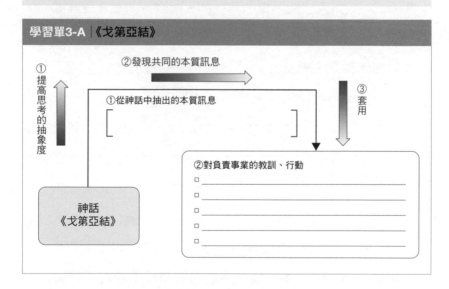

拒絕這個要求。但如果以辦不到為理由拒絕，那就太缺乏智慧了。首先，要拋棄『辦不到』的想法。接著，嘗試從零開始想出新的方法如何呢？很多時候比起調降5％，調降30％反而還更容易。如果進行了部分改良，可做不到只有調降這些」。

……就這樣過了 1 年，松下通信工業成功的答應將價格調降 20％的要求。只要澈底變更設計，並重新檢視生產線就能做到。

這兩則故事的構圖是否在某些部分與《戈第亞結》重疊呢？我想只要將這點考慮進去，並參考接下來的項目思考這份小習作，就能透過強大的 π 字思考流程想出創造性的類推。

● 你在自己負責的事業中所面對的「結」是什麼樣的問題？
● 這個「結」難以解開的理由是什麼？為了解開這個「結」可以採取什麼樣的解決方法？亞歷山大採取的解決方法精髓是什麼？
● 請調查「破壞性創新」這句話的意思。

我在這裡省略了關於小習作的解答範例介紹。因為接下來的「近瀬太志的概念思考奮鬥記⑤」中，近瀬會稍微接觸到這個部分，因此也請各位參考。

人類代代相傳的寓言與神話，就彷彿是透過無名創作者之手埋下的時空膠囊。這當中隱藏著具普遍性的訊息與「比喻」，測試著後人的概念解讀力。

接著，進入到下一個演習——「尋找典範」。

典範（role model）指的是「某種任務角色的模範」。簡單來說，就是讓人想要從其行動與思維中學習，希望「變得像那個人一樣」。

據說「學習」源自於「模仿」，崇拜某個人，進而模仿對方，也是人類學習的原型。

這個練習是將典範（模範）的解釋從人延伸到事物，並從「生活方式」、「工作方式」、「事業・商品・服務」、「公司・組織」等四個項目中尋找自己的典範。

這個小習作的重點在於**將①②③項一起寫，並且堅定的寫出來**。這麼一來才能訓練概念思考的能力。

當然這一連串的思考流程也屬於「π字流程」（**圖表4-6**）。

再者，從典範中不只能夠獲得行動的線索，也能夠得到**熱情**。這就是這個小習作的目標，因為熱情是會傳染的。

我在進修活動中進行這項小習作時，會從以下這幾個觀點來看學員填寫的學習單。或許也可以說是透過這項作業所能測

類推小習作3-B | **尋找典範**

①首先，試著列出具體的典範。
②接著，抽出模範要素，說明為什麼選出這個典範。
③最後思考如何將這些模範要素應用在現實生活中，並寫下來。

學習單3-B	**尋找典範**		
	①典範（模範）	②抽出模範要素	③將模範要素應用到現實中
生活方式			
工作方式			
事業、商品、服務			
公司、組織			

〈學習單的填寫方法〉

	①典範（模範）	②抽出模範要素	③將模範要素應用到現實中
生活方式	環顧這廣闊的世界，請列出讓你覺得「這樣的人生真棒」、「這種生活型態好酷」、「想把這種生活方式當成楷模」的典範。	左邊欄位中寫下的典範，哪些部分讓你覺得很嚮往、很棒？請將其要素具體的拆解出來。	是否能將左邊欄位中寫下的要素，應用在自己實際的生活方式中呢？總而言之，該從哪件事情做起呢？
工作方式	環顧這廣闊的世界，請列出讓你覺得「這樣的職業真棒」、「這種工作型態好酷」、「想把這種工作方式當成楷模」的典範。	〃	是否能將左邊欄位中寫下的要素，應用在自己實際的工作方式中呢？總而言之，該從哪件事情做起呢？
事業、商品、服務	環顧這廣闊的世界，請列出讓你覺得「這樣的事業太棒了！」、「這種商品好酷」、「想把這種服務當成楷模」的典範。	〃	是否能將左邊欄位中寫下的要素，應用在自己實際負責的事業、商品中呢？總而言之，該從哪件事情做起呢？
公司、組織	環顧這廣闊的世界，請列出讓你覺得「這樣的組織太棒了！」、「這種公司好酷」、「想把這種組織當成楷模」的典範。	〃	是否能將左邊欄位中寫下的要素，應用在自己實際的公司、組織中呢？總而言之，該從哪件事情做起呢？

圖表4-6 ｜ 類推的「π字思考流程」④ ： 從典範中學習

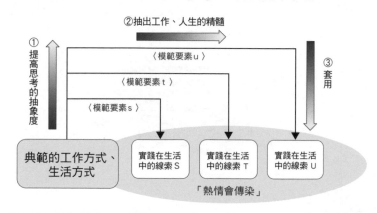

試的能力。

1｜概念能力的「廣度」
如何對社會與人類抱持著廣泛的興趣，並列舉出典範

2｜概念能力的「深度」
如何抽出本質的要素

3｜概念能力的「熱度」
如何對典範產生共鳴

4｜概念能力的「強度」
如何產生想法，並轉換成具體行動

進修活動的現場狀況，
尋求典範的慾望變弱

在進修活動中進行這項小習作時，不少人寫不出自己的典範。或許是因為身邊沒有可以作為楷模的上司或前輩。但典範不只有在職場中尋找，也可以從整個社會，甚至歷史人物中尋找。

典範不需要與自己置身於相同的業界或職種，甚至從與自

己完全不同的世界中挖掘出來更好。

譬如閱讀新聞報導時，心想「原來如此，這樣的生活方式可以當成範本」；或者在電視上看到紀錄片時，心想「自己也想要加入這樣的計畫」等。如果將這些情況都包含在內，到處都充滿了能夠做為典範的素材。

這只是單純的情緒上崇拜，並非透過在具體與抽象中來回的思考過程所精挑細選出來的結果。

總而言之，**問題就在於有沒有尋求典範的慾望。**

這牽涉到比概念思考的技術更加深入的問題，譬如對於他者與社會的關心，以及對於更美好的工作方式與生活方式的冀求心等。而這個問題與最近經常討論的「生命力」有關。

這個尋找典範的練習與技巧⑤的「意義化」練習，都屬於如果沒有湧現出想要活得更深、更廣、更熱情、更堅強的慾望，就無法深入思考的類型。

近瀨太志的概念思考奮鬥記⑤

近瀨填寫完「尋找典範」的學習單（**圖表 4-7**），開始收拾辦公桌準備回家。這時中島部長回來了。

中島：「今天也是寫概念思考研習的作業嗎？」

近瀨：「是的。我在思考自己的典範。」

中島：「你想到誰呢？」

近瀨：「其中一位是 K 總經理。」

中島：「原來如此，如果是總經理的話，我也想提出來做為典範呢！我還在法人營業部的時候，教我工作基本原則的人就是 K 總經理。」

近瀨：「原來是這樣啊！總經理與我雖然沒有業務上的直接往來，但我從 3 年前開始，每年都會參加總經理主辦的插秧活動。但我之所以把總經理當成典範，不是因為他的工作方式，而是他在鄉村與都市兩地生活的生活方式。」

中島：「原來如此。畢竟他堅持的生活方式以上班族來說相當特別呢！雖然也有他的辛苦，但這樣的生活方式確實可作為一種典範。」

近瀨：「總經理幾乎把『不要封閉在公司這個狹窄的世界裡』當成口頭禪，而我也覺得這個想法很重要。將公司培養的能力

運用在公司以外的活動，再將公司外活動培養的能力回饋給公司。他傳遞出希望這個社會能有更多人，擁有這種多元開放價值觀的訊息，而我對於這一點很有感觸。」

中島：「如果和總經理閒聊，他總是聊著工作以外的活動呢！不過，他隨時都在思考，是否能將這些經驗應用在實際業務上。他透過這樣的方式，將組織文化變得更好。」

近瀨：「說到組織文化，從這個角度來看，我想作為典範的就是迪納利公司，也就是以前部長推薦我看的那本《把員工丟到山屋去吧！》，裡面提到的那家公司。」

中島：「喔，那家啊！就是美國的戶外用品製造商，而且社長還自己提出了驚人的想法，在夏天把員工丟到山屋去，讓他們在那裡工作一整個夏天的公司對吧？這家公司的哪個部分吸引你呢？」

近瀨：「吸引我的部分是他們信任個人自律性的文化。

我羨慕的不是夏天在山屋工作這種表面的部分，而是這家公司以每一位員工都是具有獨立精神的專業人士為前提運作，我覺得這樣的想法非常棒。

以他們的情況而言，工作的樂趣不一定代表著愉快的情緒。我覺得其樂趣反而在於承擔嚴峻的責任與壓力，自主決定目標並克服困難這種意志力的挑戰。在山屋生活的期間，要出門登山幾天、野營幾天、帶哪些自己公司或別家公司的產品、測試

什麼項目、如何測試，以及該怎麼報告這些計畫、如何應用到商品開發等等，這所有的一切都必須自行規劃並判斷。

為了心愛的粉絲與產品群，充分發揮自律心，這樣的組織文化確實是典範。」

中島：「畢竟愈是自由的文化，愈需要嚴格的自律來運用這樣的自由。制度終究只是容器，端看人們如何使用。我也希望把我們的部門打造成能夠被其他部門當成典範的組織呢！」

中島：「對了，我聽說梶川團隊與近瀨團隊聯合起來，討論新型態的旅行資訊服務？」

近瀨：「是的，我們打算討論 3 個月左右，並且在部門會議上報告成果。」

中島：「我也會提出一些想法並介紹人脈給你們，畢竟我有許多在旅行出版界的朋友。雖然新型態病毒所造成的疫情肆虐全世界，導致旅行業界遭遇嚴重震盪，但無論如何，這個業界早晚需要澈底的改革。無論旅行的需求在疫情控制下來後，是否能夠恢復以前的水準，只提供『節省安排旅行的時間與精力』，都已經不足以成為讓我們的事業與公司延續下去的價值了吧？K 總經理還說：『這間公司在 10 年後，說不定靠著與旅行安排完全無關的事業獲利。這就是我們澈底改變的時候』。」

近瀨：「由 K 總經理負責，直屬於社長的新計畫就是這個吧？在第一線擔任團隊負責人的員工，也收到定期參加會議的

通知。」

中島：「旅行業界正是『好幾個繩結複雜交疊的粗繩』，而新冠疫情把這個巨大的繩結拉得更緊。該怎麼解開這個繩結呢？這個問題已經不是只有靠提升業務效率、降低成本、縮短工時等可以解決的尺度。不，與其說是尺度問題，不如說是更高層次的問題。」

近瀨：「您說的沒錯，我們想透過自己的事業提供給顧客什麼樣的價值呢？我覺得是時候該澈底檢視這種內在層次的想法了。將『節省安排旅行的時間和精力』作為價值提供給顧客，藉此向顧客收取金錢的時代即將結束。因為安排旅行、訂購票券、支付款項等，現在透過網路就能由輕鬆完成。我覺得如果停留在這個層次，無論再怎麼改良與改進，都不會有生存下來的活路。」

中島：「的確，就像是郵件馬車無論再怎麼改良或改進，都無法發明鐵路一樣。換句話說，必須從不同層次的發想思考，達成非連續性的進化才行。這也相當於不能執著於『解開』繩結，而是需要『斬斷』繩結這樣截然不同的發想。我們公司需要的就是如此巨大的轉機。目前所處的狀況，可以想成比創業時期更加困難。」

近瀨：「這就是為什麼 K 總經理試著積極的邀請公司外部的學者、教育家、歷史學家、運動員、企業家等作為這次計畫的客座講師。」

學習單3- B │ 尋找典範

	①典範（模範）	②抽出模範要素	③將模範要素應用到現實
生活方式	（行銷本部）**K 總經理**	因為他實踐了週末在鄉村生活，平日在都市工作這種兩者兼顧的異地生活型態。此外，他也讓孩子們從事體驗種稻的活動。	過著多元價值觀的人生，而非只顧著工作。我考慮過著結合鄉村與都市的生活，也想透過志工活動找到畢生志業。
工作方式	**坂本龍馬**	因為他建立大局觀，以一介志士的身分奔走，企圖改變時代。	我希望即使在公司組織當中，也抱持著身為一名志士的獨立心，開發出顛覆業界常識的事物（商品或商業模式）。
事業、商品、服務	**橘子公司**（美國・IT 機器製造商）zPhone	・因為其商品不是模仿。 ・因為這家公司超越了單純的手機裝置開發，而是開拓了全新的生活型態。	・我想製造不是模仿的商品。 ・我想要開發足以成為生活型態一部分的全新服務。
公司、組織	**迪納利公司**（美國・戶外用品製造商）	「把員工丟到山屋去」的公司文化。	希望建立不忘玩心的團隊。打造培養每個人的自律心，能夠信賴夥伴，讓夥伴全權負責的文化。營造能讓夥伴不斷湧現創意，而非上意下達的工作環境。

圖表4-7　（＊以上的典範除了坂本龍馬以外都是虛構的）

補充①
從「守、破、離」的觀點來看

　　如果我們透過「**essence：本質**」與「**form：形式**」的二元觀點來看這個世界，可以如**圖表 4-8 左圖**一般畫出兩個同心圓，內側是本質，外側則是形式。而「本質包裹著形式，形式強化了本質」的交互作用在兩者之間運作。

包含這堂課所進行的類推演習在內，**概念思考都透過「π 字思考流程」訓練學員創造出自己的答案**。而這當中最重要的是「π 字思考」的厚度。

譬如尋找典範的練習，有些人的思考豐厚，有些人則停留在淺薄的層次。**圖表 4-8 右圖**就是其示意圖。

流程①是 form → essence → form（由外而內，接著由內而外），在抽象與具體之間大幅度往返。至於流程②的抽象化，沒有進入到 essence 所隱藏的深處，只停留在 form → form（由外而外）的具體層次，變成缺乏深度的思考運動。

日本傳統藝術、武術的世界經常提到「守、破、離」。

「守、破、離」將弟子領會一項技藝的過程分成 3 個階段表現。「守」是由師父傳授形式，並徹底牢記的階段。「破」則是打破這樣的形式，並創造自己形式的階段。最後的「離」則是超越這一切，達到自在境地的階段。

在「守」這個階段，最重要的是不能只停留在模仿表面的形式。如果不鑽研形式內部的本質，就無法進入到「離」的境界。即使打破形式，恐怕也僅止於淺薄的嘗試。

圖表4-8｜「essence ： 本質」與「form ： 形式」

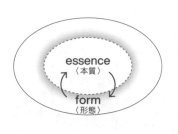

內部是本質、外部是形式
「本質包裹著形式，形式強化了本質」

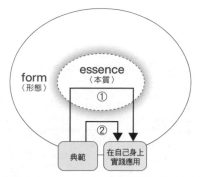

流程①：form→essence→form（由外而內，接著由內而外）
流程②：form→form（由外而外）

　　澈底鑽研 form，提升到 essence 的層次，掌握住本質的、根源的事物後，再度回到 form 的層次，以有形的事物表現出來。不斷地反覆這樣的過程，才能從「守」到「破」，最後進入到「離」的境界（**圖表 4-9**）。

補充②
透過比喻思考

　　類推（analogy）與比喻有許多重疊的部分。透過比喻進行思考的能力，非常有助於賦予工作獨特性，因此在這裡進行補強。接著將依照下列順序說明，透過比喻進行的思考。

圖表4-9│「守、破、離」與「π字思考流程」

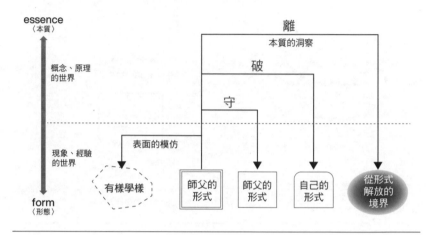

比喻的種類

①修辭（rhetoric） ②寓言故事

透過比喻思考的方向

①喻的展開 ②比喻的凝結

　　透過比喻進行思考的第一步，就從「修辭」與「寓言」開始。比起透過直接的描述思考，透過間接的比喻、置換進行思考，能夠讓我們的理解更加強烈、深刻且豐厚。而使用比喻性的文句就是修辭，使用整個故事進行比喻則是寓言故事。修辭性的比喻舉例來說如下所示。

「據說教宗博義八世，如狐狸般就職，如獅子般行動，如狗一般死去。」

——蒙田《隨筆（二）》

「儘管細高的鼻梁有些許寂寞，但下方小巧含苞的嘴脣彷彿就像美麗的水蛭輪環般滑潤伸縮，即使沉默時也好似活動著。如果有皺紋或脣色暗沉，看起來應該骯髒，但卻沒有，看起來溼潤晶亮。」

——川端康成《雪國》

「春日細雨啊，那訴說盡一切的，蓑衣與雨傘。」

——蕪村

前兩個例子稱為直喻，第三個則是換喻。當我們看到這樣的文章時，會想像博義八世的身影與狐狸、獅子和狗之間所具備的共通性，來藉此掌握這名人物的形象。又或者回想水蛭給人的感受，並與嘴脣給人的印象重疊，試著理解其豔麗。

至於只抽出「蓑衣」、「雨傘」的描寫，則能夠重新建構專屬於自己的景象，譬如「蓑衣應該是農民的身影，而雨傘則是商人吧！」

人類正因為具備提高抽象度的讀解能力，才能夠品味像這樣的比喻。反過來說，如果對於比喻表現的想像力不足，想必會覺得文學很無趣。

除此之外，修辭學的比喻還有隱喻或提喻等。想要更仔細學習的人，建議閱讀教科書《修辭的感覺》（佐藤信夫，講談社學術文庫）。該書中也有以上三個例子的說明。

從伊索寓言到聖經、佛經、古蘭經的深奧比喻世界

接下來是寓言故事。寓言故事是包含教訓或諷刺的比喻。

大家從小就熟悉的《伊索寓言》就是其代表作。我們閱讀「螞蟻與蟋蟀」、「龜兔賽跑」等故事，從中汲取本質的訊息，找出與自己生活之間的共通點，並從中學習。

譬如比起及時行樂的蟋蟀，最後能夠獲得幸福的還是腳踏實地的螞蟻；或者像烏龜那樣，雖然緩慢但一步一步的前進，才是最確實、最快獲得成就的方法等，我們可以將這些訊息應用在人生當中。

大家聽到寓言故事，往往會以為是將動物擬人化的兒童故

事，但廣義的寓言故事並非僅止於此。

柏拉圖在《國家篇》的第七卷中，所使用的「洞窟比喻」就是一種寓言故事（參考專欄），而宗教的經典也可以視為某種壯闊的寓言故事。

比喻的「展開」與「凝結」

無論是修辭還是寓言故事，透過比喻思考都有兩個方向，分別是「**比喻的展開**」與「**比喻的凝結**」。

前者是「將比喻所含的本質應用到其他事物」，後者則是「將某件事物所含的本質作為比喻表現」。

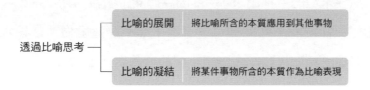

透過比喻思考	比喻的展開	將比喻所含的本質應用到其他事物
	比喻的凝結	將某件事物所含的本質作為比喻表現

「比喻的展開」就如同前面所看到的，是解釋某個比喻，並將其延伸到其他事物的思考流程。

至於「比喻的凝結」則是與之相反的流程。將某件事物當成比喻表現，或者也可以說是單純的比喻化。

舉例來說，我們從別人的例子或自己的經驗中得知，當人

類被慾望蒙蔽雙眼時，可能會導致失敗，或是毀了一輩子。像這樣的教訓，可以用什麼方式來比喻呢？

　　我想介紹塞繆爾・斯邁爾斯（Samuel Smiles）的《自助》（*Self-Help*）一書，書中所提到的寓言故事《葫蘆猴》作為例子。這個故事如下。

　　　據說阿爾及利亞卡拜爾地區的農民，會使用葫蘆活捉猴子。這個方法十分簡單。該怎麼做呢？那就是在葫蘆上開一個大小，剛好能讓猴子把手伸進去的洞，並在裡面放入米粒，接著只要將葫蘆牢牢的綁在樹上即可。

　　　到了晚上猴子出現，將手伸進葫蘆裡。猴子雖然想要將抓住米粒的手抽出來，手卻因為握滿了米粒而無法抽出。雖然只需要將手鬆開即可，但猴子卻不願這麼做。最後牠們緊握米粒迎來黎明，糊里糊塗的被農民活捉。

　　……這個故事如何呢？故事以巧妙且幽默的方式，描寫貪婪為什麼會使自己遭遇危機。

　　像這種將事物凝結為寓言故事的比喻方式，稱得上是「π字思考流程」。換句話說，就是「①提高思考的抽象度→②抽出本質的要素→③化為比喻」（**圖表 4-10**）

圖表4-10│比喻的凝結的「π字思考流程」

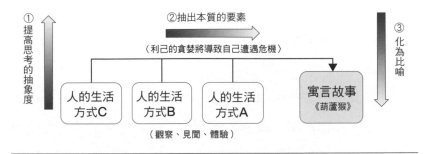

光靠優秀的寫作能力，不足以表現優秀的比喻。

除了具備觀察事物、看穿本質的能力之外，最終需要的還是該以什麼樣的方式比喻，才能展現妙趣的品味。

將 4 個象限的名稱以比喻的方式表現

接下來，將從更加貼近工作與事業的角度來思考「比喻的凝結」。

事業現場製作的資料需要明確的描述，因此多半採取直接說明，但偶爾也能透過使用比喻帶來強烈的印象。其成功的例子就是波士頓顧問集團（Boston Consulting Group）所開發的「PPM」（Product Portfolio Management，產品組合管理）。

再次檢視 PPM 的表格就會發現，這份表格使用了巧妙的比

喻表現（**圖表 4-11**）。以相對市占率與市場成長率為 2 軸所形成的這 4 個象限，分別被命名為「搖錢樹」、「明星產品」、「問題兒童」及「喪家犬」。

如果直接將這些象限命名為「市占率（高）× 市場成長率（低）」、「市占率（高）× 市場成長率（高）」等，這份圖表就會立刻失去魅力，或許就不會在全世界獲得如此廣泛的運用。

這些使用隱喻的單詞，恰如其分的展現出各個象限所具有的意義。誰都希望將自家公司的產品放在「搖錢樹」的位置，並且從「喪家犬」的位置脫離。能夠直觀地理解這樣的感受就是其優點。

我在經營自己的事業時，也曾像這樣在 4 象限圖表中使用比喻。

我使用「職涯 MQ」這項服務作為評量工具，判斷個人的職涯意識時，設定了「建立職涯的意志」與「建立職涯的環境」這兩項評量因子，以此為 2 軸形成的 4 象限圖，就是**圖表 4-11右圖**。

正如各位所見，圖表中使用了比喻性的詞彙。我稱呼那種

圖表4-11 以比喻表現4個象限的名稱

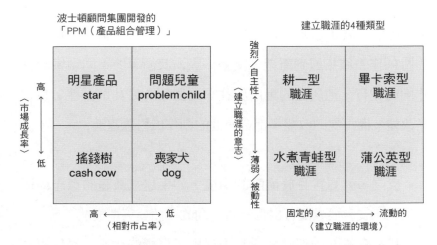

確定自己的專業領域（即建立職涯的環境固定），並且以明確的目標意識積極發展（即建立職涯的意志強烈／自主性高）的職涯為「耕一型職涯」。顧名思義，「耕一」隱含著「耕耘一個領域」的意義。

2002 年諾貝爾化學獎得主田中耕一先生正是名符其實，透過耕耘一個領域，最終獲得諾貝爾獎的人。

即使建立職涯的環境固定，倘若意志力薄弱且被動，就會變成「水煮青蛙型職涯」。

至於建立職涯的環境雖然流動（遊走於各個計畫與部門，

或者換工作），但擁有強烈意志，自主性地開拓職涯，我將它稱之為「畢卡索型職涯」。

之所以會選擇畢卡索，是因為他不僅侷限於繪畫，還貪心的將創作領域拓展到雕塑、陶瓷、表演藝術等，不同領域的創作同時並行。他居住的場所與往來的對象（尤其是女性）也經常改變，而每次的改變，都會使他的創作風格急遽進化。

反之，就算置身於流動的環境，如果建立職涯的意志薄弱且被動，就會變成沒有根也沒有方向的「蒲公英型職涯」。

我在企業的內部進修活動中提出了這樣的比喻，學員更容易理解「原來自己是『水煮青蛙』（震驚）」，或者「自己是『耕一』」等。因為容易記住，所以效果很好。

接著就來進行「比喻的凝縮」小習作吧！

類推小習作3-C │ **4象限名稱的比喻化**

你正準備分析一個新進入的市場。你將這個市場以2個軸線來進行分類。

一個軸是「潛在客戶數多／少」。舉例來說，如果是針對初學者的產品，潛在客戶數就有可能比較多；至於針對高級玩家或專業人士的產品，潛在客戶數就會減少。

另一個軸是「預期利益率高／低」。舉例來說，技術壁壘高且處於寡占狀態的市場，預期利益率就可能比較高；但幾乎沒有技術壁壘且百家爭鳴的市場，預期利益率就會變低。

透過這2個軸線可以畫出如下圖一般的矩陣圖。

接下來，請使用比喻為「A、B、C、D」這4個象限命名。最好像「搖錢樹」或「喪家犬」一樣，能夠充分展現各個象限的意義。

學習單3-C │ **4象限名稱的比喻化**

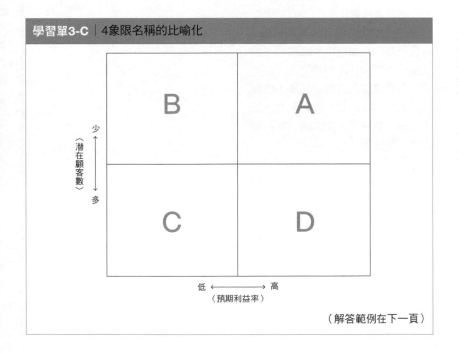

（解答範例在下一頁）

柏拉圖的「洞窟比喻」

有一群囚犯從出生以來就一直被困在洞窟裡。他們的手腳被綁住，就連脖子也被固定，因此只能看見洞窟內部的牆壁。他們背後的遠處（上方），有一堆火在燃燒。這堆火苗與他們之間有一條通道，各種物體在那裡來來去去。囚犯眼裡所能看見的，就只有往來的物體投射在洞窟牆壁上的影子。而他們所思考和交談的內容也都是關於這些影子。

這時他們當中有一人解開枷鎖，開始在洞窟內自由行走。雖然刺眼的火光讓他一開始什麼都看不見，但他後來逐漸看清楚洞窟內的情景，並理解這些影子的真面目。接著他進一步走出洞窟，看見了燦爛的陽光所照耀的真實完整世界。

這個故事中的「洞窟」，象徵著我們透過經驗與感官所理解的日常世界，而「囚犯」則代表著普通人。

換句話說，我們平常看到的不是實體，而是影子，但我們卻誤以為實體就是這個樣子。而柏拉圖給我們的教訓就是，不要再一直盯著投射在牆壁上的影子，而是要走出洞窟（外面的世界被命名為「理型」），認識真實的世界，去看看「善」（即太陽所象徵的）這個最高層次的理型吧！

這個比喻還有後續，那名走出洞窟看見太陽的人再度回到洞窟裡，試圖告訴其他囚犯真相。

但大家都害怕他，因為他的言行顛覆並否定了洞窟內的常識。最後他甚至被殺害（就像蘇格拉底遭到處刑一樣）。

C：「沒有蓋種種」、D：「異毒又遠」
A：「蒲圖小鳥」、B：「充滿窗神」
〈類推小遊戲 3 的解題範例〉

第 **5** 章

靈活且敏銳的
重新理解事物

精煉
琢磨概念

　　一旦我們將概念——本書對於概念的解釋較廣義，也包含了觀念、信念、理念——吸收到自己的內部，往往就會變得僵化。概念是建立自己思考秩序的骨幹，因此我們不願意頻繁地將其更動，畢竟人類有追求穩定的本性。

　　但沒有任何概念是完美的。況且概念原本就一定會隨著自己的改變或環境的改變而變動。再者，世界上仍有無數尚未被概念化的事物，這些事物或許正等著你去理解。

　　因此本課程將進入「靈活且敏銳的理解事物」的訓練。接著就來看精煉對事物的理解方式、將現有的概念變得更好，以及創造新概念的技巧。

商品的創意與技術
需要千錘百鍊的概念

　　這個世界上有許多人從事磨練概念化能力的工作。

　　譬如商品企劃人員。

　　人們在描述熱門商品的成功因素時，往往只會提到具體的創意。

然而優秀的企劃人員幾乎必定會磨練其概念化的能力，確實地從構思概念開始。

他們有意識的從不同的角度觀察負責的商品、技術及其周圍環境、否定現有的概念及常識，並思考新的框架，透過這樣的過程才形成最終的創意。

我自己也曾在製造商負責商品計畫，而尊敬的上司建議我「不要沉溺於提出枝微末節的創意」。

此外，活躍於廣告製作領域的導演與創作者們，也發揮了靈活且銳利的概念化能力。

近年來，商品愈來愈難在功能面與價格面做出差異，因此更需要透過廣告訊息吸引消費者。

所以廣告製作者必須更加銳化商品的訴求點，刺激消費者的購買慾。除此之外，他們也必須預測時代難以捉摸的氛圍，以一句精準的標語表現創造出流行。

任何人在工作中都需要這種具備這種靈活度的概念化能力，這樣的能力並非只局限於部分人士。為了不斷地提升負責的產品或服務，不可缺少的是隨時都能靈活重新審視、精煉自己概念的思考力。

　　我們經常遇到特別優秀的產品或事業，這時就會說出「這已超越了○○的概念」，或「我不知道還有這種使用方法」、「這個產品顛覆了常識」、「被這個產品的概念擺了一道」、「這是革命性的商業模式」等。

　　像這種出色的產品與事業，在概念的層次上就已經十分優異。

　　技術當然重要。但技術只有建立在優秀的產品或事業概念的基礎上才能綻放光芒。世界上有許多優秀的技術，但並非全部都能獲得世人關注。

　　人們所抱持的概念隨著時代改變，而逐漸變遷的技術，也需要能夠有效將其發揮的概念。概念本身在現代的社會已經成為消費的對象。

　　在這樣的情況下，只憑極其普通的事物理解方式、邏輯秩序與框架，不足以賦予負責的商品競爭力。

　　隨時對現成概念投以敏銳思考的概念化能力，在商品日益普遍化的趨勢下變得愈來愈重要。

精煉對事物的理解方式及概念的方法

精煉對事物的理解方式及內容（即概念）的方法有許多。在此將特別挑選出對於事業現場有幫助的觀點，分為六個類別做介紹（**圖表 5-1**）。

類型	方法	參考案例
結合、分離	相乘	迴轉壽司、草莓大福
	相加	智慧手機、百貨公司
	相減	SONY「Walkman」、立式雙輪電動車「Segway」
觀點的移動與創造	改變觀看的位置	卡拉 OK 改變觀點創造新價值——「as a」模式
	拉近看／拉遠看	微觀角度——行為定向廣告 巨觀角度——羅馬俱樂部《成長的極限》
	開創觀點	柳宗悅的「民藝」 池田菊苗「鮮味」的發現
改變尺度	改變刻度	批發販賣的會員制大型超市「好市多」
	抹除刻度	福袋、定額訂閱制 現代藝術作品「家計畫｜南寺」
	賦予刻度	各種檢定考試、臉書的「讚」
	黑白反轉	3M「便利貼」、LOTTE「暖暖包」
置換	改變領域	大塚製藥「寶礦力水得」
	改變脈絡	日清食品「杯麵」 賣冰箱給因紐特人的銷售員
	改變型態	改變購買型態、送禮型態——「圖書禮券NEXT」、「米禮券」 改變展示型態——旭山動物園的「行為展示」
	改變形式	樂清「拖把出租」、伊藤園「綠茶」

類型	方法	參考案例
	改變結構	改變收費結構——吉列「替換式刮鬍刀」 改變價值提供的結構——「SaaS」、「MaaS」 的規則改變
研磨	磨利刀鋒	「從拚命三郎到美麗人生」、「小眾」、「分眾」
	創造新詞	「加拉巴哥現象」、「窮忙族」、「婚活」、「機 電一體化」
	提高網眼密度	雨→「濛濛細雨」、「毛毛雨」、「及時雨」……
比喻	運用修辭	直喻、換喻、隱喻、提喻
	比擬	枯山水庭園、表情符號 (^_^) (T_T)

1 ｜ 結合、分離

● 相乘

當對事物的看法變得僵化，無法擺脫框架時，**嘗試將不同
種類的概念相乘，有時就能產生出乎意料的想法，並創造出新
的概念。**

這就是「**A × B → 某種新事物**」的變化。

例如：「迴轉壽司」。這是將壽司是由師傅在櫃檯捏製而
成的食品這種固有認知，與輸送帶（工廠中運送零件的裝置）
的概念相乘，所創造出來的，大幅改變壽司店概念的店鋪。

此外，將草莓與大福相乘所得到的「草莓大福」，也大幅
拓展了日式甜點的概念。

前面提過，經濟學家約瑟夫·熊彼得賦予「創新」概念的根基「新的結合」這項含義。

從前在哲學的世界，黑格爾針對透過不同種類事物的結合，創造出新事物這一點，提出了「揚棄」（aufheben）的概念。

這個概念的看法，基本上也是事物從矛盾要素的對立中發展，是一種在發達統一的事物內，事物的性質以高層次的形式保存的洞察。

無論如何，當不同的元素相互結合時，將會產生某種變化。

● 加法

「A＋B＋C」這種將元素相加的複合化理解方式。

安裝許多 APP 的智慧手機、將多種商品·賣場集中在一棟建築物的百貨公司等，都是這種發想的典型。

相較於「相乘」是將要素結合在一起轉變成另一種事物，「加法」只是增加功能要素，整體並未轉變成其他東西。

● 減法

「這個也要，那個也要」的複合化思維，其實是誰都容易得到的想法，朝著這個方向發展，可能會失去特色與個性。**如**

果希望概念清晰明確，有時候反而應該大膽的選擇刪減。

成功的關鍵在於「**Less is more.**」（少即是多）。能樂與茶道將動作省略到極限，但其中隱含了許多資訊，充滿豐富的雅趣。

Sony 的「Walkman」，就是以減法的發想創造出革命性商品的例子。Walkman 鎖定單一功能，再加上使「隨身攜帶音樂」的豐富體驗化為可能，成為了熱門商品。

立式雙輪電動車「Segway」，應該也可以作為減法的成功案例。

2 ｜ 改變觀點，採取新的視角

● 改變觀看的位置

「樂曲」這樣的作品與內容，接二連三在這個世界上誕生。那麼販賣樂曲的事業有哪些呢？

首先，有印刷樂譜來販賣的想法。接著也有將演奏出來的樂曲錄製成唱片播放、販賣的想法。今天因為這些想法，而有了樂譜出版與音樂錄製的事業。這是一種觀點。

但某個人在某天想到，對於音樂的慾望不只在於演奏樂曲，

也不只在於聆聽樂曲，應該也有跟隨伴奏盡情演唱流行歌的慾望。

沒錯，「卡拉 OK」這種全新的事業類型就此應運而生。**針對樂曲這項資源改變觀看的位置，就開發出好幾種販賣的方法。**

此外，透過改變觀點創造新價值的手法，還有「**as a**」模式的事業發想。

舉例來說，汽車製造商過去都強調，汽車「具有作為物品的價值」來進行販賣。但如果我們改變觀點，就算強調汽車「具有作為移動手段的利用價值」也賣得出去。「as a」模式的事業發想，就像這樣透過切換觀點，改變提供給顧客的價值及結構。

關於這點，將在之後的「4｜置換」的「改變結構」與「精煉小習作 4-C」詳細說明。

● 拉近看／拉遠看

指的是有時微觀的觀察事物，有時巨觀的檢視事物的觀點移動方式。

舉例來說，廣告的世界過去都以大眾廣告為主流。將所有消費者視為一體，在電視、報紙、雜誌等大眾媒體釋放訊息，提升效果。不過最近逐漸重視從微觀視點觀察每一位消費者，

在個人接觸的數位媒體（社群媒體或手機 APP 等）上，投放配合當事人喜好的廣告資訊。換句話說，就是行為定向廣告。隨著近距離觀察每一位顧客的技術進步，今後與顧客的溝通方式將會有愈來愈多的改變吧！

接著拉遠來看。這不只是空間上的改變，也是時間上的改變。我們生活在快速的時代，往往在不知不覺間偏向以較短的時間單位來理解事物。但反過來檢視，漫長時間單位中吸引目光的部分，有時也會遇見新的理解方式。

其中一個例子，就是羅馬俱樂部在 1972 年發表的研究報告《成長的極限》。

羅馬俱樂部是集合各領域專家的民間智庫。他們以 100 年、1000 年為單位檢視地球環境，對於人類科學所信奉的「無限成長」的概念敲響警鐘，向世界提出「成長有其極限」的命題。

說到 1970 年前後，剛好是先進諸國的大量生產、大量消費一口氣擴大的時代，美國阿波羅 11 號首度成功載著人類登陸月球（1969 年），汽車、家電、電腦等工業產品的性能飛躍性地提升，並達成低成本化。日本國內也在大阪舉行萬國博覽會（1970 年），任何人都著迷於科學文明所創造出的光明未來。

這份報告正因為在這樣的時間點發表，才具有彌足珍貴的價值。「環境生態」、「永續發展」、「地球環境問題」、「與自然共生的社會」、「SDGs」（永續發展目標）等詞彙在今日頻繁出現，這份《成長的極限》報告也可以說是一個契機。

● 開創觀點

柳宗悅是「民藝」（民眾工藝）概念之父。他周遊日本與亞洲各地，從誕生於其風土的生活工具中，發現符合實用性的「健全之美」。他從過去誰也未曾注意到的角度，提出「美的新觀點」與「美的新價值觀」，創造出了「民藝」這個藝術類別。

像這樣**從無當中創造出一種觀點，確立某種概念，就是觀點創造**。

至於在商業界，「味之素」就是一個很好的例子。當味覺的基本要素被定義為「酸、甜、苦、鹹」時，池田菊苗博士卻把注意力擺在「湯頭」所帶來的美味。他提出應該還有某種其他新的基本味覺的觀點，進而成功的從昆布湯頭中萃取出「鮮味」成分。而後確立大規模生產技術，時至今日已經成為調味料的一大領域。

先開創出觀點，至於科學分析與發現隨後才跟上。這個順

序非常重要。

以上介紹的就是「觀點的移動與創造」的例子。我們通常在已經建立的概念體系框架內評估、判斷、處理事物。但有時也需要有意識的暫時跳脫框架思考。

提出地動說的哥白尼、提出相對論的愛因斯坦，都是跳脫框架大幅度顛覆常識的例子。「典範轉移」這種認知體系的巨大轉換，正是在這種擺脫常識的觀點移動中發生。

3 | 改變尺度

● 改變刻度

我們看待事物時，通常會試著以自己的「尺度」衡量其價值。譬如「這是虧還是賺」、「A 和 B 哪個高哪個低」、「高於自己或低於自己」等。

靈活的改變尺度，看待事物的方式就會有所不同，而其中一種方式就是改變刻度。

舉例來說，美國的批發零售公司好市多，就是透過改變販賣單位的尺度顛覆零售業的概念。他們賣給消費者的商品不再是 1 個 1 個，而是 1 打或 1 箱這樣的批發單位。

● 抹除刻度

商品與服務的價格，通常與購買量、使用量呈等比例提高。

但「福袋」的銷售方式卻抹除了這樣的刻度，以密封狀態陳列在店鋪，消費者不知道裡面裝了什麼，也不知道裡面的物品總價值。但這樣的刺激感正是其受歡迎的原因。

從抹除以量計價制的刻度觀點來看，「訂閱制」（在固定的使用時間，譬如每年或每月支付固定費用的方法）也是一種方式。

此外，放下自己的衡量尺度，也能找回奇妙、新鮮的感受。

位於瀨戶內海的直島（香川縣），是一座到處都是現代藝術作品的島嶼。其中的「家計畫｜南寺」（詹姆斯·特瑞爾創作，安藤忠雄設計），是一件以黑暗空間為主題的作品。

這件作品就只是把欣賞者丟進黑暗當中，那裡沒有左右、上下、前後，也不知道該欣賞什麼。欣賞者只能以被剝奪認知刻度的狀態下靜立。過了大約 5 分鐘之後，映入眼簾的是……？

這件作品並非透過知識、資訊、成見評價或理解事物，只是將開啟感官的體驗以藝術作品的形式呈現出來。

● 賦予刻度

「日本漢字能力檢定」、「江戶文化歷史檢定」、「問候

檢定」……現在的檢定考試五花八門。檢定考試是針對一個人的知識、技能，從原本沒有刻度的地方建立起刻度的做法，設定等級的區隔。告訴原本不清楚自己到底是熟練還是不熟練、清楚還是不清楚的人，「你的知識、技能屬於這個級別」。

以 Facebook 為代表的社群網路按讚功能，也可以說是一種刻度。這樣的刻度作為一種單位，能夠作為顯示人們對於留言的共鳴度或是擴散度。

● 黑白反轉

有時如果將自己衡量尺度中「正面」與「負面」交換，事物就可能發生劇烈變化。這是一種逆轉評價的發想。

美國的 3M 公司，在開發強力黏合劑的過程中，偶然製造出黏著力弱的黏膠。周圍的人都對此表達負面評價，認為這完全是一件失敗的作品，卻有一名研究員從正面看見了這種黏膠的可能性。最後這種黏膠搖身一變成了「便利貼」，時至今日已經成為便條紙的代名詞。

同樣，LOTTE 電子工業（現在的 LOTTE）為了讓零食能夠長期保存，防止零食氧化，而製造脫氧劑。某天在進行提高生產效率的實驗時，脫氧劑卻開始發熱，這麼一來就無法用在零

食包裝內。但某位開發者卻反過來利用這點，認為可用來保溫。於是創造出拋棄式懷爐，這個新概念的「暖暖包」因此而誕生。

---

4 ｜ 置換

● 改變領域

改變思考對象擺放的位置與方式，有時也會獲得新發現，或者發展出新概念。

大塚製藥是醫院用點滴靜脈注射液的業界龍頭，該公司也生產最普遍的醫療用點滴注射液——生理食鹽水。某天，大塚製藥的員工突然想到，是否可以開發出一種飲料，方便健康的人在日常生活中輕鬆補充，因為出汗而流失的水分及電解質呢？換句話說，就是「喝的點滴」。

他們希望將生理上能夠被身體良好吸收的液體，拓展到醫療以外的領域，於是將目光投向了以一般消費者為對象的飲料市場，創造出「運動飲料」的概念。而創造出此一概念的「寶礦力水得」，就是透過改變領域所開發出來的商品。

● 改變脈絡

第 2 章中介紹了販賣冰箱給因紐特人的銷售員故事。他為

什麼能夠成功賣出冰箱呢？因為他並非把冰箱定位為冷藏食物用的產品，而是做為保溫庫販賣。換句話說，他改變了產品訴求的脈絡。

據說日清食品的「杯麵」在進軍美國市場時，也透過改變商品的訴求脈絡而取得成功。他們並沒有一下子就把杯麵賣給不習慣欷欷的吃長麵條的美國人，而是在湯汁裡加入短麵條，做成所謂的湯麵販賣，藉此逐漸擴大消費者的支持。

● 改變型態

想像與現有型態不同的型態，有時也會看見新的創意。舉例來說，「禮券」就是改變購買型態與送禮型態的典型。又重又占空間的米不適合送人，但藉由引進「米禮券」這樣的型態，讓「米也能用來送禮」的概念在人們之間逐漸普及。此外，將禮券的概念像「圖書禮券」這樣，應用在很難知道別人對什麼主題感興趣的書籍上，這也是一項優勢。而將「禮品型錄」作為婚禮的回禮也愈來愈普及。

除此之外，改變展示的型態也讓動物園重生。這個例子就是旭山動物園（北海道）的「行為展示」。旭山動物園曾陷入經營危機，被迫進行根本性改革，而這時採取的方式就是改變動物的展示型態。

絕大多數的動物園，長久以來所採取的都是展現動物外觀的展示型態。但旭山動物園卻想到可以展示動物原本的生態，開始挑戰能夠充分觀察動物的行為與能力的「行為展示」。他們經過反覆試錯，最後成功吸引了更多遊客，躍身成為日本最受歡迎的動物園之一。

● 改變形式

當人們試著改變平常採取的形式時，這當中也隱藏著打破既有概念的破口。舉例來說，樂清公司就想出了出租抹布和拖把的形式，改變清潔用品的概念。

至於伊藤園的「綠茶」，則奠定了綠茶飲料隨買即飲的形式。不久之前，民眾的綠茶消費形式仍是在家裡泡好茶，並裝進水壺裡攜帶。但這樣的形式現在已經完全變成了，「花錢購買裝在寶特瓶裡的茶來喝」。不過，隨著地球環境問題的意識逐漸高漲，或許在不久之後會有人提出，再度大幅改變茶飲消費形式的方案。

● 改變結構

概念思考所帶來的概念精煉，不僅止於如何使產品及服務重生，甚至也適合用來思考事業結構該如何改革與轉換。

　　舉例來說，美國吉列公司的安全刮鬍刀，就是改變收費結構的典型案例。該公司提出了將安全刮鬍刀的刀柄本體部分與刀刃部分分離的突破性概念。刀柄部分可以重複使用，刀刃部分則能夠隨時更換。創造出一般所謂的「替換式刮鬍刀」或「消耗品事業」。

　　將本體以接近製造成本的低廉價格販賣，使其廣泛普及，再透過消耗品創造利潤。理想科學工業的賀年卡印刷機「Print Gocco」、任天堂家用遊戲機「紅白機」等產品，就承襲了這樣的模式。

　　除此之外，還有近年急速擴展的「as a」模式的事業發想。「Software as a Service」（軟體即服務，簡稱 SaaS）就是其先驅。

　　個人電腦的軟體在傳統上主要都採取以套裝形式販賣，並在個別電腦上運作的形式。現在像這樣將套裝單品標價販賣的形式衰退，逐漸轉換成透過網路提供軟體的功能，並收取使用費的形式。

　　同樣，「Mobility as a Service」（移動即服務，簡稱 MaaS）的大潮流，正朝著以汽車業界為首的運輸、交通和旅遊業界席捲而來。從單純販賣汽車這種硬體的結構，大幅轉換成複合、整合性地販賣「移動」這個價值的結構。

關於「as a」模式的事業發想，接下來將會詳細介紹。

5 ｜ 研磨

● 磨利刀鋒

概念一詞在廣告及製造業界有特定的意義，譬如「一系列廣告活動的概念」，或「某汽車製造商所展示的概念車」等，用來表示「尖端化的意圖與構想」。

世界上接二連三掀起的各種流行與趨勢，都是因為有人掌握了事物的尖端，並將其掌握到的內容以銳利的方式呈現出來。在廣告業界，可以看到許多磨利「edge」（即邊緣、刀鋒）的呈現範例，

譬如「從拚命三郎到美麗人生」（1970 年，東陶機器的廣告）這種劃時代的訊息，或是提出從大眾到「小眾」、「分眾」的新概念。

除此之外，「什麼都不加，什麼都不減」（三得利「山崎」，西村佳也）、「不只美麗一瞬，也美麗一生」（資生堂，國井美果）、「想要的東西，就是想要」（西武百貨公

司，糸井重里）、「屁股也要洗乾淨。」（東陶機器「溫水洗
淨座墊」，仲畑貴志）、「老公最好健康留在家」（大日本除
蟲菊，石井達矢）等，也都是歷久彌新的廣告標語。

至於經營管理的領域，像《哈佛商業評論》這種學術雜誌，
刊登了許多具有尖端性、預見力的文章，這些文章在論述上也
十分銳利，能夠作為有用的教材，學習如何以概念性的感受切
入正在發生的事件、創造出新的概念等。

● 創造新詞

當我們試圖看清事物的本質，並將其凝聚成語言時，現有
的詞彙有時無法滿足需求。這種時候我們就會創造新詞。

媒體播放出來的新詞、流行語與時髦用語，多數都是在新
的氛圍下，以新的感受性所創造出來的詞彙。而這些詞彙可以
存活多久，其耐久性端看這個詞彙所汲取的概念有多深。只捕
捉到表層現象的詞彙活不久，但如果掌握到深層的本質就能歷
久彌新。譬如「加拉巴哥現象」、「窮忙族」、「婚活」、「終
活」、「尼特族：青年無業者」（Not in Education, Employment
or Training, NEET）等詞彙已經成為一般用語。

還有像「機電一體化」、「保溫瓶」、「家庭劇院」、「宅急便」、「OK 繃」等，原本都是根據某企業的負責人，絞盡腦汁所想出來的概念而創造的商標，後來卻演變成為一般名詞。

有時在研磨概念後，也會為既有詞語注入新的活力。

譬如「典範」（paradigm）一詞最初的意思指的是實例或模範，但科學史學家湯瑪士・孔恩（Thomas Kuhn）在其著作《科學革命的結構》（1962 年）中，使用這個詞彙來表示「概念性的框架」，從此以後「典範」就成為科學的重要名詞。

此外，前面介紹的「創新」（innovation）一詞，也是由熊彼得注入強烈概念的詞彙之一。

● 提高網眼密度

兒童文學家，並以前福音館書店社長而聞名的松居直，在其著作《圖畫書的喜悅》（NHK 出版）中，寫了以下這段文字。

> 「這完全是我個人的經歷，當我十歲時，正值梅雨季節，放學回家後也無法出門，我只能坐在緣廊上茫然的透過玻璃窗望著庭園。當時我正在發呆。外面卜著若有似無的濛濛細雨、毛毛雨。這時背後突然傳來母親自言自語的聲音。

『外面下著絹篩細雨呢！』

母親的聲音讓我嚇一跳並回過神來，心想『現在下的是絹篩細雨嗎？』我不記得自己聽過「絹篩」這個詞彙。因為父親的偏好，我家只吃棉篩豆腐（譯注：日文稱嫩豆腐為「絹篩豆腐」，板豆腐為「棉篩豆腐」），但我卻將眼前的雨景與「絹篩」這兩個字連結在一起，並透過感受理解這個詞彙所表達的意義。」

「絹篩細雨」並不是一般的表現，字典裡也查不到，應該是作者母親自己發明的形容詞吧？但敏感的少年卻獲得了這樣一個美妙的詞彙。每當「絹篩細雨」落下時，他就能得到以語言咀嚼這幅情景的感受性。

即使每個人都看著同樣的景色，獲得的感受也各不相同。這樣的差別，源自於各人所擁有的詞彙不同。

每當看見雨時，就只能想到「大雨」、「小雨」、「陣雨」、「雷陣雨」、「冷雨」、「傾盆大雨」等詞彙的人，感受景色的網眼就顯得粗大。

但如果自己心中有「濛濛細雨」、「毛毛雨」、「及時雨」、

「淚雨」、「綿綿細雨」、「太陽雨」、「冰雨」、「翠雨」、「霽雨」、「霏雨」、「局部雨」、「暴雨」等，感受性的網眼就很細密，因此也能夠感受豐富的景色（**圖表 5-2**）。

圖表5-2│語言是感受性的「網眼」

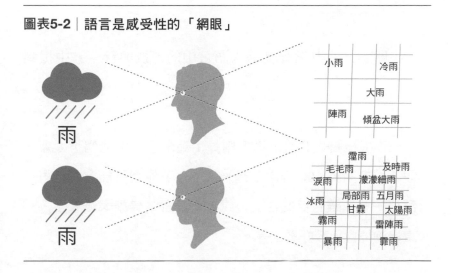

但如果像準備考試一樣背下這些詞彙，不可能使感受性變得敏銳。

終究只有當我們滿懷詩心，希望更深入的去感受看見的事物，並凝結成更清晰的形象表現出來時，才會不由自主的想要探索語言這項工具。

在職人的世界，當加工物品時，會根據不同狀況應用非常多種不同的技巧。

舉例來說，純熟的金屬加工職人光是「切削」鐵材這個動作，就有多種不同的表達方式，譬如「磨削」、「研磨」、「切割」、「剝除」、「挖除」、「刮擦」、「錘鍊」、「鑽」、「淘」、「舔」、「剔」、「偷」等。

小關智弘在其著作《職人語言中的「技與粹」》中提到——

　　「機械職人會說『再多削掉 1 毫米』，但他們不太會說『再多削掉 100 分之 3 毫米』。……他們可能會說『再舔掉一些，讓它更貼合』，或者『表面這樣剔太難看了，直接淘掉會比較好看』等。」

如果是一般的外行人，或許會覺得所有的「切削」都一樣，但職人卻能清楚感受到百分之幾毫米的差異，並根據這個差異調整自己的意識與能力。

對於微妙差異的講究、細心和專注力不一定看得見，但必定會體現在工作成果上。大家常說「膽大心細」，網眼細密的人有時也能大膽行事；但網眼粗大的人，在需要的時候就無法做得細膩，因此平常有意識的培養細膩的感受非常重要。

6 | 比喻

● 運用修辭

　　如果想要加深概念性的理解，建議試著採取比喻性的表現。換句話說，就是以直喻、換喻、隱喻、提喻等修辭技法來表達某個概念。至於修辭技法，我們已經在第三個技巧「類推」的部分說明過。

　　以「領導能力」與「管理能力」的差別為例。關於這兩者的差別，一般常說，前者需要的是「願景、判斷、勇氣」，後者則需要「管理、經營、評價」。那麼我們該如何用比喻來表達這樣的差異呢？

　　我們可以在馬基維利的《君王論》中，找到優秀的解答範例。

> 　「（君王應該）以狐狸和獅子為典範，因為獅子無法保護自己免於掉入陷阱，狐狸則無法保護自己免受狼群的侵襲。因此必須像狐狸一樣洞悉陷阱，也必須像獅子一樣震懾狼群。那些只採取獅子立場的人，不懂得這樣的道理。」

　　馬基維利認為，君王不能只具備領導力，同時也必須兼具

管理能力，他將前者比喻為「獅子」，後者比喻為「狐狸」。
這不就是出色的置換表現嗎？他刻意不直接詳細列出兩種能力
的必要條件，而是以這種帶有暗示、滲透的比喻來表現，這麼
做反而更容易傳達概念的核心。

● 比擬

「比擬」是藝術界使用的詞彙，指的是將看到、感受到的
對象比作其他事物。

例如，禪宗寺院中常見的「枯山水」庭園樣式。沙紋代表海
洋或河川的波浪，岩石則象徵山峰或島嶼。至於在概念的層次
中，沙紋代表不斷流逝的時間，石頭則象徵須彌山或三尊佛，整
個庭園以抽象化的方式呈現「無常」的世界。像這樣的比擬技
巧，也能培養我們的認知眼光，透過比喻式的想像來表現事物。

即使不在這種高尚的層次，「那朵雲看起來像漢堡」，或
是在文字訊息中以「（＾０＾）」取代笑臉，這些都屬於比擬。

總而言之，不管是要運用比擬還是解釋比擬，都需要探索
背後本質的洞察力和豐富的感受性。因此平時就應該接觸文學
作品和藝術作品，以熟悉比喻性的表現。

接著就來進行小習作吧！

這個小習作是一種發想訓練，別名「Magic Pot Ideation」（魔法罐的概念創造）。訓練的是剛才介紹的精煉方法中，最一般也是最強大的「相乘」能力。

「Pot」請想像是裝入紙籤的容器。這個訓練的目的，是透過從中抽出一張張紙籤的偶發性，賦予概念創造魔法的力量。

劃時代的創意經常都是從意外的相乘中誕生。「迴轉壽司」也好，「草莓大福」也罷，如果成功了，就會覺得「原來還可以這麼做」！換句話說，就是江湖一點訣，但想出這種意外的相乘卻非常困難。

發明者在思考「壽司×○○」或「大福×○○」的過程中，如何想到「輸送帶」與「草莓」這樣的相乘素材呢？這恐怕不是從理論的分析或數學的演繹推導出來，而是來自誤打誤撞的意外。天馬行空的靈感，會以意想不到的形式，從思考的框架之外降臨。就算我們想要與某件事物相乘，難免還是只能從現有的思考框架中尋找素材。這時就需要運用「抽籤」。

這個小習作訓練的是透過「A×B」創造某種新概念的能力。「A」是作為主題的題材（自己負責的產品、服務），B則是透

過抽籤的方式，得到天馬行空的、與主題處在完全不同脈絡的素材。

像這樣偶遇自己平常思考都難以想像的意外素材，無論如何思考都會遭受到震撼，有時也會產生大膽的想法。本書除了這個小習作之外，為了透過偶然性來拓展思考，也會不時的採取抽籤方式來出題。

這個小習作的目的，是從意想不到的觀點來看自己負責的產品或服務，不斷地擴大未曾有過的發想，而不是找出實際的解決方案。請把這項小習作當成破除思考框架，鬆開大腦束縛的練習。

當然，如果因為魔法罐而誕生了革命性的概念，那就賺到了。

精煉小習作4-A｜Magic Pot Ideation透過偶發的「相乘」創造概念

①首先進行事前準備。準備一些名片大小的卡片，在卡片上寫一個隨便想到的單詞。如果在團隊內進行這項練習，或許也可以請團隊外的人幫忙寫，這時請告訴他們「名詞、形容詞、動詞都可以，想到什麼就寫什麼」。
做好20～30張寫了單詞的卡片，折成4折放進容器裡（籤罐）。容器不一定要是罐子，也可以是盒子、袋子、托盤，甚至可以堆在會議桌中央。

②參加者（1組：3～8人）圍坐在會議桌周圍，準備下一頁的學習單和筆記用具。在學習單的「主題」欄中，寫下想要精煉概念的主題。在這個小習作中，請填寫自己負責的商品或服務。

③隨便選一個人，從籤罐中隨意抽出 10 張卡片，攤開後排在桌子上。這 10 張卡片稱為「魔法單詞」，是相乘的候選詞。參加者將這些魔法單詞抄到學習單上。

④接下來的 15 分鐘是思考時間。參加者看著這 10 張卡片，在各自的腦海中試著與主題隨意相乘。如果其中的 1、2 張激發出靈感，就依此充實創意內容，潤飾成新的概念。這時的創意不需要是實際可行的方案，只要是透過這樣的相乘想到、或聯想到某種創意即可。

⑤思考時間結束後，各自發表自己想到的創意。

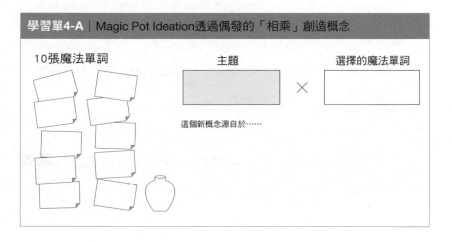

學習單4-A｜Magic Pot Ideation透過偶發的「相乘」創造概念

10張魔法單詞　　　主題　　　×　　　選擇的魔法單詞

這個新概念源自於……

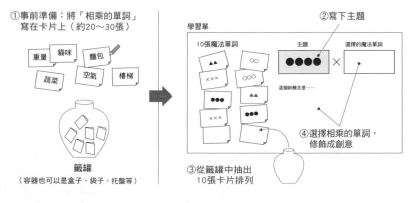

①事前準備：將「相乘的單詞」寫在卡片上（約20～30張）

重量　貓咪　麵包
蔬菜　空氣　樓梯

籤罐
（容器也可以是盒子、袋子、托盤等）

②寫下主題

學習單

10張魔法單詞　　　主題　　　選擇的魔法單詞

這個新概念是……

③從籤罐中抽出10張卡片排列

④選擇相乘的單詞，修飾成創意

近瀨太志的概念思考奮鬥記⑥

　　近瀨邀請團隊成員進行他在概念思考研習中學到的「Magic Pot Ideation」練習，並將準備卡片的任務交給大久保（畢業就來這家公司，今年第 4 年）。

　　近瀨：「大久保，卡片準備好了嗎？」

　　大久保：「是的，已經準備完成。我請中島部長與隔壁課的梶川組長幫忙，寫了很多單詞。卡片都裝在這個袋子裡了。」

　　近瀨：「那麼大家來抽籤吧！」

　　（大家抽了 10 張卡片，氣氛熱絡起來。結果就如同**圖表 5-3**）

　　近瀨：「主題是『旅行』。至於與旅行相乘的候選詞則是這 10 個。唔，乍看之下都是與旅行無關的詞。接下來的 15 分鐘是思考時間，請大家各自專心思考吧！」

　　（過了 15 分鐘）

　　近瀨：「有人願意打頭陣嗎？」

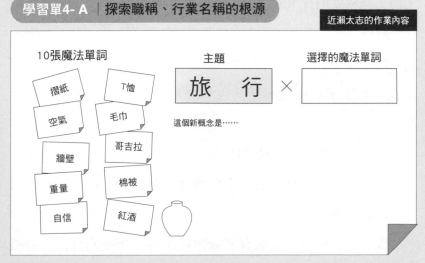

圖表4-7

坂井：「我來。我的點子是『旅行 × 毛巾』。我覺得把毛巾拿來當成送給團客的紀念品似乎不錯。

　　我以前曾帶海外旅行團去瀨戶內，途中經過今治市，大家都買了很多當地生產的毛巾與手帕，而且在巴士上就打開來用。一方面因為當時是夏天，大家都拿來擦汗，或者也有人拿來像布巾一般使用。

　　畢竟毛巾和手帕是旅行的必需品，日本製的也有很多時尚的設計。如果將這些當成紀念品送給旅客，他們應該會很開心吧？」

大久保：「這麼一說，淺草的旅行團也是。客人回到巴士

上時，立刻就把買來的江戶手巾當圍巾用。」

廣田：「我覺得把毛巾當成贈品的觀點很不錯。話說回來，會考慮毛巾是因為去了今治，這麼一想，全國各地都有各自的特產。如果重新檢視，應該也會發現其他適合當成贈品的產品。」

坂井：「譬如關市的刀具。」

廣田：「還有倉敷的牛仔布產品，參觀燕三條金屬工廠的行程也很有趣。」

坂井：「雖然一直都有參觀傳統工藝工作室的行程，但將更多在工業產品領域努力打拚的工廠納入行程或許也是不錯的選擇。

同時也能夠與這些工廠合作，請他們製作贈品。這麼一來，是對客人、工廠，還是我們都有好處，稱得上是一舉三得。」

近瀨：「公司內也累積了一些將工廠參觀休閒化的點子，似乎可以派上用場。話說回來，第一個點子就帶來很棒的討論，接下來繼續保持吧！」

近瀨：「下一個輪到我了。我試著思考『旅行 × 哥吉拉』，並且想到了二個點子，其中一個是以『哥吉拉』為主題的旅行商品。哥吉拉的粉絲是一群不容忽視的潛在顧客，因此可以策劃關於哥吉拉的深度旅行。」

大久保：「哥吉拉也拍成了好萊塢電影，因此也能安排進

海外旅行團的行程呢！」

近瀨：「另一個想到的點子是『哥吉拉』式商品的開發極限。」

坂井：「『哥吉拉』式商品……？」

近瀨：「是的，哥吉拉是巨大與強大的象徵。旅行業界在過去也誕生了許多哥吉拉級的熱門商品。曾有一段時間，夏威夷與歐洲的套裝行程，就像哥吉拉踏著笨重的腳步走來一樣，以驚人的態勢售出。年長的公司高層中，有些人至今仍懷抱著，是否能開發出這種哥吉拉級熱門商品的期待。但這種以大規模熱銷為目標的時代早就過去，現在已經有很長一段時間都維持著削價競爭。但消耗戰這樣持續下去也不是一件好事。所以我的目標是用『旅行 × 溜溜』取代哥吉拉！」

眾人：「溜溜？」

近瀨：「沒錯，就是『嚕嚕米』（芬蘭作家朵貝·楊笙創作的小說、繪本）中出現的角色。溜溜是一種長得像白蘆筍的生物，長著輕飄飄的手，總是成群結隊的蠕動。」

坂井：「啊！我想起這個角色了。每隻溜溜都擁有非常敏感的感測器。」

近瀨：「現在旅行的目的變得多樣化，作為銷售方也需要

提供各式各樣的商品。而在這個多樣化的時代，銷售方所採取的對應方式，就只是單純的增加旅行目的地。譬如幾年前是越南，接下來可能是緬甸。但這種開拓新地的競爭也逐漸遭遇瓶頸。未來應該更敏銳的感受人們對於旅行的動機或是主題，推出一些儘管支持人數少，但支持力道強的主題商品，我想或許這是重要的態度。」

廣田：「換句話說，就是不依靠一炮而紅的巨大哥吉拉，而是像溜溜一樣敏銳察覺許多有趣的主題，推出齊全的商品群吧？」

近瀨：「沒錯。所以我們的旅遊資訊網『漫步星球』也正在策畫這樣的專區，在專區中提供質、量兼備的資訊，只要來這個專區看看，就能發現許多旅行的主題，以及讓人想要旅行的動機。而出發旅行的顧客如果能夠不斷地上傳更多資訊，溜溜的群體就能逐漸擴大。」

大久保：「嗯，這樣就很容易想像。畢竟靠著單一戰術吸引大量顧客的方法已經不再奏效。」

近瀨：「溜溜式戰術的討論就到此為止。接下來換誰呢？」

廣田：「接下來換我吧！我的點子或許也與溜溜有關，我想到的是『旅行 × 自信』。當我瀏覽這 10 張卡片時，『自信』這個詞讓我不由得心頭揪了一下。如果要說我從自己完成的旅程中，得到的最大收穫是什麼，答案不就是自信嗎？當然旅行

能夠帶來成長、發現與變化，但『自信』這兩個字卻是最貼切的。如果進一步思考自己負責的業務，或許可以向顧客強調『帶來自信的旅行』，或是『重拾自信的旅程』這樣的概念。」

大久保：「真不愧是資深背包客才有的觀點啊！」

近瀨：「旅行商品吸引潛在顧客的最初切入點，有價格、目的地、主題等各式各樣的動機，而『獲得自信』也能成為一種動機對吧？像這種有點嚴肅的，觸動人心的做法，我也非常想要嘗試。」

大久保：「的確，大家都知道在失去自信的時候，不應該關在家裡，最好出門做點事情。但也不是參加派對之類的，大肆狂歡一番就沒事，因為在結束之後心理反而會更失落。如果有找回自信的旅程，那就出發吧！這確實是十分合理的心態。那麼具體來說，你想像中的旅行方案是什麼樣子呢？」

廣田：「或許也不用想得太複雜。可以是保留充分的時間沉浸在壯闊的大自然當中，也可以是居住在鄉村民宿，專心體驗農作業的方案。」

坂井：「我覺得志工服務的體驗之旅也不錯。我也參加過幾次，每次都覺得自己現在的生活很富足、自己仍然太過天真等，回來之後都會重新上緊內心的發條。」

廣田：「我在小學的時候參加過童軍活動，經常舉辦自力更生的露營，參加這項活動，真的能夠充分活化自己作為生物

的能力，在各種意義上獲得自信。將這種活動設計成成人版似乎也很有意思。」

近瀨：「我還蠻想以『旅行帶給你的自信』為主題，募集不同人的文章或留言，刊登在『漫步星球』上。這樣的文章應該能夠刺激旅行的潛在需求。」

如何有效地深化
相乘的創意

我想針對〈精煉小習作 4-A〉稍微做點補充。

我在職場進修活動進行這項「○○（主題）× ■■（魔法單詞）」的相乘練習時，會告訴學員下列訣竅，幫助他們將創意活化。

● 將主題視為目的，魔法單詞視為手段。

● 將魔法單詞視為切入點、觀點。

● 將魔法單詞視為某種事物的象徵。

● 將主題與魔法單詞互換（也就是將魔法單詞視為主題）。

● 穿梭於抽象與具體之間。

舉例來說，近瀨團隊進行的練習中，一開始由坂井發表，

將〈毛巾〉當成贈品的點子。這是針對販賣旅行商品的目的，使用毛巾作為手段的思維。接著將毛巾及產地今治，視為地方產業的成功象徵。而其他地方也有類似的案例，進而發展出也能利用其他地方產業的創意。

換句話說，〈毛巾〉這個魔法單詞，可以說是**將作為具體手段的毛巾，轉換成〈像努力製造毛巾的今治一樣〉的切入點**。

近瀨組長提出，關於〈哥吉拉〉的討論，除了採用「哥吉拉」這個具體物作為旅行的主題之外，後半部分也從〈哥吉拉式〉戰術的優劣切入，使概念上的討論更加深入。

至於廣田所提到的〈自信〉部分，則分別討論如何以自信為切入點推銷旅行商品，以及可以想到那些帶來自信的旅行方案，這是將目的與手段互換的雙方面討論。

在職場嘗試這項小習作時，主持人如果能夠激發這些部分，提出的創意就會更加豐厚。

此外，綜觀近瀨小組的討論，就會發現他們不會單方面的偏向抽象論，也會提出具體想法。像這樣巧妙的穿梭於抽象與具體之間，能夠使本質面與執行面的討論都更加深化。

這個時代可能會「贏了產品，卻輸了事業」

在第四個技巧「精煉」的最後，將介紹日後的時代可能會愈來愈重要，事業發想、概念轉換重大的技法，那就是**「as a」模式的發想法**。

日本的製造業從昭和時代的高度經濟成長期到今天，都擅長製造品質優秀的產品，藉此提高在許多領域的競爭優勢。這些企業仔細製造一種又一種的新產品，為這一種又一種的產品標上適當的價格並銷售一空。「製作精良的產品必定會暢銷，而公司也會因此而昌隆。」──這是許多製造商的成功經驗，也是穩固的正攻法。

但近年來卻屢屢發生「贏了產品，卻輸了事業」的現象。

其中一個原因是，中國等新興的工業產品生產國，不再像過去那樣提供「廉價但低品質」的產品，而是做到了「品質過得去，價格也相當低」的程度，在全球化市場拿下了不同數量級的銷售量。至於「品質高，價格也高」的日本產品，在面對一般人的消費領域經常被逼到利基市場（小眾市場），結果往往導致事業難以持續。

　　另一個原因則是，即使「品質高，價格也高」的產品有其需求，一旦被以整合性服務作為事業基礎的平臺企業納為其中一家供應商，事業的方向性及創造利潤的主導權就會遭遇明顯的限制。

　　因為現狀是，無論製造單一產品的技術有多麼優秀，在今日的環境下也很難獨立發展事業，必須依附於強大的平臺方。

　　製造高品質產品是日本人的競爭力（成為優勢的特質）。日本人能夠對物品進行精確且細微的加工，可以說是擅長將目光、技術與意識擺在微觀層面上。

　　然而在這個時代，如果只仰賴這樣的特質，即使在產品方面勝出，事業依然會失敗。而克服這點需要的是宏觀方向的思考，**換句話說，就是構思整合性安排、概念性框架，以及遠大願景的能力**。而這正是概念思考力。

透過「as a」模式大幅轉換事業概念

　　在這樣的趨勢下，「as a」模式的發想開始受到矚目。前面介紹的「Software as a Service ｜ SaaS」和「Mobility as a Service ｜ MaaS」就是其代表。

目前，尤其是在製造業，愈來愈多公司正試圖將其事業轉換成「Product as a Service」的模式，也就是「將產品當成服務販賣」。這是因為消費者的購買意識，正從擁有物品轉換成利用整合性服務實現主動的生活。

去看豐田汽車的企業網站（2021 年 8 月），可以發現裡面記載著如下的聲明。

「這是百年難得一見的大變革時代。豐田汽車將轉換原本作為『汽車公司』的模式。日後將以實現『未來的移動社會』為目標，持續保持甚至加強對『愛車』的堅持，為顧客獻上『更美好的車輛』。」

透過這段聲明可以清楚看見，汽車製造商從販賣車輛轉移成販賣移動效率（mobility）的趨勢。接下來將使用兩張圖表來總結這樣的趨勢。

首先是**圖表 5-4**。這張圖將汽車產業發生的變化分成三個業態進行圖解。

第 I 業態是「**販賣汽車**」。顧客從汽車的性能、設計、地位象徵等「物品的價值」中感受到商品的魅力，進而購買。

汽車的所有權屬於顧客，而顧客當然也需要承擔保養費用。一旦汽車超過使用年限，顧客就會再換購新的車輛。

接著是第 II 業態「**出租汽車**」，換句話說就是租賃契約。

這樣的業態以相對低廉的價格，販賣汽車的使用權利，給那些對於擁有汽車的慾望並不強烈，或是財力不足以擁有的消費者。

租賃採取的方式是消費者支付固定的使用費，並在固定的期間內使用。換句話說，就是所謂的訂閱制收費模式。這種業態的特徵是，其所販賣的不是汽車作為物品的價值，而是「獲

圖表5-4 │ 從「販賣汽車」到「販賣移動」的業態變化

I. 販賣汽車

II. 出租汽車（租賃契約）

III. 販賣「移動性」

作為物品的價值
販賣「汽車的性能、設計、地位象徵」

作為體驗的價值
販賣「用低廉價格使用汽車這種移動手段的權利」

作為核心的價值
販賣「滿足移動這項核心價值的整合便利性」

得移動手段」、「駕駛（豪華車等）的樂趣」等體驗的價值。

第 I 業態與第 II 業態都是最基本的形式，一直以來都同時存在，未來也將會同時並存吧？在這種形況下，第 III 業態就以進化的形式出現。其進化的部分為以下兩點：

1. 明確提出核心價值，提供的價值主軸鮮明。
2. 建構滿足該價值的整合性機制。

在物品與體驗即將飽和的情況下，汽車製造商最終找到的答案就是，「我們最終想要販賣的是『移動性』這項價值！」這樣的自我發現相當有分量，不是嗎？

汽車這項產品能夠提供給消費者許多種價值。然而一旦將其核心價值定義為「移動性」，將會引發轉換成第 III 業態的一大浪潮。

販賣的不是「產品」
而是「產品的核心價值」

製造商在過去都是以「總之賣出更多自家產品，讓消費者使用更多自家產品」的思維在推動事業。透過販賣產品、以租

質的方式讓消費者使用產品，使大量生產的商品不斷地賣出去。無論是第I業態還是第 II 業態，所根據的都是這樣的想法。

然而，當販賣的不是「產品」，而是「產品的核心價值」時，就誕生了第 III 業態。彼得・杜拉克在《彼得・杜拉克的管理聖經》（*The Practice of Management*，英文版初版於 1954 年發行）中如此描述「核心價值」：

> 「瓦斯爐製造商認為他的競爭對手是其他同業。但身為顧客的主婦購買的卻不是爐子，而是簡便的烹飪方法。至於買的是電磁爐、瓦斯爐、煤炭爐還是木炭爐，她們並不在意。」

這段描述指出，企業不應該將事業的目的連結到作為產品的瓦斯爐，而是應該連結到其核心價值「日常烹飪的簡便性」。核心價值是最高的目標，在這個目標之下，有作為手段的產品與製造技術。同時為了充分實現這項價值，有時也需要引入其他公司的產品，或是與其他行業互相合作。

技術的轉變迅速，一旦過度執著於某項硬體技術，就無法保持事業與組織的靈活性。然而技術上的價值若愈接近本質，

就愈是恆常且普遍。從核心價值來思考事業目的與組織存在的理由，換句話說，就是奠定「不變的自我概念主軸」，並依此認知到「需要改變的技術」，這將是一大工程。

「移動性」是現代人所追求的，極其本質的價值，非常適合作為核心價值。無論是商務出差、個人旅行還是日常外出，我們的主動生活都離不開移動。

舉例來說，假設我目前置身於東京的辦公大樓，接下來準備去大阪出差。這時只要在智慧型手機的 APP 等，輸入現在位置和目的地，就能顯示好幾個移動路徑與移動手段的選項。只要在這當中選擇最適合的（可能是電車、計程車或租車），就能夠透過手機畫面完成預約、取票以及付款。如果是常客，甚至還能使用累積的點數支付，或是取得特別折價券。這種整合性的服務正符合時代的需求。

如何提高「移動」的便利性，協助使用者主要的活動？目前被稱為「MaaS」的第 III 業態，正把自家公司與其他公司都捲進來，逐漸形成大規模的事業。

單純的以訂閱形式販賣
不是「as a」模式

圖表5-4 就像這樣以汽車作為例子，展現企業「提供給顧客的價值」，經歷了三種業態變化。

接下來以這樣的業態變化為縱軸，「顧客行為」為橫軸，透過圖表5-5 概括「as a」模式帶來的事業進化。

後面很快就會提到「as a」模式是一種什麼樣的概念發想，但在此請各位先有一個概念，「as a」模式的事業，不單純只是品項的擴充或功能的複合化，也不單純只是增加常客、提高品

圖表5-5｜「as a」模式帶來的事業進化

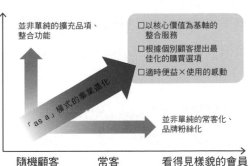

提供給顧客的價值

核心價值
實現核心價值的整合便利性
〔實現價值的可能性與回饋〕

體驗價值
便利的體驗、有趣的體驗
〔使用與體驗的滿足〕

物品價值
物品的功能與效用
〔擁有的滿足〕

並非單純的擴充品項、
整合功能

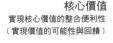「as a」模式的事業進化

□以核心價值為基軸的
　整合服務
□根據個別顧客提出最
　佳化的購買選項
□適時便益×使用的感動

並非單純的常客化、
品牌粉絲化

隨機顧客
單次購買

常客
反覆購買

看得見樣貌的會員
常態使用

與顧客的關係

牌忠誠度，而是超越了這些。

為了實現「as a」的模式，不可缺少的是前面提到的，「**提出核心價值，使提供的價值主軸鮮明**」，以及「**建構滿足這項價值的整合性機制**」這兩點。

最近讓我有一種感覺，似乎只要以訂閱制的方式販賣商品，就會被當成「as a」模式。但實際上並非如此。舉例來說，定期配送礦泉水的服務，稱得上是「as a」模式嗎？換個方式問，這樣的事業是否可視為「礦泉水即服務」，並開拓新的市場呢？

從結論來說，這只是單純改變計費方式而已，稱不上是「as a」模式，因為這當中並沒有任何新概念的蹤影。

「as a」模式的其中一項必要條件，就是**提供給顧客的價值，必須從「物品價質」轉換成「體驗價值」，更進一步發展成「核心價值」**。而將第三項核心價值作為事業基軸更是至關重要。

那麼礦泉水這項產品的核心價值是什麼呢？——必須根據主觀意志提出這點。

假設其核心價值是「維護健康體內環境的泉源」。那麼提供的價值就可昇華為，「我們的事業是透過販賣礦泉水，幫助

顧客『維持健康的體內環境』」。

掌握這樣的核心價值，現有事業的概念才有可能轉換，譬如「協助維持健康的體內環境即服務」，或是「礦泉水即維持健康體內環境的泉源」，並以這樣的基軸展開行動。

畢竟販賣的是協助維持健康體內環境的服務，至於販賣礦泉水只是一種手段。

除此之外，提供符合價值主軸的商品（物品、體驗）還有哪些呢？或許可以定期配送品項齊全的發酵食品，或是策劃健康講座與瑜伽課程。

建構一套整合這些的機制，讓顧客能夠方便且持續運用。這樣的事業發展型態才稱得上是「as a」模式。

「X as a Y」——
X 與 Y 分別該填入什麼呢？

接下來將具體來看「as a」模式的發想法。

這個發想法說得更具體一點，就是「X as a Y」（即作為 Y 的 X）。換句話說，就是「如果以 Y 的概念來看 X，會發生什麼事情」（**圖表 5-6**）。

近年來許多商品（想要販賣的物品或體驗），要從本身做出差異化變得愈來愈困難。因為隨著逆向工程（reverse engineering）與標竿學習（benchmarking）等技法的發達，只要有人創造出熱門商品，市場上的各家公司就會立刻模仿並趕上。產品與服務就這樣逐漸變得同質化（commoditization）。

因此必須以新的概念看待商品，從而改變局勢。這麼做能夠讓商品重生，變成「帶有新概念的事物」，並將商品「作為某種概念」提供。新的事業就透過這樣的機制創造出來。

那麼「X as a Y」的「X」與「Y」分別該填入什麼呢？——這時就輪到概念化的能力出場了。我們可以想到三種發想模式。

首先，第 1 種模式是在 X 填入〔核心價值〕，Y 填入〔切入點或形式〕。舉例來說，賓士提出的「移動即服務」（Mobility as a Service）就屬於這種模式。其概念是將「移動」視為汽車這項商品的核心價值，並建構將其「作為服務」販賣的機制。

同樣，健康測量儀器（體組成計、體脂肪計、體重計等）的龍頭 TANITA，也逐漸擺脫傳統那種製造硬體，並將每一臺硬體標價賣出的製造業形式。可以推測該公司提供給使用者的核

心價值是「健康的可視化」。

簡單來說，隨著物聯網（IoT, Internet of Things）和數位轉型（DX, Digital Transformation）等的進步，使得透過網路收集每一位使用者，以及透過健康測量儀器測得的數值，將這些數值累積起來經過分析，再反饋給使用者的服務成為可能。

除此之外，甚至還能根據每一位使用者的健康狀態提供適合的食品。該公司正在發展 TANITA 餐廳的經營與健康食品的監製，確實累積在該領域的實力。

透過「**健康的可視化**」即服務的事業概念轉換，該公司儘管以製造業為基礎，依然根據核心價值，逐漸轉變成為販賣綜合便利性的企業。

兒童職業體驗樂園 KidZania，也可作為發想模式 A 的例子。

KidZania 的事業為什麼特別呢？這是因為世界上雖然有許多關於求職與職涯的支援及教育服務，但該公司卻以「作為主題樂園」的方式提供。換句話說，就是「**關於職業的鮮活體驗、理解即主題樂園**」的事業。

讓孩子體驗、理解職業的事業，過去都採取在實際的職場實習、透過書本或講座理解等形式。但 KidZania 卻透過嶄新的

切入點，將其化為主題樂園。

大膽的事業概念轉換——
「作為款待的車廂清潔」

接下來介紹的發想型 B，是在 **X 填入〔商品〕，Y 填入〔核心價值〕的模式。**

譬如「JR 東日本 Techno Heart TESSEI」這家公司。該公司從事派遣清潔人員的服務，這些人員負責在新幹線列車進入東京車站等車站月臺後，在發車前的這數分鐘內迅速清潔車廂。直到某個時間點為止，無論是這家公司還是在該公司工作的清潔人員，都認為自己的事業只是單純的打掃，所以工作時都懷著成見，覺得工作既沉悶又黯淡。

但自從某位董事加入這間公司後，情況就改變了。他將自己公司提供的價值設定為「清新、安心、溫暖」，並進行意識改革與業務改革，將其轉換成為「迷人的清潔、作為款待的清潔」。換句話說，他所提出的事業概念可稱得上是「**車廂清潔即款待**」。

自己的工作能夠成為每一位旅客旅程中的一部分。那麼清潔應該是一種什麼樣的工作呢？該公司的事業，名符其實的以

圖表5-6│「as a」模式

提出新概念的手法之一──「as a」模式

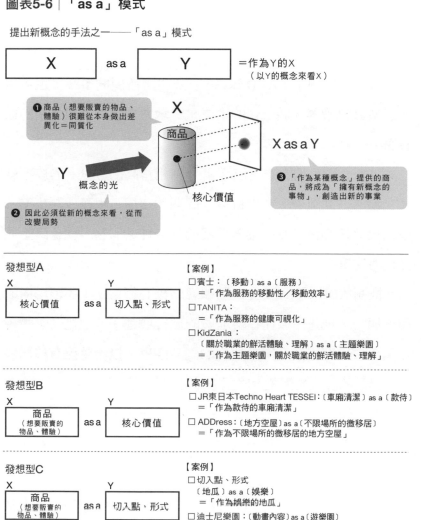

X	as a	Y	＝作為Y的X
			（以Y的概念來看X）

❶ 商品（想要販賣的物品、體驗）很難從本身做出差異化＝同質化

X

商品

核心價值

概念的光

Y

X as a Y

❸「作為某種概念」提供的商品，將成為「擁有新概念的事物」，創造出新的事業

❷ 因此必須從新的概念來看，從而改變局勢

發想型A

X　　　　　　Y

核心價值	as a	切入點、形式

【案例】

□ 賓士：〔移動〕as a〔服務〕
＝「作為服務的移動性／移動效率」

□ TANITA：
＝「作為服務的健康可視化」

□ KidZania：
〔關於職業的鮮活體驗、理解〕as a〔主題樂園〕
＝「作為主題樂園，關於職業的鮮活體驗、理解」

發想型B

X　　　　　　Y

商品 （想要販賣的 物品、體驗）	as a	核心價值

【案例】

□ JR東日本Techno Heart TESSEI：〔車廂清潔〕as a〔款待〕
＝「作為款待的車廂清潔」

□ ADDress：〔地方空屋〕as a〔不限場所的微移居〕
＝「作為不限場所的微移居的地方空屋」

發想型C

X　　　　　　Y

商品 （想要販賣的 物品、體驗）	as a	切入點、形式

【案例】

□ 切入點、形式
〔地瓜〕as a〔娛樂〕
＝「作為娛樂的地瓜」

□ 迪士尼樂園：〔動畫內容〕as a〔遊樂園〕
＝「作為遊樂園的動畫內容」

存在方式為基點而重生。如果想要更詳細的了解這個案例，請參閱《打掃新幹線的天使》（遠藤功著）。

另外一個例子，ADDress 這家公司所發展的事業，也可用發想型 B 來解釋。該公司的事業是「**地方空屋即不限場所的微移居**」。

日本全國的地方空屋已經攀升到相當高的數量。若以不動產交易的方式買賣，或出租這一間間的空屋，很難成為事業。但如果以核心價值為主軸，發展成整合性的服務，就會誕生充滿魅力的事業。

推測 ADDress 想要提供給顧客的核心價值是「不限場所的微移居」，或是「像住在當地般的旅行樂趣」。他們為了實現這項價值，翻修了全國各地方的許多空屋，以希望擁有移居般停留體驗的顧客為對象，將屋子整理好並網路化。

於是使用者只要每月支付一定費用成為會員，就能隨意從日本全國挑選該公司管理的屋子，停留任意期間，住宿費、水電費等都包含在會費中。

像這種「費用固定、多據點不限時間居住的服務」，不就是因為從新概念的角度來看才得以誕生的服務嗎？

從新概念的角度來看
極其普通的商品也能獲得重生

　　第三種發想型是**在 X 填入〔商品〕，Y 填入〔切入點、形式〕**。行方烤地瓜博物館（茨城縣行方市）就是這種發想型的例子。

　　這座博物館是由民間企業與行方農會、行方市三者合作，並取得成功的案例，幾年前我曾因某個研究小組的活動而前往視察。

　　茨城縣擁有全日本第二的地瓜產量，而行方市就是其生產中心之一。但地瓜這項商品屬於初級產品，難免單價低廉，即使製作一些加工品也缺乏話題性。而行方地瓜博物館就是以「娛樂」的概念去看待這項平凡商品所展開的事業。

　　這座設施利用已經荒廢的國中校舍及校園而打造。區域內有加工品專賣店、餐廳、烤地瓜工廠博物館、地瓜田等設施，在這裡可以從事關於地瓜的「品嘗、栽培、遊戲、製作、購買、思考、了解、工作、連結」等主題活動。

　　來到這裡的顧客，不會只是在餐廳裡吃個飯，買完伴手禮就回家，還可以在博物館學習食育、在廚房體驗烤地瓜、體驗

擔任一年的農田主人，栽培地瓜並收成、在這座設施從事就業體驗等。這裡囊括了從許多角度從事地瓜相關娛樂的機會，創造出「只靠地瓜就能做到這種程度」的獨特事業。

另一個發想型 C 的案例就是迪士尼樂園。

華特‧迪士尼公司製作並保有豐富的動畫內容。一般的想法都是將這些商品製作成電影與書籍販賣，但華特‧迪士尼卻轉換成事業概念，將其「作為遊樂園販賣」，建造出迪士尼樂園，這真是天才般的發想。

以上就是將「as a」模式的發想法，以「X as a Y」的方式整理出三種模式。

雖然「as a」模式的名稱是最近才有的，但發想方式本身卻是從以前就存在。如果你覺得商業界的某個案例，「應該是改變原有的事業概念所發展而成的事業吧？」可以像上述例子那樣，透過「X as a Y」的觀點來看，想必就能看見 X 與 Y。

附帶一提，上述案例中填入 X 與 Y 的文句是本書的推測（賓士除外），或許各家公司實際上想到的是不同的文句。

但他們確實不是將 X 作為 X 販賣，而是採取將 X 變換成 Y 販

推動「作為款待的車輛清掃」這項事業的關鍵在於——

精煉概念小習作4-B | 「as a」模式的事業概念大轉換

① 請自行思考填入公式「X as a Y」的文句。

題材有 3 種。

題材 A 是與自己公司業務相關的事物。

題材 B 是與其他公司業務相關的事物。你可以透過媒體收集資訊，得出自己的推測。

題材 C 是與職種相關的事物。譬如業務、企劃、研究、法務、工程師等。最好是自己正在從事的職種。

② 請列出幾個實行前面想到的「X as a Y」，並獲得成功的關鍵因素。如果有容易留下印象的詞彙（表達方式）更好。

學習單4-B | 「as a」模式的概念大轉換

作業①
請從下列題材中選擇其中一種，參考填寫範例，
思考你自己的「X as a Y」。
□題材A：與自己公司業務相關的事物
□題材B：與其他公司業務相關的事物
（想像、推測也無所謂）
□題材C：與職種相關的事物

作業②
請列出幾個實行左列「X as a Y」，
並獲得成功的關鍵因素。
如果有容易留下印象的詞彙
（表達方式）更好。

X	as a	Y

填寫範例：題材A（自己公司事業）

X	as a	Y
移動（移動性、可動性）		服務

為了實現「作為服務的移動性、可動性」，
汽車必須滿足下列4項要件〈CASE〉。

● Connected：連結
● Autonomous：自動駕駛
● Shared＆Services：共享
● Electric：電動化

※德國「賓士公司」實際提出的內容。

填寫範例：題材B（視察其他公司的事業）

X	as a	Y
車輛清掃		款待

推動「作為款待的車輛清掃」
這項事業的關鍵在於——

● 進行事業改革，創造「清新、安心、溫暖」的工作
● 「迷人的清潔」的專業集團
● 「尊重」與「驕傲」

※從「JR東日本 Techno Heart TESSEI」的案例推測。
參考文獻《打掃新幹線的天使》

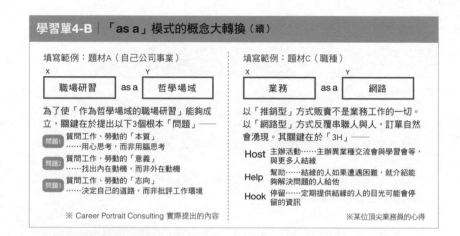

學習單4-B │ 「as a」模式的概念大轉換（續）

填寫範例：題材A（自己公司事業）

X ────────── Y
職場研習 as a 哲學場域

為了使「作為哲學場域的職場研習」能夠成立，關鍵在於提出以下3個根本「問題」——

問題1 質問工作、勞動的「本質」
……用心思考，而非用腦思考

問題2 質問工作、勞動的「意義」
……找出內在動機，而非外在動機

問題3 質問工作、勞動的「志向」
……決定自己的道路，而非批評工作環境

※ Career Portrait Consulting 實際提出的內容

填寫範例：題材C（職種）

X ────────── Y
業務 as a 網路

以「推銷型」方式販賣不是業務工作的一切。以「網路型」方式反覆串聯人與人，訂單自然會湧現。其關鍵在於「3H」——

Host 主辦活動……主辦異業種交流會與學習會等，與更多人結緣

Help 幫助……結緣的人如果遭遇困難，就介紹能夠解決問題的人給他

Hook 停留……定期提供結緣的人的目光可能會停留的資訊

※某位頂尖業務員的心得

賣的方式。無論如何，將自己公司或其他公司的事業，套入「X as a Y」思考的作業，都是一種磨練概念思考能力極其有效的方法。

接下來，就讓我們使用「as a」的思考模式，進行精煉概念的小習作吧！

我提供了四種進行這項練習的填寫範例。

首先，第一個範例是賓士提出的「移動即服務」，而該公司列出「CASE」作為成功條件，頓時也成為話題。

第二個範例是我在自己的事業中，實際提出的內容。我所經營的研習事業，其主要領域是職業研習。加入這個領域的企業也很多，如果不展現獨特性就會被淹沒。那麼我從什麼樣的切入點來加入這項事業呢？那就是「**職業研習即哲學場域**」。

現有的職業研習內容，多半是傳授職業理論的知識、進行能力盤點，並依此擬訂職涯計畫。而我認為，對於職涯的思考，應該立基於質問意義與價值的哲學式內省，因此將研習營造成「哲學場域」。這時的關鍵是 **3 個問題**──質問本質、質問意義、質問志向。像這樣變更事業的概念，帶給作為客戶的企業新鮮感與驚奇感，我想他們在接受服務時應該能夠懷抱著共鳴。

第三個填寫範例是剛才介紹過的，JR 東日本 Techno Heart TESSEI 的例子。推測為了推動「作為款待的車廂清潔」需要幾個關鍵要素，就如同學習單上所呈現的內容。

第四個範例則是某位頂尖壽險業務員的故事。

他並沒有從直接談生意，並推銷商品的角度來看待業務員的工作。據他說，他幾乎未曾透過這種推銷型的方式拿過合約。他的口頭禪是「我只是建立人際網路而已」。

換句話說，他將人與人串聯起來，即使是與保險業務沒有直接相關的事情，他也會提供幫助與支持，這樣的過程讓他自然而然的簽下合約。其關鍵行動似乎就是學習單上所寫的「3H」。

接下來請各位參考這些填寫範例，以新概念的角度看待思考對象，試著想出自己的「X as a Y」。

近瀨太志的概念思考奮鬥記⑦

　　今天是中島部長、梶川組長與近瀨組長這三人的例行線上會議。

　　經過一輪的資訊分享、課題探討後，近瀨開口說道———。

　　近瀨：「中島部長、梶川組長，會議結束前可以留給我大約 15 分鐘嗎？」

　　中島、梶川：「沒問題，請說。」、「當然可以。」

　　近瀨：「我想針對研習作業進行的『as a』模式練習，請教兩位的意見，因為這也與行銷部今後的方向有關。」

　　中島：「那個練習確實能引發深入的討論。我非常歡迎。這麼一說，梶川組長去年也透過那個練習思考了許多問題吧？」

　　梶川：「是的，我當時想了很多。」

　　近瀨：「順便問一下，梶川組長想出了什麼樣的答案呢？」

　　梶川：「我想出來的是『旅行即學習機會』。因為當時我覺得，自己想要透過旅行商品，提供給顧客的價值不就是『學習』嗎？出發旅行、增廣見聞、與人交流、克服困難，這所有的體驗最後都與『學習』有關。所以我發現，旅行社必須從代替顧客處理旅行瑣事，轉變為販賣學習機會。」

　　中島：「這確實是大幅度改變旅行社角色的一大認知變

化。」

近瀨：「所以梶川團隊才會在這之後，積極的規劃以學習為主題的旅行啊？」

梶川：「沒錯，就是這樣。我發現那項練習為自己的工作建立了一個主軸。現在我覺得自己的工作就像『策展人』（curator）。

策展人是為美術館或博物館等收集各種展示素材，擬定展示企劃的專業工作。而我也和策展人一樣，收集並斟酌各種旅行素材，根據某項學習主題擬定企劃旅行。我想這就是我和我的團隊現在的角色。」

中島：「那麼近瀨君針對這項練習是怎麼想的？」

近瀨：「這正是我想要徵詢兩位意見的地方，現在我想到的是『旅行即自我發現』（self-discovery），這和梶川組長的『學習』有共通之處。

當我仔細審視旅行擁有什麼核心價值時，對我而言最明顯的就是『自我發現』。英文的 discover 也有拿掉（dis）遮蓋物（cover）的意思。而我覺得人們確實透過旅行，拿掉遮蓋在自己身上的事物，展露出原本的自己。」

梶川：「我覺得這是很好的切入點。從客人旅行後，在社群媒體等發表的貼文來看，也有不少是在描述旅行如何改變自己之類的。」

中島：「不管是『自我發現』還是『學習』，我想以這樣的主軸來規劃旅行商品，都能有效地讓本公司的色彩更加鮮明。但這麼一來，客群就會變得有所限制。因為那些想要來點輕鬆、漫無目的的小旅行的潛在客群就會被排除在外。」

梶川：「不過這樣的旅行類別已經陷入薄利多銷的競爭，無論如何我們都會選擇放棄吧？」

中島：「中期來看是這樣沒錯。但這種薄利多銷型的旅行商品，在本公司的營收占比依然超過五成，無法說放棄就放棄。即便我們公司必須根據核心價值奠定基軸，並鎖定方向性，如果看不見這樣的侷限背後有什麼拓展的可能，對於整個組織就會缺乏說服力，能量或許不足以激起大家在這裡賭上一把的志氣，這是我的真實感想。但這是非常大的自我提問，就連經營高層也費盡苦心想要找到答案。」

（三人稍微陷入沉默，而後近瀨似乎突然想到什麼。）

近瀨：「這樣如何呢？──『自我發現即服務』。我們拋開旅行社的框架，成為將自我發現作為服務販賣的公司。當然仍會繼續販賣旅行，但如果是能夠幫助顧客自我發現的事物，譬如講座或書籍也都能夠販賣。甚至還有機會從事心理教練的人才派遣。如此一來，一個主軸就能做出許多延伸。」

　　梶川：「的確，如果是『旅行即自我發現』，就必須將自我發現這個提供的價值，收束在旅行的包裝中，這麼一來能夠打的牌就很少。但如果是『自我發現即服務』，旅行就只是服務的一種，沒有必要只限縮在這裡。」

　　近瀨：「沒錯，就是這樣。我們一直都把旅行當成唯一的商品，並以此為目的販賣。現在要把旅行變成手段，而且只是手段之一。我們的目標是販賣『自我發現』這項價值。」

　　中島：「雖然能有許多延伸，但同時也太過發散。我們公司是否有能力，提供這麼多種類的服務也是個問題。」

　　近瀨：「這時就必須建立合作機制。我們公司以旅行商品吸引的顧客作為母體建立社群。接著邀請其他業種的合作夥伴，針對這個群體提供服務，我們公司只需要建立顧客群體與服務平臺即可。」

　　中島：「這家公司在 10 年後可能會靠著與旅行安排全然無關的事業獲利，因此我覺得這個發想相當有希望。」

　　近瀨在會議結束後，完成了「as a」模式的研修學習單（圖表 5-7）。

學習單4- B ｜「as a」模式的概念大轉換

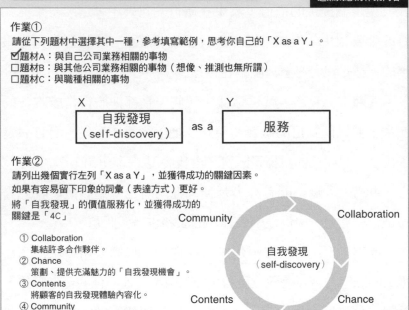

作業①
請從下列題材中選擇其中一種，參考填寫範例，思考你自己的「X as a Y」。
☑題材A：與自己公司業務相關的事物
□題材B：與其他公司業務相關的事物（想像、推測也無所謂）
□題材C：與職種相關的事物

X
自我發現
（self-discovery）

as a

Y
服務

作業②
請列出幾個實行左列「X as a Y」，並獲得成功的關鍵因素。
如果有容易留下印象的詞彙（表達方式）更好。

將「自我發現」的價值服務化，並獲得成功的
關鍵是「4C」

① Collaboration
集結許多合作夥伴。
② Chance
策劃、提供充滿魅力的「自我發現機會」。
③ Contents
將顧客的自我發現體驗內容化。
④ Community
創造能夠分享自我發現體驗的場域。

Community

Collaboration

自我發現
（self-discovery）

Contents

Chance

圖表5-7

CONCEPTUAL
THINKING

第 **6** 章

賦予事物意義與價值

意義化
設定事物的目的

科學的語言、藝術的語言、哲學的語言

我正在自己家的工作室寫稿。陽光從窗外灑入。

那麼我該如何有意識的看待陽光這件事物呢？有三種看待方式。

● 當太陽的距離為 1 個天文單位時，垂直照射地面的照度為 13 萬勒克斯（lx）。[1]

——「太陽光可以轉換成電能。」

● 春日清爽的陽光使新綠閃閃發亮。

——「把這幅情景畫下來吧！」

● 太陽是養育這顆星球的生命根源。

——「我在人世間也想像太陽一樣成為根源般的存在。」

第一種看待方式是「**知的角度**」，屬於「科學的語言」；第二種看待方式是「**情的角度**」，屬於「藝術的語言」；第三種看待方式是「**意的角度**」，換句話說就是「哲學的語言」。

無論是組織經營的事業，還是個人的職涯與人生，都能透

[1] 《天文學辭典》（日本地人書館）。

過「知、情、意」的深度融合，產生擁有獨特世界觀的強烈表現。

　　觀察現今企業的商場競爭，以及個人的生活方式時，似乎都過度著重於「知」與「科學」。

　　所有的一切都根據科學的知識、經濟的合理性處理，以尋求極大化的利益。雖然這樣的態度是必須的，但如果只凸顯這一點、過度相信它，也會帶來弊病。我們必須同時融入「情的角度／藝術的語言」和「意的角度／哲學的語言」。

　　美國的蘋果公司之所以能夠推出「iPhone」這樣強大的商品，原因之一就是想將自己的想法，體現在商品設計、使用體驗感與品牌故事上。除此之外還有已故的史蒂夫・賈伯斯優秀的願景化能力。

　　開發現場處理了許多賈伯斯提出的無理難題，團隊之所以願意這麼做，與其說是因為賈伯斯的人格魅力，倒不如說是被他提出來的願景所吸引。

　　在現今的時代，如果想要對抗同質化，製造出顧客堅定選擇的商品，那麼就不可以缺少理念、信念、意義、願景、美感等想法。這些想法引領我們熟練使用最新的技術。商品就以這樣的形式進化。其推進力的根幹，就是將製作方的特色與特性

強烈融入產品與服務的思考中，沒錯這就是概念思考。

另外，我想補充的是，概念思考對於個人面對工作的態度與職涯發展也有重大影響。

在一個忙於處理雜事，總是承受數值目標的壓力，且看不見中長期發展的職場，每個人的工作動力將會變得低落，心理健康問題也隨之浮現。畢竟人類是追求意義的動物。

如果不從眼前的工作中發掘出意義，由此湧現意志，就無法健全且長期的勞動。人事部門與管理階層為了提高員工動力，都熱衷於精細化成果主義及目標管理制度等外部機制，但這些管理方式也來到了極限。

為了讓個人、團隊與組織能夠發自內心自主行動，就需要意義。從這個觀點來看，本章介紹的第 5 個技巧就是「意義化」。

目標與目的～兩種概念的差異

探討「意義化」時，最重要的是必須先掌握兩種概念的差異。這兩種概念分別是「目標」與「目的」。

首先，「目標」指的是──

● 必須達到的數值

● 必須達成的狀態

● 必須朝向的標的（具體事物／形象）

舉例來說，「本季營收目標為●●」、「來場人數的目標比去年增加●●％」、「成為說到●●產品就會想到的品牌」，或是「將來想成為像■■那樣的職業選手」等。目標的「標」是「標誌、標的」的意思，因此目標是從事某件事情時，想要達到的程度、水準、標的等幫助具體思考的事物。

至於「目的」則是——

最終達成的事項＋這麼做的意義、意圖

舉例來說，「我們目的是讓人類登陸月球（為了科學技術的進步，以及為了探索人類移居到地球之外的可能性）」，或是「這個政策的目的是活化地方（為了緩解人口移往首都的集中）」等。勉強要說的話，目的多半是以抽象性、總結性的觀點來描述。在使用目的時，也隱含著為何要採取這個行動的意義。

　　如**圖表 6-1** 的整理，目標著重在「達到什麼程度、把什麼樣的事物當成標的」等外在水準、標的，至於目標的重心則擺在，「實現什麼樣的事情、為什麼要這麼做」等想要達到的內容與意義。此外，目標也可以看作是目的之下的手段與過程。

圖表6-1 ｜ 「目標」與「目的」

目標 ＋ 意義 ＝ 目的
　　　　　～為了

□ 必須達到的數值
　　定量的目標
　　「本季營收目標為●●」、「來場人數的目標比去年增加●●%」

□ 必須達成的狀態
　　定性的目標
　　「成為說到●●產品就會想到的品牌」
　　「打造在價格競爭下也能留下利益的財務體質」等

□ 必須朝向的標的（具體形象／事物）
　　「將來想成為像■■那樣的職業選手」
　　「今天散步到東京鐵塔再回來」

〔目的〕隱含的意義
● 最終達成的事項＋這麼做的意義、意圖
●「的」＝靶心、終點
● 站在抽象性／總結性的觀點
●「著重實現什麼樣的事情、為什麼要這麼做」
　想要達到的內容與意義

〔目標〕隱含的意義
● 想要達成數值、狀態、標的等
●「標」＝標誌、標的
● 站在具體的觀點
● 著重於「達到什麼程度、把什麼樣的事物當成標的」
　等外在水準、標的
● 目的之下是目標（手段、過程）

三個砌磚塊的男人
～他們的目標、目的是什麼？

為了方便大家更清楚的掌握目標與目的的差異，再次使用寓言故事「三個堆磚塊的男人」進行說明。

> 中世紀某個城鎮的建築工地，三個男人正在砌磚塊。
>
> 路過的人問他們：「你們在做什麼呢？」
>
> 第一個男人回答：「我正在砌磚塊」，第二個男人回答：「我正在為了買明天的麵包而工作」，第三個男人則抬起他開朗的臉回答──「我正在為這座城鎮建造一座留給後世的大教堂！」

這三個男人的**目標是一樣**的，都是一天要砌多少塊磚，以幾毫米內的精確度砌磚，在幾月幾日之前完成等等。

然而，**這三人的目的（含有意義的目的）卻各不相同**。

第一個男人沒有目的。第二個男人的目的是賺取生活費。第三個男人的目的，則是成為歷史的一部分，為社會帶來貢獻（**圖表 6-2**）。

圖表6-2│從「三個砌磚塊的男人」來看目標與目的

	目的	
	目標	意義
第一個男人： 「我在砌磚塊。」	【作業量目標】 一天砌●塊磚塊	（沒什麼意義）
第二個男人： 「我正在賺錢買麵包。」	【精確度目標】 以●毫米內的精確度堆砌 【交期目標】	為了溫飽
第三個男人： 「我正在建造大教堂！」	●月●日前將教堂蓋好……等	為了留給後世參與的 建設事業
	具體次元	抽象次元

　　由此可見，目標是一種外在的事物，能夠由他者統一賦予。但目的卻無法由他人給予，終究必須由本人抽取出帶有意義的事物。每個人都有各自的目的意識，而這樣的意識將大幅度影響各自的人生道路。

　　我擅自為「三個砌磚塊的男人」的故事編出續集，並在此介紹。這三個男人在幾年後，分別有什麼樣的發展呢──

　　第一個男人依然在另一個建築工地堆砌磚塊。

　　第二個男人不砌磚塊了，而是去切割木材的工地，拿著鋸子工作。他說：「這個工作比較划算」。

　　至於第三個男人，他因為真摯的工作態度，而獲得了

在鎮公所的職位。他說：「我正在擬定水道計畫。我想在那座山上建造一座水道橋，這樣鎮上就不用煩惱缺水了！」

概念思考是「意」的思考，從事物中抽取出意義，並轉變為意志。這樣的意義與意志將成為行動力的根源，產生方向軸。而行動的累積將決定個人的工作性質與職涯路線，決定組織的事業性質與組織文化。

像這種從事物中看見意義的能力，雖然不會產生立即性的效果，但從中長期來看，卻能夠對自己的人生觀帶來根本性的影響。

「受目標驅使」還是「依目的行動」

接下來將更進一步的理解目標與目的。

請看**圖表6-3**。在這張圖表中，畫出了兩種處理事情的方式。

處理方式A是**將自己的能力與時間挹注到達成目標**的形式。目標達成後就沒有後續了。如果目標是「營收●●元」、「死守市占率第一」，那麼就只是為了達成這樣的目標而行動。

至於處理方式B的**目標之後還有目的，換句話說，就是意**

圖表6-3｜兩種處理事情的方式

處理方式 A　　　　　　　　處理方式 B

識到這麼做是為了什麼。

「僅止於目標」，還是「目標之後還有目的」，這兩者之間的差異相當大。

人們不一定會為了目標行動，再加上如果目標是被強加的或重複的，反而會讓人們對目標感到倦怠或厭惡，更加提不起勁來。這時組織需要什麼呢？需要的就是報酬制度或獎懲制度所帶來的「糖果與鞭子」。

「糖果與鞭子」這樣的外在動機，成為強制灌注動力的幫浦，驅使人們採取行動。這就是「僅止於目標」的處理方式A（**圖表 6-4**）。

圖表6-4｜外在動機與內部動機

「外在動機」主導的
處理方式A

糖果與鞭子
（報酬制度等）

目標
（必須完成的事項）

自己的
能力與時間

對糖果（利益）的慾望與
對鞭子（損失）的恐懼
驅使自己展開行動

「內在動機」主導的
處理方式B

目標
（必須完成的事項）

目的
（為了～）

自己的
能力與時間

目的（意義）能夠激發動力
自己主動依目的行動

至於處理方式 B，則是在目標——即使某種程度上是被強加的——之後還能看見目的的形式。這時目的所蘊含的意義將成為內在動機，激發自己的動力。因此就會如圖所示，人們以圓環的形式周而復始的行動。即使或多或少承受了一些壓力，也能產生抵抗的力量。

那些長期健全的持續工作，並積極發展職涯的人，都毫無例外的採取這種形式。而那些在職場上接連發起自主創新提案的組織，也同樣採取這種形式。

充滿數值目標卻缺乏目的的職場

接下來，再介紹另一張關於目標與目的的圖。**圖表 6-5** 使用「上坡」做為隱喻。

我們總是站在坡道上，而工作就相當於努力爬上斜坡。

坡道的傾斜角度代表工作的難度。工作越困難，角度就越大。

我們在坡道的中途設置目標 A、B、C。無論是對於勞動的個人，還是事業組織，設定目標都不可或缺。因為沒有目標的工作與事業將陷入慣性，並危及其存續。

然而與此同時，我們也必須「讓太陽在坡道的頂端升起」。換言之，需要在目標背後創造出閃耀著光芒的意義。

太陽照亮坡道，賦予我們能量。從意義中湧現的內在能量強大且持續。而目標就在這樣的目的之下，作為手段與過程正確的發揮作用。

遺憾的是，現在可以看到許多職場都「充滿了數值目標，卻缺乏目的」。目標往往容易變成義務性、被動性、壓迫性。

近年來許多職場都引進目標管理制度與成果主義，數值目標在不知不覺間變成了目的。必須達成目標的恆常性壓力，使勞工對於目標感到疲乏與厭惡。更糟的情況甚至還會引起心理問題。

達成數值目標不是目的。為什麼自己，或是自己公司以這個數值為目標？這對於社會及自己來說，具有什麼樣的意義與價值？這些才是目的。**只有論及目的，數值目標才能擁有生命。**目的將決定「人生觀」。在坡道頂端升起的是什麼樣的太陽？這是個重大的問題。

設定數值目標的 MBO（目標管理制度）和 KPI（關鍵績效指標）等手法正逐漸發達。但這些都是邏輯思考與科學角度的產物。

但如果過度偏向這些手法，使這些手法過於突出，也會產生問題。為了將意識從受數值目標驅使的狀態，轉換成依目的（其中碰巧有數值目標）行動的狀態──這正是工作的概念轉換──不可缺少的概念思考與哲學角度。

如果還能夠再加上藝術思考及藝術角度，具體呈現獨自的美感，那就更是錦上添花。

圖表6-5 │ 「上坡」隱喻

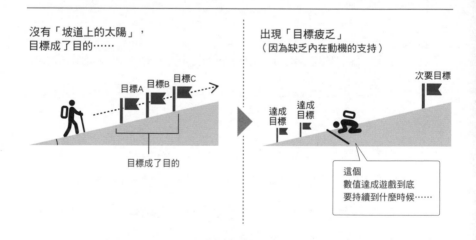

為了達成目的的
手段與過程就是目標

坡道上的太陽

爬上坡道的自己

目標A　目標B　目標C

【偉大的目的】
● 遠大願景
（理想的狀態、使命）
● 最後滿足的意義與價值

手段、過程

傾斜角度＝工作難度

沒有「坡道上的太陽」，
目標成了目的⋯⋯

目標A　目標B　目標C

目標成了目的

出現「目標疲乏」
（因為缺乏內在動機的支持）

次要目標

達成
目標　達成
目標

這個
數值達成遊戲到底
要持續到什麼時候⋯⋯

目的與手段～隨著意識的
視角高度產生相對性變化

　　學習概念思考的「意義化」技巧時，還有另一個必須理解

的基本概念。那就是「**目的與手段**」。接著就讓我們仔細來看。

「目的」指的是**想要達成的事項**，而「手段」則是**實現這件事項所必須的要素、資源、行動、方法**。

當我們想要達成某件事項時，會將目的與手段結合起來，成為「為了實現～，必須進行～／需要有～」的形式（**圖表6-6**）。

舉例來說，「為了守護和平（＝目的），必須進行連署活動（＝手段）」，或是「為了守護和平（＝目的），需要有法律（＝手段）」。

我們在日常生活中，經常會遇到「**手段在不知不覺間取代目的**」的情況。

為什麼會發生這種情況呢？一旦掌握目的與手段的結構關係，就能看見答案。

圖表6-7是以某種典型人生歷程為例，所繪製出來的示意圖。

讀小學的時候，存在著「**為了在考試中取得好成績（＝目的），必須要認真學好數學，並確實記住漢字（＝手段）**」這

圖表6-6 | 目的與手段的基本形式

〔目的〕　　想要達成的事項　　　　　　　　〔例〕
　　　　　　　　　　　　　　　　　　　　　為了守護和平

〔手段〕　　實現這件事項所必須的　　　● 必須要有法律
　　　　　　要素、資源、行為、方法　　　● 進行連署活動

圖表6-7 | 目的與手段的互相取代

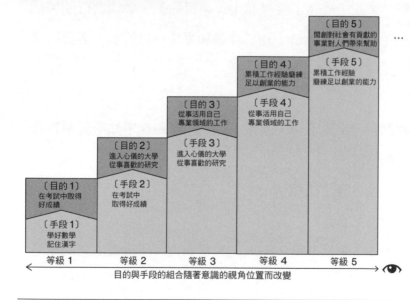

〔目的1〕
在考試中取得
好成績

〔手段1〕
學好數學
記住漢字

〔目的2〕
進入心儀的大學
從事喜歡的研究

〔手段2〕
在考試中
取得好成績

〔目的3〕
從事活用自己
專業領域的工作

〔手段3〕
進入心儀的大學
從事喜歡的研究

〔目的4〕
累積工作經驗磨練
足以創業的能力

〔手段4〕
從事活用自己
專業領域的工作

〔目的5〕
開創對社會有貢獻的
事業對人們帶來幫助

〔手段5〕
累積工作經驗
磨練足以創業的能力

…

等級1　　等級2　　等級3　　等級4　　等級5　👁

目的與手段的組合隨著意識的視角位置而改變

接下來還有更進一步的目的

（只要持續擁有更遠大的意志，這樣的取代就會永無止盡的持續下去）

種目的／手段的組合（等級 1）。

然而到了等級 2 的高中生左右，**原本在等級 1 當中屬於目的的「取得好成績」就成為了手段**。因為這個手段的背後，誕生了新的目的，「為了進入心儀的大學，進行喜歡的研究」。

由此可知，**某個目的在更大的目的之下將成為手段**。換句話說，何者為目的、何者為手段，兩者的相對位置將取決於，自己把意識的視角高度擺在哪個等級。

只要在達成一項目的之後，繼續出現新的目的，那麼這個目的／手段的互相取代就會永無止盡的持續下去。

不過相反，如果眼光不去看自己想要達成的事項，也會發生目的／手段互相取代的狀況。

事業組織的目的是獲得利益嗎？

接著就讓我們思考公司等事業組織的目的與手段。

圖表 6-8 畫出了兩種目的與手段的組合。

請先看右側的「組織 B」。組織 B 的最上方是「想要透過事業達成的事項＋這麼做的意義」。這就是組織 B 的目的。

而其下方是作為手段的「數值目標」，以及「具體的方法與資源」。這是健全的組合形式。

接著將目光轉向左側的「組織 A」。在組織 A 當中，「想要透過事業達成的事項＋這麼做的意義」不知道去了哪裡，「數值目標」跑到最上方，而這就成為了目的。

現今的商場，無論哪個領域都競爭激烈，讓公司存活下去這件事情本身成了棘手難題，因此很容易取代目的。這麼一來，數值目標顯得特別突出。而這就是組織 A 的情況。

這種組織的管理階級與經營階級會激勵大家，「唯有達成數值目標才能讓公司存活下去，保住所有人的工作」，或是「不要囉哩囉嗦，總之死守市占率第一！」等。

公司是「以營利為目的的團體」，因此為了獲得利益，澈底成為 A 型組織也不算錯。但我們必須問自己，讓組織成為單純為了獲取利益而冷酷運作的機器，中長期來看真的是最佳解嗎？

這種時候，我們應該傾聽彼得・杜拉克的這幾段話。

「組織的存在並非是為了自身。組織是手段。組織的
目的是對人類與社會帶來貢獻。任何組織都一樣，愈是清
楚自己的目的，就愈有力量。」

——《不連續的時代》

「組織並不是以存在為目的。代代相傳並非成功。這
點和動物不同。組織是社會的機構。對外部環境的貢獻才
是其目的。」

——《卓有成效的管理者》

「當被問到企業體是什麼時，多數企業人都會回答，
『企業體是以獲取利益為目的的組織』。多數的經營學者
也都會給出類似的答案。這個答案不僅錯誤，而且答非所
問。我的意思不是利益不重要，但利益不是企業或事業的
目的，而是條件。」

——《管理實踐》

　　我們每個人都在尋求自己工作的意義，組織也一樣。組織
也需要經營其事業的「意義」。而如同杜拉克所指出的，這個
意義想必不是自我存續，而是對人類與社會有所貢獻。

獲取利益只不過是帶來貢獻的條件，換言之就是奠定基礎。在這個基礎上，建造什麼樣的建築物，並在社會中發揮作用才是目的，是「能夠品味其意志」的內容。

而這個「能夠品味其意志」的內容，正是能夠激發個人與組織的內在動力，產生健全且持續的推進力來源。

如果組織與在組織中工作的個人，都把獲取利益以維持並擴大自身存續當成事業的目的，那麼「能夠品味其意志」的內容將會消失吧？即使存在，也可能是必須走過荒涼世界的艱難世道，或是在數量或霸權方面成為勝利者的優越感。

然而，這同時也意味著，內心懷抱不知何時會成為失敗者並滅亡的恐懼。以這樣的動機為基礎持續事業，真的好嗎……我想答案不言自明。

附帶一提，松下幸之助在《實踐經營哲學》中如此描述利益——「本質上，必須將利益視為企業達成使命的報酬」。這也是一種卓見。

圖表6-8｜事業組織的目的與手段

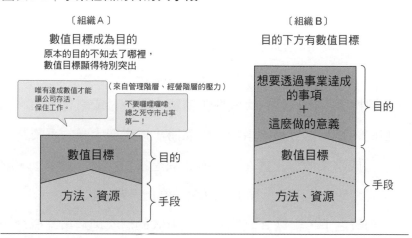

將目的定位為「處理方式」
還是「存在方式」

　　追根究柢，組織 A 與組織 B 到底哪裡不同呢？差別就在於
目的的層次。

　　組織 A 的目的，存在於技術與利益等具體層次。換句話說，
這個層次的注意力擺在如何從物質層面維持、擴大自己，主要
關心的是處理方式（**圖表 6-9**）。

　　至於組織 B 的目的，則存在於意義與想法等抽象層次。這
個層次的注意力擺在從存在層面開發自己，存在方式成了核心
主題。

概念思考能夠激發意義與意願，是探索存在方式的「意的思考」，目的是將組織的目的導向 B 的形式。

　　抱持著獲得利益的機械性組織觀、以數量或霸權性的事物為目的，是相當容易的事情。然而將「以大賣大賺的事業為目標」當成事業概念，實在是太過「缺乏技巧」且「薄弱」。就概念思考的角度來看，幾乎可以說是停止思考的狀態。

　　相較之下，組織 B 試圖在存在方式的層次創造事業概念。而且還要獲得利益、讓事業持續運作，難度遠比 A 還高。

圖表6-9│目的存在於哪個層次

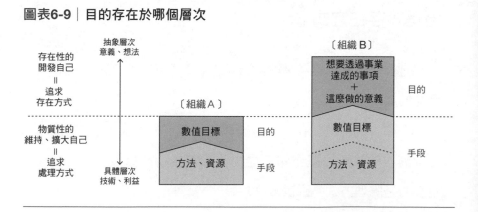

「追求數值的金字塔型」組織與
「實現理念的自主創發型」組織

　　是要像組織 A 那樣把目的設在具體層次？還是要像組織 B 那樣從概念層面思考，進一步把目的推向抽象層次？兩者的差別也會影響組織的型態。當組織把人聚集在一起經營事業時，呈現的是什麼樣的型態呢？**圖表 6-10** 描繪出兩個極端的示意圖。這裡所表現的型態，與其說是實際的組織體制型態，不如說是性質的型態。

　　組織 A 將目標數值分割，呈現由上而下的型態。全公司的數值目標分配給事業群、部門・課和個人，各自都朝著達成目

圖表6-10│兩種組織型態

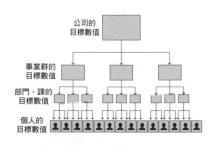

〔組織 A〕
分割目標數值的由上而下組織

公司的
目標數值

事業群的
目標數值

部門、課的
目標數值

個人的
目標數值

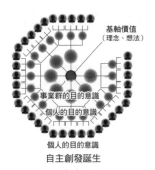

〔組織 B〕
個人與群體擁有一致目的的組織

基軸價值
（理念、想法）

事業群的目的意識

個人的目的意識

個人的目的意識
自主創發誕生

標而努力。組織 A 可以說是「追求數值的金字塔型」組織。

至於組織 B 則是個人與整體擁有共同意義的組織。事業目的在於實現意義與理念。藉由這樣的事業活動，成為被社會所需要的存在，這麼一來就能獲得利益並持續下去，可以說是「**實現理念的自主創發型**」組織。

弗里德里克‧拉盧（Federic Laloux）所撰寫的《青色組織》，在 2018 年成為話題。組織 A 可視為該書所描述的「橙色組織」（擁有階層結構，追求整體成果的機械性組織），組織 B 則可視為「青色組織」（成員與團隊能夠根據目的自主性的進化，彷彿就像生命體一般的組織）。像組織 B 這種自主分散型的組織，也能以結合全體（holon）與全體論（holism）所創造出來的新詞「全體共治」（Holacracy）稱之。

現實的事業組織有各式各樣的型態，但都是組織 A 與組織 B 的混合，或許有偏向 A 的組織，但也有偏向 B 的組織。

個人在組織中的分工意識～「岩塊狀」或「岩漿狀」

再者，目的所在的層次不同，個人的分工意識也會不同。

組織 A 根據上級指示的規律與命令行動，嚴格規定了每個人的分工。必須達成的數值不用說，每個人的角色、做法、報酬的機制——達成目標即可獲得全額報酬，未達成則有減少報酬的懲罰，也就是所謂「鞭子與糖果」的制度——都被清楚告知，個人將會努力達成。雖然每個人的自由度低，卻也因為不需要自己思考，反倒覺得輕鬆。結果將導致意識變得他律、服從。儘管會認真完成交辦的工作，卻不太有意願去做除此之外的事情。

至於組織 B 的個人分工意識呢？在這個組織當中，個人與整體具有共同的目的（理念與想法）。因此每個人在尋求與整體合作的同時，也會站在各自的立場，思考自己能夠做些什麼，也經常會做超出自己分工範圍的工作。因為他們從這項工作中獲得有意義的報酬，工作本身成為樂趣。這就是為什麼組織 B 會接連冒出自主性的創發。

圖表6-11透過圖示的方式，比較了這兩種個人的分工意識。

組織 A 呈現「岩塊狀」。每個人都把自己當成一塊岩塊，認為自己的存在是固定的。這受到組織規劃的強烈影響。因為將整體事業適當分割，將工作分配給每一個人，以中央集權的方式行動，管理起來會更加容易。事業規模愈大，這樣的岩塊

狀分割法效果愈好。

至於組織 B 的個人意識可以說是「岩漿狀」。每個人都是一座獨立的活火山，噴發各自的岩漿。其發熱的狀況與形狀變化多端。與其說是由中央管理，不如說是透過個體與整體的協作，同時追求局部最佳化與整體最佳化。總之先設定目標，而最後達成的結果卻不一定會遵照目標，經常也會得到將理念與想法具體化的意外成果。組織 B 歡迎這樣的狀態。但整體組織卻必須背負著模糊性與不確定性。

……那麼你的組織是比較接近 A 還是 B 呢？

接下來就進行一些小習作，透過感覺去掌握「意義化」的思考技巧是怎麼一回事。

圖表6-11｜個人的分工意識

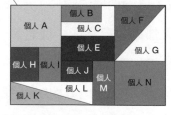

首先，重新確認自己負責的事業／計畫的目的與手段。

意義化小習作5-A｜重新確認負責事業／計畫的目的與手段

① 請填入你所負責的事業／計畫中最重要的數值目標。

② 請寫下為了達成①中所填寫的數值目標，有什麼關鍵的具體方法／策略？或者有哪些重要資源？

③ 透過這項事業／計畫，最後想要達成什麼樣的狀態？這麼做的意義與想法是什麼？整個團隊是否對此有共識？

④ 在③中所寫下的目的，如何與整體組織提出的事業理念、目標價值與經營方針產生共鳴（有時也可能沒有共鳴）。接下來還會進行意義化小習作5-B、5-C，請回過頭來檢視與目的的共鳴程度。

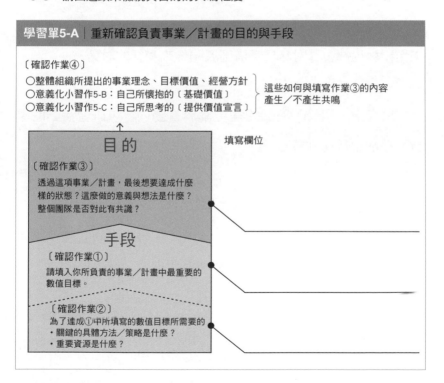

學習單5-A｜重新確認負責事業／計畫的目的與手段

〔確認作業④〕
○整體組織所提出的事業理念、目標價值、經營方針
○意義化小習作5-B：自己所懷抱的〔基礎價值〕
○意義化小習作5-C：自己所思考的〔提供價值宣言〕
　　這些如何與填寫作業③的內容產生／不產生共鳴

目的　　填寫欄位

〔確認作業③〕
透過這項事業／計畫，最後想要達成什麼樣的狀態？這麼做的意義與想法是什麼？整個團隊是否對此有共識？

手段

〔確認作業①〕
請填入你所負責的事業／計畫中最重要的數值目標。

〔確認作業②〕
為了達成①中所填寫的數值目標所需要的
・關鍵的具體方法／策略是什麼？
・重要資源是什麼？

這項小習作的用意是，釐清自己負責的事業／計畫的目的視角落在哪裡。

填寫作業的①與②，想必不管誰來寫內容都會很明確吧？

畢竟幾乎所有的人在經營事業時，都抱持著（或者被賦予）某種數值目標。最近隨著 MBO（目標管理制度）與 KPI（關鍵績效指標）的普及與發達，這個數值目標還可能是經過精密計算的數字。

至於該使用哪種方式、哪些資源來達成這些數值，每天在工作現場也都會針對其具體措施展開你來我往的討論。

事實上，由於①與②的欄位屬於實務內容，研習活動的學員幾乎都能順利填寫。

問題是出在最上面的目的欄③。

數值目標背後的意義與想法，最終想要達成的狀態或滿足的價值，坡道頂端的太陽是什麼？這個事業／計畫與社會上的什麼有關？——問題就在於能否用自己的話寫出來。

如果能夠堅定寫出，代表目的的視角提升到抽象、存在的層次。這樣的人有想法，因此能夠描述願景，並與他人達成共

識，形成團隊向心力的可能性極高。

反之，如果這個欄位寫得不順利，就代表目的的視角落在具體的、處理方式的層次。因此往往會流於個人為了獲得報酬、組織為了存活，而不得不達成數值目標的意識。這樣的人如果成為領袖，將因為無法描繪出理念與願景，而傾向於以數值作為驅動團隊的最大目標。

個人的目的意識也可能與經營方針產生矛盾

附帶一提，有些人在進行最後的確認作業④時可能會感到苦惱，因為**自己的目的意識與組織整體的經營方針產生矛盾**。

舉個容易理解的例子，關於自己負責的事業，儘管多花一些成本與時間，也要把做出具有獨創性的商品，打破業界或社會的成見當成目的。但公司方面的經營方針卻是「首先製作價位最暢銷的商品，功能過得去即可，以保持市占率領先為優先」。

在這種情況下，儘管個人的目的意識已經提升到「存在方

式」的層次，公司的經營方針卻依然停留在「處理方式」的層次，因此兩者未能達成一致。

或者也有相反的情況。就是儘管經營階級已經呼籲，必須把基於理念、願景讓企業體質脫胎換骨當成「目的」，第一線員工所擬定的「目標」，卻依然侷限於在價格或功能方面，與競爭對手做出微小差別。

但理解到這樣的矛盾相當重要，因為如果不釐清個人與整體組織在「目的」方面的矛盾存在於哪個層次、又是什麼樣的狀況，就不可能創造出彼此具有共識的「意」。

如果個人與組織都能思考概念、交換意義與目的觀，就能生成強大的「意」，而這就能轉變成打造具有獨特世界觀的事業泉源。

接著進行下一項小習作──「基礎價值的語言化」。這是將自己心底深處的價值，重新用語言表達出來的練習。

我們不論在公領域還是私領域，都經常把「價值觀、價值觀」掛在嘴邊。

價值觀總是在心中蠢動，在我們評斷事物時帶來重大影響，

意義化小習作5-B│基礎價值的語言化

①請將你想到的基礎價值寫出來（寫時請參考提示單詞）。
②請將寫出來的基礎價值，根據重要程度依序排列（排出前10個即可）。

學習單5-B│基礎價值的語言化

①寫出想到的基礎價值

②將左邊欄位的基礎價值，根據重要程度依序排列（排出前10個即可）
1.
2.
3.
4.
5.
6.
7.
8.
9.
10.

平常推動工作或事業時，你會：

● 進行～工作時會覺得開心。
● 喜歡～的狀態。
● 對於～感到驕傲。
● 以～為最優先／覺得～最重要。
● 覺得必須要～。
● ～不可或缺／堅持～。
● 以～為原則、信念。

從以上觀點思考，
基礎價值就會浮現。

〔基礎價值的提示單詞〕

□挑戰困難 □保持正確的事 □打破既有框架 □與自然和諧相處 □獨特的存在 □對社會有貢獻 □創造性的存在 □支援、救濟弱者 □履行責任 □獲得尊重 □獲得社會好評 □獲得成果 □確保安全性 □重視安定性 □隨時保持上進心 □顧客喜悅的表情 □重視計劃性 □創造世界上不存在的事物 □更早、更快速 □更正確、更細膩 □追求更大的事物 □追求美感 □消除多餘的事物 □對任何事物都有挑戰精神：不怕失敗 □不模仿他人 □成為先驅者 □引人注目 □信賴他人 □帶給社會希望 □保持樂趣 □緩慢的節奏 □進軍海外 □遵守秩序 □放眼世界 □在競爭中勝出 □站在流行前線／創造流行 □樂觀主義 □同理心／博愛 □所有事物都追求第一 □瞄準高風險、高報酬 □變得出名 □讓世界驚嘆 □留下活著的證明 □透過作品表現 □立於人上 □獨創性 □創造獨特的風格 □傳承古老事物 □非主流路線 □踏實穩健

填寫範例

①寫出想到的基礎價值

試錯
獨特的存在
不受限於既有框架
重質不重量
開放態度
具有遠見
開放態度
充滿好奇心
全球通用
開拓精神
誠實
共生
自然體

②將左邊欄位的基礎價值，根據重要程度依序排列（排出前10個即可）
1. 獨特的存在
2. 開放態度
3. 重質不重量
4. 開拓精神
5. 誠實
6. ……
7.
8.
9.
10.

但卻極少人試著以言語直接表現出來。

正因為如此，像這樣進行言語化的練習，能夠帶來更新鮮的發現。如果在進修活動的課堂上進行，學員也會互相發表，因此更加刺激。

即使不是進修活動，譬如在組織新的計畫團隊時，我也很推薦將成員集合起來，大家提出想要作為團隊基礎的價值，並互相分享。

擁有多層次的動機

賦予自己正在做的事情意義也是思考動機。**圖表 6-12** 是我在其他職涯開發研習中經常使用的「工作動機 5 階段」，這張圖表仿照亞伯拉罕·馬斯洛的「需求 5 階段」理論繪製。

接著概略性地說明各階段的動機──。

〔階段１〕金錢的動機

「**金錢的動機**」是最基本的工作動機。「必須生存下去的自己」就處在這個層次，任誰都會努力工作。

　　以金錢為動機工作不一定低下。「需要錢才能溫飽，所以努力工作賺錢以維持生活」的態度反而崇高。

　　金錢的動機非常重要，是讓一個人投入勞動，遵守社會規律及秩序的基礎。

　　只不過金錢的動機通常是「**外在的**」和「**利己的**」。

〔階段 II 〕認可的動機

　　任何人都希望自己的能力及存在得到他人的認可，而在這個心態背後運作的就是「**認可的動機**」。

　　針對工作中開心的事情進行問卷調查，經常得到關於「認可」的答案，譬如「得到上司稱讚／被委派困難的工作」、「聽到客戶的感謝」、「在網路上發表的文章有很高的點閱率」等。

　　社群媒體中的「按讚」，也是一種刺激認可動機的機制。

　　真要說起來，這種動機也屬於「**外在的**」和「**利己的**」。

〔階段 III 〕成長的動機

　　當我們發現工作能夠加深自己的能力，並使其成長，就會想要更加投入這項工作，因為這項工作激發了「**成長的動機**」。

　　這種情況是從工作本身找出動機，因此屬於「**內在的動**

機」，但依然是「**利己的**」。

〔階段IV〕共鳴的動機

工作或勞動無法獨自完成，必須與他人或社會有所連結。而與他人連結的品質，比第 II 階段的「認可」更互相、更積極也更熱情，並且能夠激發動力的就是「**共鳴的動機**」。

自己所做的事情能夠與他人產生共鳴、帶給他人影響、在社會創造共鳴的漩渦，這樣的回饋能夠激發內在強大的力量。

工作的動機從這個階段開始變成「**利他的**」。

〔階段 V〕使命的動機

當你為了實現自己找到的某種「偉大的意義」，並且願意名符其實「驅使生命」投入其中時，這樣的狀態就是懷抱著「**使命的動機**」。

那些全心投入夢想、志向、想要鑽研的領域、具有社會意義的畢生志業等的人，都處在這個階段。

不過，這張圖中的五種動機並非依照優劣排序。而是依照從外在到內在，從利己到利他的順序排列。真要說起來，請理

解為動機產生的難易順序。

雖然動機本身沒有好壞之分，但「懷抱著動機的形式」卻
有理想與不理想之別。

理想的形式是**同時懷抱著這 5 階段動機中的多個階段**。這
麼一來，即使失去其中一種動機，也能靠著其他動機來彌補，
維持工作的意願。除此之外，動機之間也會互相影響，有機會
整合性地增加動機深度。

圖表6-12│「工作動機」5階段

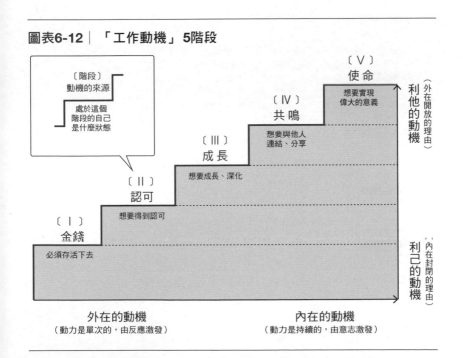

接下來的小習作是面對這分成 5 階段的動機，對工作及事業進行自我反思。

意義化小習作5-C │ 工作、事業的5階段動機

①從 5 階段動機的觀點，來思考自己從事的工作與事業，並寫下來。
②以 0 ～ 5 的數值為各階段動機的強度評分，並寫下來。
※填寫範例請參閱後面的「近瀨太志的概念思考奮鬥記⑧」

學習單5-C │ 工作、事業的5階段動機

請從下列 5 階段動機的觀點，來思考你所從事的工作與事業。

動機	①動機的內容／如何保持	②動機的強度
〔Ｖ〕 使命的動機	現在從事的工作、事業有哪些使命性的內容……	
〔Ⅳ〕 共鳴的動機	透過現在從事的工作、事業，有哪些能夠與他人連結，並產生共鳴的喜悅……	
〔Ⅲ〕 成長的動機	現在從事的工作、事業能夠帶給自己哪些成長……	
〔Ⅱ〕 認可的動機	透過現在從事的工作、事業，自己如何獲得他人的認可……	
〔Ⅰ〕 金錢的動機	現在從事的工作、事業所獲得的報酬，為生活帶來哪些幫助……	

〔動機強度的數值評價〕5：非常強　4：強　3：普普通通　2：有點弱　1：勉強算有　0：無

不是所有人都同時擁有這五種動機。尤其要抱持著第4階段「共鳴的動機」與第5階段「使命的動機」相當困難。

每個人的動機都各不相同，接下來將稍微介紹，我在研習現場感受到的大致傾向。

系統工程師、金融機構（銀行或保險公司）、製造商的業務、負責維持企業，及事業日常營運的職種等，整體來說較難具備「共鳴的動機」。

或許是因為他們的工作所負責的是整體業務的某一部分，具有在自己的世界裡，專心致志的朝著被規定的工作量及目標數值前進的特質。

此外，負責服務客戶的窗口，也有遠離這個動機的傾向。這類職業以公務員為例，就是公所的窗口職員，以民間企業為例就是處理投訴的客服人員。他們每天的工作就是處理民眾或顧客的不滿及批評，因此不要說共鳴了，反而還可能陷入對人類失去信任的狀態。

不過這種頻繁與人接觸的職業，也有機會看見人性光輝，因此也最容易把「共鳴的動機」排在第一位。

反之，較容易抱持「共鳴的動機」的，不分職種、業種，

都是那些所隸屬的團隊與自己擁有共同的事業理念與意義的人。

投身於新創公司的員工，由於賭上了夢想與浪漫，這樣的動機也較為強烈。無論如何，這個階段的動機需要能夠與顧客、夥伴、經營者產生共鳴的開放價值觀。而找出這樣的價值觀，融入事業或工作當中的技術，正可說是概念思考的「意義化」技巧。

至於「使命的動機」，就我看過的研習學員而言，只有25％的人回答自己擁有這樣的動機，大約每4人當中只有1人。整體而言，多數隸屬於消費財製造商。或許因為他們能夠感受到自己公司的產品，以看得見的形式對世界帶來幫助吧！

基於相同的理由，從事社會基礎建設的企業（如電力、瓦斯、鐵路、物流等）、NPO、負責行政企劃的公務員、教育相關從業人員等的比例也比較高。

至於製造零件、提供 B to B 服務的公司，由於較不容易看見對社會的直接貢獻，因此往往較難產生使命感。

無論如何，這項小習作鼓勵大家盡量擁有多個階段的動機，並且寫在學習單裡。在研習的場合也能分享別人所寫的內容，即使自己沒有辦法順利寫出使命的動機，聽別人分享對方的使命也能獲得刺激。譬如「原來如此，從這個角度來看，應該就

能看見公司事業的社會意義」、「原來如此，自己看待工作的方式太過表面」等，有時只要改變觀點就能順利填寫。

像這種夥伴之間的互相學習稱為「**同儕學習**」（**peer learn-ing**），回答這種尋找意義與價值的問題時，比起講師在臺上講解，各個學員彼此刺激的形式會更加理想。因此平常在職場，透過對話討論意義與價值就變得非常重要。

而毫無疑問經營者與計畫主持人必須比誰都更加積極，將自己的意義、價值與使命，透過語言表現出來，並帶動討論。

接下來的小習作，將幫助大家思考作為一名專業人士的存在意義，以及組織的存在意義。

空白欄位裡應該填入「提供價值」。但這裡需要的不是物質性的、外在性的語彙，譬如因為在汽車製造商工作，就填入「我（我們公司）販賣汽車」；因為在照護事業工作，就填入「我（我們公司）販賣照護服務」等。請先將自己、組織想要透過工作、事業提供的價值抽象化後再寫下來。作業①是個人角度的提供價值，作業②則變成組織角度。

舉例來說，保險公司的壽險顧問雖然實際上賣的是保險商

意義化小習作5-D | 提供價值宣言

① 身為一名專業人士，想要提供給這個世界什麼樣的價值呢？請你用自己的話寫在中央長方形的空白欄位中。

② 你所隸屬的組織（公司、部門、課、團隊）作為業者，想要提供給這個世界什麼樣的價值呢？請你將自己的話寫在中央長方形的空白欄位中。

學習單5-D | 提供價值宣言

作業① 「我提供的價值宣言」

我想成為提供這項價值的專家。

我透過這份工作販賣【我提供的價值宣言】

〔填寫提示〕以下這些工作分別提供／販賣的價值：

- 保險公司的壽險顧問「發生萬一時也不用擔心經濟的安心感」
- 汽車製造商的開發者「舒適的移動空間／移動所需的工具」
- 餐廳的主廚「品嘗美食的幸福時光」
- 新藥的開發者「沒有這種病痛的世界」
- 顧問「專業的智慧與省時省力」

- 財務負責人「透過數字呈現的企業健康診斷書」
- 職業運動員「沒有劇本的劇情與感動」
- 種植稻米的農民「生命的本源」

……（這些價值）是他們在銷售／傳遞的。

作業② 「本公司提供的價值宣言」

我們想成為提供這項價值的專業集團。

本公司（部門課、團隊）透過這份工作販賣【本公司的價值宣言】

〔填寫提示〕公司標語範例、公司標語的一些例子

- 「留在地圖上的工作」大成建設
- 「創造百年的企業」鹿島建設
- 「Drive Your Dreams.」豐田汽車
- 「The Power of Dreams」本田技研工業
- 「盡情享受人生新篇章」賓士

- 「純粹駕駛樂趣」BMW
- 「我們不製造汽車，而是創造有汽車的人生」樑瀨
- 「Inspire the Next」日立製作所
- 「Sensing Tomorrow」歐姆龍
- 「實現夢想中的商品」小林製藥
- 「靈感、效率、舒適」KOKUYO

- 「Channel to Discovery」MIZUHO金融集團
- 「JUST DO IT.」NIKE
- 「IMPOSSIBLE IS NOTHING」愛迪達
- 「創造美味的記憶」龜甲萬
- 「最後將改變生命的事物」味滋康

- 「口中的戀人」LOTTE
- 「物超所值」宜得利
- 「改變服裝，改變常識，改變世界」Fast Retailing
- 「創造這裡還沒有的邂逅」Recruit
- 「創造全新的常態」日本郵政
- 「驚安殿堂」唐吉訶德

品，但如果著眼於其核心價值，他們販賣的或許可以說是「發生萬一時也不用擔心經濟的安心感」。如果是新藥開發者，可以理解為他們藉由工作販賣「沒有這種病痛的世界」。財務負責人賣的或許是「透過數字呈現的企業健康診斷書」，運動選手則可能販賣「沒有劇本的劇情與感動」。顧問賣的是「專業的智慧與省時省力」，種植稻米的農民賣的則是「生命的本源」。

附帶一提，我靠著將「概念思考」轉變為進修課程維生，而我所提供的價值，或許就是「促進具體與抽象之間的思考往返，看見事物本質的概念化透鏡」。

任何人被問到「你存在的意義是什麼？」時，都無法順利回答。因為這個問題太過模糊了。但如果像這樣從提供的價值是什麼切入，就能夠回答得出來。透過提供的價值，可以從自己身為專業人士扮演什麼樣的角色、如何與社會連結，以什麼樣的方式做出貢獻等角度，來認識自己存在的意義。

雖然這個小習作只是在空白欄位中寫下一行話，但卻必須仔細審視，身為專業人士的身分認同核心，從中抽出精華，用自己的話語宣告意志，因此是一項非常有分量的作業。實際進行起來並不容易。這是作為「意的思考」的概念思考特有的練習。那麼你會如何從提供價值的角度，表現自己身為一名專業人士的概念呢？

關於隸屬的組織也一樣。這個組織在社會中扮演著什麼樣的角色呢？思考時可以將提示單詞放在學習單旁邊。這些是企業與公司名稱一起發表的公司標語。這些標語在某種意義上，也表現出企業想要透過事業提供的價值。舉例來說，大成建設想要販賣「留在地圖上的工作」，而 BMW 則想透過商品帶給顧客「純粹駕駛樂趣」。味滋康則想要販賣「最後將改變生命的事物」。這些是企業大本營想出來的標語，但透過每一位員工的第一線眼光來思考，想必會誕生不同的表現吧？

這裡列出幾個過去在實際的進修活動中出現的答案（**圖表 6-13**）。

為了適應「變化」，必須擁有「不變」的軸心

前面所考慮的「提供價值」，相當於在技能④的「as a」模式所提到的「核心價值」。這裡再次引述前面介紹過的彼得‧杜拉克這段話：

圖表6-13｜提供價值宣言〈研習時的解答範例〉

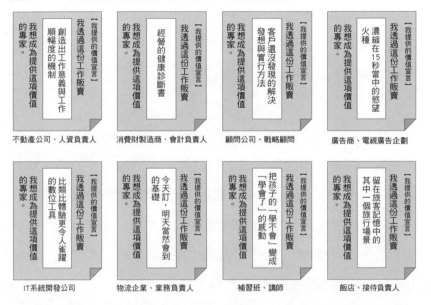

> 「瓦斯爐製造商認為他的競爭對手是其他同業。但身為顧客的主婦購買的卻不是爐子，而是簡便的烹飪方法。至於買的是電磁爐、瓦斯爐、煤炭爐，還是木炭爐，她們並不在意。」

其中包含了「**變化**」與「**不變**」這兩種概念。

首先，不變的（同時也是普遍的）是「**日常烹飪的簡便性**」**這項價值**。無論在哪個時代，我們烹飪時都追求這項價值，未

來想必也會繼續追求下去。

但**實現這項價值的技術和方法卻在不斷地變化**。過去的主流是煤炭爐、木炭爐,而後變成瓦斯爐,現在還出現了使用電力的電磁爐。未來或許還會發明更有效率、更便宜的方法。

透過這個例子我們可以知道,且必須牢記的是,**外部因素(知識、技術、手段與方法)將隨著時代而改變。如果只執著於在外部因素做出差異化、低價化,將會使自己變得不穩定。**

重要的反而是找出提供的價值,因為這才是穩居自己事業核心的事物。這麼一來,自己就能處於動態穩定的狀態,並根據確信軸心運用變化(**圖表 6-14**)。

這個時代易變、不確定、複雜且模糊,這樣的時代被稱為「VUCA」。為了適應 VUCA 的時代,必須同時擁有「不變的軸心」和「變化的技術」。

本章到此為止,已經用語言表達了個人從事工作,或組織經營事業的基本精神價值與動機。這樣的思考正是「尋求品味意義(即意義化)的作業」。接下來將進行最後的整合練習。

本章開頭部分寫下了以下幾點重要事項。

圖表6-14｜變化與不變

實現產品或服務的外部因素（知識、技術、手段與方法）將隨著時代而改變，或者不得不改變。如果只執著於在外部因素做出差異化、低價化，將變得「不穩定」。

找出居於產品、服務核心的不變／普遍的提供價值。這是「基於確信軸心的動態穩定」的狀態。

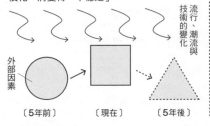

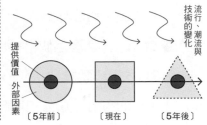

- 朝著目標前進時，這個目標是否被賦予意義，將會產生巨大差異。

- 如果沒有賦予意義，我們往往會受到目標驅動。

- 賦予目標自己找到的意義，能夠使其昇華為目的，這對於長期、健全的持續行動是不可或缺的。

- 這項賦予意義的作業，正是工作或事業的概念轉換或創造。

　　接下來進行的小習作是幫助我們意識到，自己現在提出（或許是被要求提出）的達成目標，具有什麼樣意義的作業。藉由進行這樣的作業，我們能夠樹立起自己的軸心或概念，並對此從內在湧出能量。

我將這項小習作命名為「L2M」，是「Link to Meanings＝連結到意義」的縮寫。

舉例來說，假設你寫在中央的短期目標是「本年度的訂單金額●●元」，那麼這個目標與周圍的什麼有連結呢？當然，想必這與「5階段動機」中的「I.金錢」、「II.認可」緊密相連。至於「工作的報酬」方面，則能連結到「報酬①：金錢」、「報酬②：晉升／升等」。此外，如果達成某個數值，也能帶來成長與自信，因此連結也會產生。至於與自己的基礎價值，或提供價值宣言又會如何連結呢……？這個練習的目的就像這樣，找出目標與周圍所寫的，意義的要素之間的關聯性。

目標也可能無法與周圍的要素產生連結。這可能是因為目標偏離意義獨自發展。這時你或許會發現最好改變目標內容，使其能夠連結到周圍的要素。無論如何，進行這項練習時，請拿起筆來，大膽的在副本上畫出連結。即使整張紙畫得亂七八糟也無所謂，這就是我們為什麼要使用影印的副本。以俯瞰的形式觀察一張學習單，「發現」其與意義的連結狀況是一件重要的事情。

擁有工作的意義，並不意味著必須找到什麼高尚而偉大的

意義化小習作5-E｜賦予目標意義 ： **L2M學習單**

① 「從事工作或經營事業時的基礎價值」，請填寫小習作 5-B 思考的答案。
② 「5 階段的動機」，請填寫小習作 5-C 的答案。
③ 「提供價值宣言」，請填寫小習作 5-D 的答案。
④ 「工作報酬」請填寫「技巧 2：模式化」（圖表 3-17）提到的 7 種報酬。
⑤ 需要填寫新內容的是中央「達成目標」的欄位。現在請寫下自己提出的工作目標。如果是短期的量化目標，可以寫「本年度的訂單金額●●元」、「每月簽約件數●●件」、「拉到●●家新客戶」、「相較於前一年度增加●●％」等數字。如果是中期目標，則可以寫「完成●●計畫」或「升到經理」等。

接著進入到連結意義的作業
⑥ 填寫完成後，請將這張學習單當成〔正本〕，並影印一份，影印的那份是〔副本〕。接下來將使用這份副本（練習範例如下頁所示）。
⑦ 將〔副本〕放在桌上，並準備好筆。接下來就是連結的作業。請用線條將寫在中央的目標，與寫在四周的基礎價值、動機、報酬等連結起來。

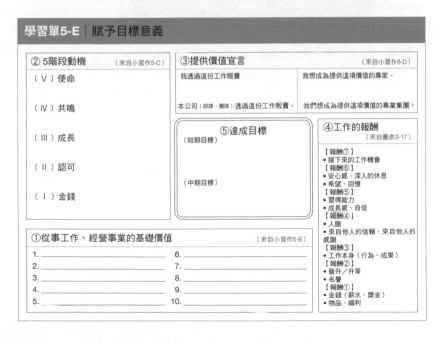

學習單5-E｜賦予目標意義

② 5階段動機　　（來自小習作5-C）
〔Ⅴ〕使命
〔Ⅳ〕共鳴
〔Ⅲ〕成長
〔Ⅱ〕認可
〔Ⅰ〕金錢

③ 提供價值宣言　　（來自小習作5-D）

| 我透過這份工作販賣 | 我想成為提供這項價值的專家。 |
| 本公司（部課、團隊）透過這份工作販賣 | 我們想成為提供這項價值的專業集團。 |

⑤ 達成目標
〈短期目標〉
〈中期目標〉

④ 工作的報酬　　（來自圖表3-17）
【報酬⑦】
• 接下來的工作機會
【報酬⑥】
• 安心感、深入的休息
• 希望、回憶
【報酬⑤】
• 習得能力
• 成長感、自信
【報酬④】
• 人脈
• 來自他人的信賴、來自他人的感謝
【報酬③】
• 工作本身（行為、成果）
【報酬②】
• 晉升／升等
• 名譽
【報酬①】
• 金錢（薪水、獎金）
• 物品、福利

① 從事工作、經營事業的基礎價值　　（來自小習作5-B）
1. _____　　6. _____
2. _____　　7. _____
3. _____　　8. _____
4. _____　　9. _____
5. _____　　10. _____

② 5階段動機　（來自小習作5-C）

〔Ⅴ〕使命
更美好的「遊歷世界的感動」、「自我發現的機會」，想必能夠幫助每一個人成長，讓整體社會變得更好。

〔Ⅳ〕共鳴
透過旅行所帶來的人與人之間的交流，能夠擴大跨區域與跨國境的共鳴圈。本公司與顧客之間也產生了信賴的牽絆。

〔Ⅲ〕成長
思考新的旅行形式，能夠磨練自己的專業力與整合力。領導團隊的工作也考驗個人魅力。

〔Ⅱ〕認可
現在的工作能夠得到夥伴仰賴的喜悅。此外，也希望能夠做出得到組織、上司信賴的實績。

〔Ⅰ〕金錢
我透過這份工□□□□□□□□□□
穩定的經濟基□□□□□□□□□□
活都相當重要□□□□□□□□□□

③ 提供價值宣言　（來自小習作5-D）

我透過這份工作販賣　　　　　　我想成為提供這項價值的專家。

讓人變得更好的契機、場域、機制　以旅行為名的「遊歷世界的感動」與「自我發現的機會」

本公司（部課、團隊）透過這份　　我們想成為提供這項價值的專業
　　　　工作販賣。　　　　　　　　集團。

⑤ 達成目標

〈短期目標〉
◇在促銷第2課中
・新顧客數：比去年增加●%
・回購率：●%　・直購率：●%
◇網站「漫步星球」
・頁面瀏覽次數：每月●PV／年度●PV
・網站會員數：●名
・網路訂單金額與數量：●元・●件

④ 工作的報酬　（來自圖表3-17）

【報酬⑦】
● 接下來的工作機會
【報酬⑥】
● 安心感、深入的休息
● 希望、回憶
【報酬⑤】
● 習得能力
● 成長感、自信
【報酬④】
● 人脈
● 來自他人的信賴、來自他人的感謝
【報酬③】
● 工作本身（行為、成果）
【報酬②】
● 晉升／升等
● 名譽
【報酬①】
● 金錢（薪水、獎金）
● 物品、福利

> 填寫完學習單（正本）後
> 請影印一份（副本）

① 從事工作、經營事業的基礎價值　（來自小習作5-B）

1. 健全
2. 正確
3. 獨特
4. 探究心
5. 仔細

6. 讓人更加開朗
7. 不害怕風險
8. 自由開闊
9. 同時看見不易與流行
10. 如果有想法總之先試著具體化

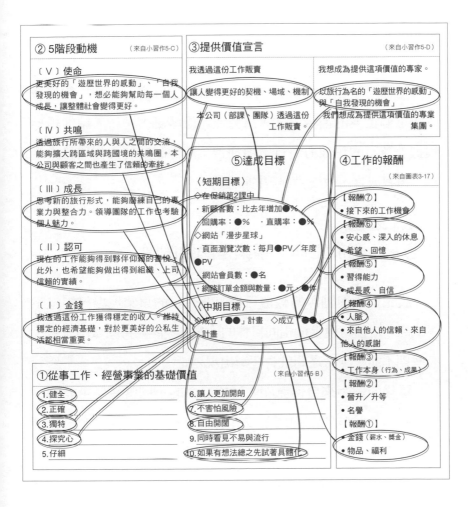

② 5階段動機 （來自小習作5-C）

〔Ⅴ〕使命
更美好的「遊歷世界的感動」、「自我發現的機會」，想必能夠幫助每一個人成長，讓整體社會變得更好。

〔Ⅳ〕共鳴
透過旅行所帶來的人與人之間的交流，能夠擴大跨區域與跨國境的共鳴圈。本公司與顧客之間也產生了信賴的牽絆。

〔Ⅲ〕成長
思考新的旅行形式，能夠磨練自己的專業力與整合力。領導團隊的工作也考驗個人魅力。

〔Ⅱ〕認可
現在的工作能夠得到夥伴仰賴的喜悅，此外，也希望能夠做出得到組織、上司信賴的實績。

〔Ⅰ〕金錢
我透過這份工作獲得穩定的收入。維持穩定的經濟基礎，對於更美好的公私生活都相當重要。

③ 提供價值宣言 （來自小習作5-D）

我透過這份工作販賣

讓人變得更好的契機、場域、機制

本公司（部課、團隊）透過這份工作販賣。

我想成為提供這項價值的專家。

以旅行為名的「遊歷世界的感動」與「自我發現的機會」我們想成為提供這項價值的專業集團。

⑤ 達成目標

〈短期目標〉
◇在促銷第2課中
・新顧客數：比去年增加●%
・回購率：●% ・直購率：●%
◇網站「漫步星球」
・頁面瀏覽次數：每月●PV／年度●PV
・網站會員數：●名
・網路訂單金額與數量：●元・●件

〈中期目標〉
◇成立「●●」計畫 ◇成立●●計畫

④ 工作的報酬 （來自圖表3-17）

【報酬⑦】
● 接下來的工作機會

【報酬⑥】
● 安心感、深入的休息
● 希望、回憶

【報酬⑤】
● 習得能力
● 成長感、自信

【報酬④】
● 人脈
● 來自他人的信賴、來自他人的感謝

【報酬③】
● 工作本身（行為、成果）

【報酬②】
● 晉升／升等
● 名譽

【報酬①】
● 金錢（薪水、獎金）
● 物品、福利

① 從事工作、經營事業的基礎價值 （來自小習作5 B）

1. 健全
2. 正確
3. 獨特
4. 探究心
5. 仔細

6. 讓人更加開朗
7. 不害怕風險
8. 自由開闊
9. 同時看見不易與流行
10. 如果有想法總之先試著具體化

事物。完成這份工作可以拿到薪水，而使用這份薪水能夠養家活口（這條連結線很粗）。達成這項目標，能夠使自己脫胎換骨（這條連結線也很粗）。成功實現這項計畫，或許能夠稍微改變這個世界的消費方式（這條連結線較細）……。請像這樣懷抱著豐富的想像力進行這項練習，想像眼前的工作與日常生活、自我成長、改變世界等的關聯性。

「意義」對於工作、事業是必要的嗎？

設定個人與團隊的數值目標，在今日的事業現場已經是不可或缺。這種時候承擔相同目標的人，有些能夠持續做出成果，有些則不能，兩者之間就會逐漸出現差距。

這樣的差距來自何處呢？達成能力的不同當然是可能的原因。技能與品味的配適問題或許也會有些影響。對於金錢報酬的執著程度不同，或許也占了一定的比例。

同時本書認為，「賦予目標意義」這種概念化能力差距也不容忽視。人在事物中找到意義後，有時會發生驚人的改變。關於這一點，我想引用下列四段話。

「有一位單簧管演奏者，接受指揮家的建議，在觀眾席聆聽演奏。這時他才第一次聽到音樂。後來他超越了純

熟的吹奏技巧，甚至開始創造音樂。這就是成長。他並非改變工作方式，而是添加了意義。」——彼得·杜拉克《杜拉克精選——個人篇》

「（人類）即使在束手無策的絕望狀況下也能看見意義。（中略）當尋求意義的人挖到了意義的礦脈，這時他就會變得幸福。但與此同時，他也成為了能夠忍受痛苦的人。」——維克多·弗蘭克《求意義的意志》

「知識完全無法治癒我們因為不幸，或自己的失誤而陷入的心靈煩惱。理性也幾乎無法運作。然而相反，堅定的決心能夠治癒一切。」——哥德《哥德名言集》

「擁有夢想使人堅強。」——日本足球協會 2005 年宣言

　　有些無機質的看待工作與事業的人，認為不需要將工作的意義，這種籠統的事物帶進工作場所。他們認為，「公司經營的是營利事業，聚集了技能足以完成事業的人，受雇者奉命做出成果並領取報酬。換句話說，公司完全就是透過雇用契約成立的組織，不多也不少。」

然而從「意的思考」，也就是概念思考的觀點來看，卻不這麼想。賦予工作及事業意義的重要性包含以下三點：

①改變工作的層次
②增加忍受困難、克服困難的力量
③能夠領導他人

關於第一點，正如同在單簧管演奏者的部分所提到的，他已經從「純熟吹奏」的層次脫胎換骨，進入到「創造音樂」的層次。

這點在組織中也一樣。如果只是「擅長獲利」，這樣的公司多如牛毛，卻很少有公司能夠「塑造獨特的世界觀，創造豐富的價值，並對社會作出貢獻」。事業需要強烈的意義，才有可能進入到這樣的層次。

接著是第二點。工作與事業總是伴隨著困難。意義能夠賦予我們能量，幫助我們忍受負面狀況帶來的苦難，並且將其克服。當我們投入正面狀況，也就是為了夢想與志向埋頭努力的時候都會發生困難，而從意義當中也能提取出克服的能量。

最近經常使用「韌性」（resilience）這個詞。而 resilience

有時也會被翻譯成「恢復力、彈性」等。正因為事物具有能夠品味其意義的內容，才能夠增強韌性。

最後是第三點。意義能夠將人們團結起來，引發向心力。換個角度看，也代表能夠透過意義來領導他人。

假設你成為領導者，你會如何領導你的團隊呢？領導當然需要技術，也需要個人魅力。但並非所有成為領導者的人，在這方面都具有優異的技術與個人魅力。這種時候就必須利用意義率領團隊。

不，或許應該反過來說，如果領導者在領導團隊時靠的不是技術與魅力，而是利用意義激發向心力，推動團隊前進。那麼即使這名領導者離開了，這個團隊也能夠繼續往前邁進。實際上根據強烈的意志、理念與願景形成的團隊，即使改變領導者，也能夠繼承其意志（有時是遺志）繼續發展，這樣的案例經常可見。

小習作 5-E 真要說起來屬於個人內省的意義化作業。接下來將稍微站在團隊的觀點，補充介紹與團隊分享計畫全貌的練習。

圖表 6-15 是這項練習使用的「sein | sollen」學習單。sein 和 sollen 是德語，被使用於以下的意義。

sein	sollen
● 存在、實態	● 當為
● 如何存在（實際存在的事物）	● 該如何存在、該做什麼
● 面對事實	● 探討理想與價值
● 英語：be	● 英語：ought

　　在此就不詳述這份學習單的填寫方法。簡而言之，左邊的「sein」寫的是對現狀的認知，右邊的「sollen」寫的是必須實現的狀態與價值。其結構和戰略分析經常使用與「As Is | To Be」的相類似，但填寫的內容屬於更加抽象的層次，是一份俯瞰概念思考的學習單。

　　如果任由工作現場的計畫自行發展，往往會陷入具體層次的問題處理、拼湊數字、編造藉口。這時候就需要使用這張「sein | sollen」學習單，來回顧抽象層次的理想。

　　為了處理具體層次的問題而奮鬥掙扎時，回過頭來看，確實可能會覺得自己當初描繪的理想太過天真。這時候就是重新構思概念的機會。而事業就是透過這種抽象與具體的反覆，而變得更加精煉。

圖表6-15 │ sein │ sollen

sein〈目前狀態〉的分享

③問題認知、機會認知

> 為什麼要進行這項計畫？
> □為了解決「－－－」的問題
> □為了把握住「－－－」的機會，並獲得成功

②自我認知

+ 在①的背景之下，自己的事業、組織現狀如何？
> □有這樣的積極面
> 　（優勢、優點、過人之處等）

－
> □有這樣的消極面
> 　（劣勢、缺點、不如人之處等）

①把握背景

> 發起這項計畫的背景是什麼？
> □顧客、市場、世界的變化
> □職場環境的變化
> □問題或機會的顯在化
> 從這些觀點提出本質的因素

sollen〈應有的狀態、應達成的事項〉的分享

④願景、基礎價值、理念

> 這個計畫為世界帶來什麼？
> □畫圖表現
> □用一句標語表現
> 自己追求的「應有的狀態、理想的景象」。
> 另外，這個計畫的基礎價值與理念是什麼？

⑤團隊提供的價值宣言

> 自己想要透過這項計畫，成為提供何種價值的專業團隊呢？

⑥影響、貢獻的想像

> 這項計畫帶來的影響與貢獻是什麼？
> □對公司內部
> □對市場、業界
> □對客戶、社會

⑦具體的目標

> 這項計畫的達成目標是什麼？
> □定量／定性目標
> □期間

（達成目標的具體方法寫在其他紙上）

近瀨太志的概念思考奮鬥記⑧

近瀨正在填寫小習作 5-B。他一邊與心中的另一個自己對話，一邊寫下答案。

近瀨A：「首先是工作的基礎價值。你平常工作時最重視什麼？以什麼為優先？覺得什麼不能省略？」

近瀨B：「我心中首先浮現的是『健全』。健全的心身、健全的商品、健全的文化、健全的社會。我希望自己健全，也想要創造健全的事物，並希望事業也是健全的。

『正確』同樣也是我想要列為第一優先的價值，還有『獨特』也不可省略。」

近瀨A：「你在兩年前負責的計畫，可說是走過地獄才得以成功。回顧那次的成功經驗，你覺得自己當時堅持的是什麼？」

近瀨B：「的確，我想當時堅持的應該是『不要害怕風險』，以及『總之試著將想法化為具體形式』。如果我的意識背後沒有這樣的價值，那項計畫應該就做不下去了。」

近瀨A：「我們接著進行小習作 5-D。你的公司到底提供給世界什麼樣的價值呢？」

近瀨B：「應該是透過旅行商品帶來的樂趣與感動吧！」

近瀨A：「不，如果是樂趣與感動，電影公司或職業運動也

能販賣相同的價值。必須鎖定參與旅行的旅客，更加深入的思考才行。你在定義化與模式化的練習中，探索了旅行與販賣計畫的根源吧？請回想一下這個部分。」

近瀨B：「的確。旅行是同時涉及外在移動與內心變化的活動，具有內與外兩個面向，因此思考提供的價值時，必須也考慮這個部分。就外在方面，我們販賣的是遊歷世界的旅行，而其中所蘊含的想法就是感動。接著把眼光轉向內在面向，則希望顧客把這趟旅程當成發現自我的機會。如果把這樣的想法表現出來，會變成什麼樣子呢？

……應該是這種感覺。我希望自己的公司是能夠提供，『以旅行為名的遊歷世界的感動，與自我發現的機會』的專業集團。」

近瀨A：「那麼回到個人的觀點，也就是說，你身為一名專業人士，想要向世界傳達什麼價值呢？」

近瀨B：「我進入旅行社工作是因為自己碰巧喜歡旅行，但經過這些年的工作，我發現自己想要的是透過工作幫助人們改變，只要是能夠滿足這項價值的工作，就算販賣的不是旅行商品也無所謂。

換句話說，我想成為販賣『讓人變得更好的契機、場域、機制』的專業人士。

近瀨A：「接著從五個觀點來看工作的動機。」

近瀨 B：「為了維持生計，當然有『金錢的動機』，此外也一定有『認可的動機』。畢竟能力獲得別人的認可是一件開心的事情。反過來說，也不想被別人認為是笨手笨腳的傢伙。接著『成長』或許是我心中最大的動機吧！自己在目前的工作中所遭遇的挫折都能帶來成長，因此我很感謝。」

近瀨 A：「原來如此，你似乎擁有相當確實的利己動機。那麼『共鳴』與『使命』等利他動機呢？」

近瀨 B：「透過旅行所帶來的人與人之間的交流，能夠擴大跨區域與跨國境的共鳴圈。當然本公司與顧客之間也產生了信賴的牽絆。正因為有那些人才會想要為了他們，與他們一起創造出帶有魅力的旅行商品。這種『共鳴』的動機，確實成為推動自己的力量。

那麼『使命的動機』呢⋯⋯人們能夠自由的往來國內外，進行人與人的交流，不就是一種世界和平的景象嗎？就算在政治上對立，不，正因為在政治上對立，更需要人與人的直接交流，以營造不引起爭端的氣氛。就這層意義來看，販賣旅行似乎也可以說是奠定和平的基礎。既然如此，這份工作就充滿使命。」

近瀨 A：「好，接下來，在學習單的中央寫上業務的達成目標。這些眼前的目標與自己抱持的意義性想法與價值如何連結？連結強烈的就用較粗的線條連結起來，較弱的就用較細的線條連結起來。」

學習單5- E ｜ 賦予目標意義

近瀨太志的學習單內容

② 5階段動機 （來自小習作5-C）

（Ⅴ）使命
更美好的「遊歷世界的感動」、「自我發現的機會」，想必能夠幫助每一個人成長，讓整體社會變得更好。

（Ⅳ）共鳴
透過旅行所帶來的人與人之間的交流，能夠擴大跨區域與跨國境的共鳴圈。本公司與顧客之間也產生了信賴的牽絆。

（Ⅲ）成長
思考新的旅行形式，能夠磨練自己的專業力與整合力。領導團隊的工作也考驗個人魅力。

（Ⅱ）認可
現在的工作能夠獲得野伴仰賴的喜悅。此外，也希望能夠做出得到組織、上司信賴的實績。

（Ⅰ）金錢
我透過這份工作獲得穩定的收入。維持穩定的經濟基礎，對於更美好的公私生活都相當重要。

③ 提供價值宣言 （來自小習作5-D）

我透過這份工作販賣
讓人變得更好的契機、場域、機制
本公司（部課、團際）透過這份工作販賣。

我想成為提供這項價值的專家。
以旅行為名的「遊歷世界的感動」與「自我發現的機會」
我們想成為提供這項價值的專業集團。

⑤ 達成目標

〈短期目標〉
◇在促銷期21期中
‧新顧客數：比去年增加●%、回購率●%、直播率●%
‧網站「漫步星球」
頁面瀏覽次數：每月●PV／年度●PV、網站會員數：●名
‧網路訂單金額與數量：●元、●件
〈中期目標〉
◇成立「●●」計畫　◇成立「●●」計畫

① 從事工作、經營事業的基礎價值 （來自小習作5-B）

1. 健全
2. 正確
3. 獨特
4. 探究心
5. 仔細

6. 讓人更加開朗
7. 不害怕風險
8. 自由開闊
9. 同時看見不易與流行
10. 如果有想法還之先試著具體化

④ 工作的報酬 （來自圖表3-17）

【報酬⑦】
‧接下來的工作機會
【報酬⑥】
‧安心感、深入的休息
‧希望、回憶
【報酬⑤】
‧習得能力
‧成長感、自信
【報酬④】
‧人脈
‧來自他人的信賴、來自他人的感謝
【報酬③】
‧工作本身（行為、成果）
【報酬②】
‧晉升／升等
‧名譽
【報酬①】
‧金錢（薪水、獎金）
‧物品、福利

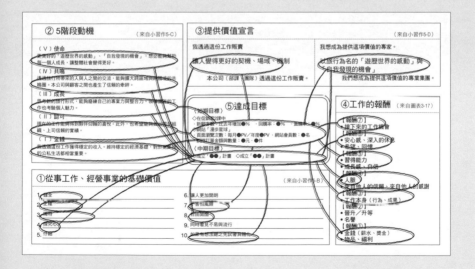

7

第 **7** 章

如何使事業、產品、服務
變得獨特且強大

處在「道德的兩難」

如何在多個價值之間做出判斷，並採取行動？

可以為了救 5 個人
而犧牲 1 個人嗎？

首先，從這個思考實驗開始——。

> 有一條鐵路線，遠方有一輛失控的列車正以驚人的速度衝過來。
>
> 列車前方的鐵軌上有 5 名作業員正在施工，他們完全沒有發現列車正在快速靠近。再這樣下去，列車一定會撞上他們。
>
> 但在撞到這 5 個人之前，有一條通往右側的待避線，那裡也有作業員，但只有 1 人。
>
> 你剛好站在轉轍點上，能夠操作把手，讓列車進入待避線。……這種時候，你該怎麼做呢？

像這種處理道德、倫理矛盾的問題還有很多。

例如以下這則：

假設你是一名擁有豪華郵輪的經營者，正在參與公司策畫的環遊世界旅程。這艘船的最大載客量為 200 人。搭船參與這趟旅行的旅客有 180 人，因此這艘郵輪還能夠再容納 20 人。

　　當郵輪途經某座島嶼時，一艘破破爛爛的小船靠過來，船上的 1 名島民向你求助。他說：「請你救救我們，因為海平面上升，島上幾乎沒有能夠居住的土地了，我們已經挨餓好幾個禮拜，可以讓我們搭上這艘船嗎？」那艘小船上大約有 12、13 人。

　　在這樣的狀況下，你會讓搭乘小船的島民登上郵輪嗎？

　　當然，基於人道立場，你可以讓他們登船（這種時候或許會對支付高額旅費，想要體驗上流階級氣氛的旅客造成心理上的影響），也可以把這當成政治問題，視而不見的通過。

　　假設你決定讓這 12、13 人登船，但實際上還有 100 多人在島上等待救援。一旦他們知道一艘小船得到郵輪的幫助，其餘的島民說不定也會全都湧上小船，想要追趕郵輪。

　　這時你可能會說「已經容不下更多人了」，而將後面的人

趕跑。但你能夠說明自己為什麼只救一開始的 12、13 人，而不救其他的 100 多人嗎？只用「我是依照先來後到的順序挑選」，這足以說服人嗎……？

如果這個郵輪問題比喻的是，先進國家與發展中國家的資源差距，頓時就變成一個相當惱人的問題。

本章將討論**「道德兩難」**（道德價值的矛盾衝突），作為鍛鍊「概念思考」的最後一個主題。接下來將探討，**當我們陷入公平、正義、倫理、道德的夾縫當中時，該如何思考並做出判斷**。

道德判斷是「形成、揭露、驗證自我」

無論是列車問題還是郵輪問題，這當中都沒有能夠利用邏輯推導而出的，或是所有人都能接受且毫無批評的唯一正確答案。因為**關係到公平、正義、倫理、道德的意義與價值的問題，因為存在著許多解釋與評價，所以答案也必定會變得多樣化**。

政治的世界更不用說，在商業的世界與個人的人生，「無法一刀切開」的問題本來就比較多。針對這類問題，需要的是「雖然不精確，但確實透露出真實自己」的思考。

換句話說，以自己的方式抽取出本質，決定什麼才是最重要的、該以什麼為第一優先，勾勒出自己的理想狀態，表明從自己內側湧現的意志。就結果而言，像這種**源自於「意的思考」的決斷**，最有可能導論出有創意且最佳的解決方案。

當然，為了避免意的單獨暴衝，不可缺少知與情的背書及抑制。美國哲學家約翰‧杜威（John Dewey）在《倫理學》中提到，道德判斷就是「**形成自我、揭露自我、驗證自我**（form, reveal, and test the self）」。面對的問題愈是進入意義與價值的層次，我們愈是必須與自我對話。

觀察現今日本的政治及商業現場，隨著從歐美引進的邏輯思考變得普及，客觀的狀況分析與邏輯性（或是看似符合邏輯）的意見及批評很快就會聚集起來。人們也開始握有各種進行這類思考的雛型工具。

但即使聚集了這些評論，也無法「創造」具有意志的答案，告訴人們該怎麼做。大家只是退一步置身事外，或者反過來發表情緒性的感想，最後只能提出誰也不會反對的八面玲瓏方案，或是頭痛醫頭腳痛醫腳的處置。誰也不願意深入自我核心，思考出根本性、創造性、具有信念主軸的答案。

評論家小林秀雄說──「人類絕對不會從觀察自己開始，

而是會從幻想自己開始」。

即使擅於「觀察」，也完全無法使「幻想」更豐富。幻想也可以說是設定願景。而這樣的狀況，不就是現在的日本與日本人遭遇瓶頸的原因之一嗎？

因此只要每一個人都能理所當然的進行與自我的對話（這也是「意的思考」的關鍵），幻想理想中的形象，並且從中抽取出意志，我想商業現場就會產生極大的改變。

多種價值彼此糾纏的問題
無法用邏輯妄下定論

「A 是正確的／B 是不正確的」，這種時候的判斷與選擇都很簡單，任何人都能做到。但如同本章開頭所介紹，當「A 是正確的／B 也是正確的」（但一定要選一個）的時候，就無法直觀進行的判斷。

如何在這種彼此對立的「正確（或者不正確）」之間做出判斷，就是大家所熟知的「**兩難法**」訓練。

舉例來說，有一則以兒童為對象的「兩難情境」如下。

《荷莉的兩難》

荷莉是個非常喜歡爬樹的小女孩，但她曾經從樹上摔下來，因此她與父親約定再也不爬樹了。某天，朋友養的小貓爬上樹，因為爬得太高而下不來。孩子們都無法爬到小貓所在的位置，於是大家請求荷莉爬上樹去救小貓。荷莉是否該為了救小貓，而打破與父親的約定呢？

（DeVries, Rheta, Kohlberg, Lawrence《皮亞傑理論與幼兒教育實踐〈上卷〉》加藤泰彥監譯）

這當中存在著兩種「正確」。

與父親的約定是正確的，拯救小貓也同時是正確的。或者反過來思考。打破與父親的約定是不正確的，但把小貓丟著不管也是不正確的。

孩子們不知道該如何在這兩種價值觀之間做出判斷，因此非常煩惱。

針對這個情境的問題可以這樣回答，「去救小貓不就好了，因為爸爸也能理解救小貓一命的行為」。但就某種意義而言，這是個投機的想法。如果實際上真的這麼做了，確實可以拯救小貓，父親或許也會覺得欣慰，所以不會計較，整件事情就能

圓滿收場。但是這麼一來,就完全無法培養孩子面對兩難情境的能力。

這次只不過是因為發生在荷莉身邊的小事,所以這樣回答恰巧行得通。

這個兩難情境的本質,探討的是**能夠為了拯救性命,而無視約定嗎(廣義來說包含合約與法律)?如果有正當理由,任何手段都能被正當化嗎?**

我們在處理兩難情境時,需要的是**從中抽取出本質上重要的道德價值,依此描繪出理想的狀態與世界,並根據這樣的觀點判斷自己該怎麼做**。這正是「意的思考」所承擔的作業。

而像這樣克服並思考兩難情境,也屬於「形成自我、揭露自我、驗證自我」。得出來的答案,將無可避免的透露出個人的存在之道。

道德兩難主要將道德上的價值視為問題,也就是問自己「正確/不正確」、「善/惡」。但我們日常所處的商業世界兩難,還包含了其他價值。

最有力的是**利的價值**,也就是「**對經濟有幫助/沒有幫**

助」。

此外，還有美的價值，也就是「**外觀好看／不好看**」、「**酷
／不酷**」、「**品味精煉／不精煉**」等，這些價值也會對商業判
斷帶來重大影響。

當這些價值在我們面對的狀況中複雜交織時，我們就會產
生矛盾。

我們一方面聽到「賺錢才是最重要的」之類的聲音，但另
一方面也會有聲音說，「就算犧牲利益，也必須做正確的事」。

當自己的判斷力發生扭曲時，我們應該依靠什麼才能做出
穩定，而不投機的判斷呢？

接下來的小習作，模擬的就是這樣的矛盾情境。

總結小習作6-A ｜ 盒裝面紙開發競爭～在多項價值彼此矛盾的情況下

接下來提出的是參考市場上，實際發生的事情所創作出來的情境。請閱讀接下來幾頁的情境，並思考接下來的問題。

① 請透過多種不同的觀點、站在不同的立場，以客觀、普遍的眼光觀察情境中提出的狀況。

　　舉例來說，站在商品開發者、經營者、消費者、公民等各種立場，從各自的角度思考，該以什麼為優先、該追求什麼。

② 請回想在技巧5〈意義化〉中思考的，你所重視的基礎價值、動機和提供價值。讓①的客觀推測與主觀想法進行碰撞。

③ 你接下來即將做出的判斷與行動，能夠獲得團隊成員的贊同嗎？能夠說服經營階層嗎？能夠得到消費者（尤其是自家公司品牌的固定客群）與整體社會的支持嗎？請想像這些現實的反應。

④ 請將目的與手段分開，進行綜合性的判斷。

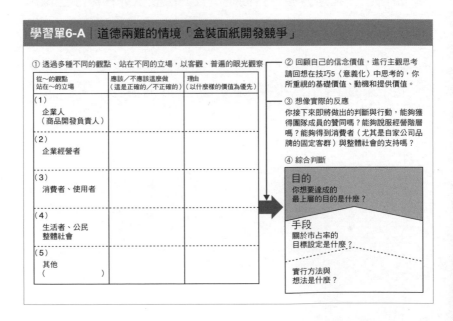

學習單6-A ｜ 道德兩難的情境「盒裝面紙開發競爭」

① 透過多種不同的觀點、站在不同的立場，以客觀、普遍的眼光觀察

從～的觀點 站在～的立場	應該／不應該這麼做 （這是正確的／不正確的）	理由 （以什麼樣的價值為優先）
(1) 企業人 （商品開發負責人）		
(2) 企業經營者		
(3) 消費者、使用者		
(4) 生活者、公民 整體社會		
(5) 其他 （　　　　）		

② 回顧自己的信念價值，進行主觀思考
請回想在技巧5〈意義化〉中思考的，你所重視的基礎價值、動機和提供價值。

③ 想像實際的反應
你接下來即將做出的判斷與行動，能夠獲得團隊成員的贊同嗎？能夠說服經營階層嗎？能夠得到消費者（尤其是自家公司品牌的固定客群）與整體社會的支持嗎？

④ 綜合判斷

目的
你想要達成的
最上層的目的是什麼？

手段
關於市占率的
目標設定是什麼？

實行方法與
想法是什麼？

情境：
盒裝面紙的開發競爭

　　你在造紙公司工司 A 工作，擔任盒裝面紙的商品開發組長。

　　A 公司的招牌商品「驚奇柔軟面紙」，在超市及藥妝店常見的盒裝面紙「5 盒裝」商品中，常保業界龍頭的市占率。

　　然而最近 B 公司的銷售量卻急起直追，幾乎就要超越 A 公司了。原因是 B 公司的低價戰略商品獲得消費者的支持，市占率急速擴大。

　　目前這兩家公司的商品在店面的陳列狀況如下：

A 公司「驚奇柔軟面紙」= 5 盒裝：358 日圓（未稅）
B 公司「羽毛觸感面紙」= 5 盒裝：298 日圓（未稅）

　　兩家公司的商品只有外盒設計不同，5 盒裝的人小幾乎一樣。面紙本身的品質，並沒有讓消費者感受到明顯的差異。這麼一來，兩者之間的價差，對於重視價格的現今消費者而言，就有顯著的差別。「5 盒裝不到 300 日圓！」讓消費者全部把手

伸向 B 公司的商品。

不過，這當中卻暗藏玄機。B 公司推出的戰略商品雖然同樣是「5 盒裝」，但每盒所含的面紙張數減少，紙質（厚度、密度）也稍微變差，所以才能夠實現低價策略。

業界一直以來的標準是以 2 張為 1 組，1 盒裡面有 200 組共 400 張，但 B 公司只有 160 組 320 張。1 盒內有幾張面紙的標示，只會小小的標示在盒子背面，許多消費者都沒有察覺到這一點。換句話說，實際的比較數值如圖表 **7-1** 所示。

圖表7-1 | **盒裝面紙比較圖**

【A公司（自家公司）產品】
「驚奇柔軟面紙」5盒組

SALE!!
358日圓

1盒400張×5盒
＝共 **2000** 張
每張 0.1790日圓

【B公司產品】
「羽毛觸感面紙」5盒組

環保&環保！
外盒縮小
節省資源

SALE!!
298日圓

1箱320張×5箱
＝共 **1600** 張
每張0.1863日圓（紙質略差）

這時 B 公司又推出下一步的策略。本月推出的新商品外包裝上，貼上有著「環保 & 環保」設計的醒目貼紙。仔細閱讀說明，內容是「我們將盒子高度減少數毫米，外盒使用的紙資源變少了！」

從客觀角度思考，真正「環保 × 環保」，也就是符合經濟效益，並節省資源的是哪家公司的商品呢？

售價確實是 B 公司比較便宜。但換算成每張面紙的價格，卻是 A 公司比較便宜，而且品質還比較好。A 公司的產品還是比較符合經濟效益。

那麼真正節省資源的又是哪家公司呢？

B 公司減少的外盒高度只有幾毫米，真的有節省資源的效果嗎？根據 A 公司的調查，如果只讓外盒變薄幾毫米，對於外盒用紙、印刷油墨、物流成本沒有太大的節省效果。

如果販賣的面紙張數都是 1600 張，以「1 盒 400 張 ×4 盒」的形式販賣，節省資源的效果，還比「1 盒 320 張 ×5 盒」的形式販賣要好。

結果，B 公司的戰術其實是，明明有 1 盒裝 400 張的技術，卻依然只裝 320 張，雖然看起來的分量和 A 公司幾乎相同，卻悄悄的減少數量並降低品質，藉此強調低價格。而且還加上很

難挑毛病的，看似具有社會意義的宣傳標語。

面對猛烈追趕的 B 公司，A 公司失去龍頭寶座只是遲早的問題。

A 公司內部當然也熱烈討論。有些人認為，「我們也應該減少張數並降低品質，以低價商品進行對抗」。也有人認為，「我們身為業界的龍頭，以及最值得信賴的高級品牌，不應該輕易的被偽裝的環保競爭、低價競爭牽著走。即使看起來有點貴，仍然應該訴諸真正的經濟與環保，堅持以自己的理念為軸心來開發商品。」

此外，如果去查網路上的評價網站，雖然有人認為真正符合經濟效益，且節省資源的是「1 盒 400 張」的商品。但這樣的意見只占少數，多數都是「5 盒裝竟然只要 298 日圓」，或是「無名品牌，甚至推出 198 日圓的商品！」等，主要都是低價商品的資訊。

問題

自家公司（A 公司）是否應該在 5 盒裝領域，推出和 B 公司相同規格（張數減少、品質降低）的競爭商品呢？

或是有其他的方向與創意？

請使用學習單將想法整理出來，並進行綜合性的判斷。

我們擁有「多重角色」

思考這個情境的時候，無論是個人的腦海中，還是組織內的討論，都會出現各種不同的觀點與評斷標準吧？

「推出追求低價的商品是為了消費者著想」、「取得市占率，即掌握販賣數量是事業的基礎。市占率第一的寶座被搶走，會影響組織的士氣」、「光靠數量邏輯與利益至上主義推動的事業無法長久」、「保護地球環境是地球公民的義務」、「不能為了眼前的競爭而扭曲品牌形象」等。

因為如此多元的價值判斷基礎，使得「正確答案」存在著許多的可能性。

我們在面對這些沒有正確答案的問題時，首先會掌握具體的事實與數據，進行邏輯分析，並思考客觀的解決方法。但就算被逼到這個地步，也很難得出犀利的解答。

因為我們每個人都擁有「**多重角色**」。

換句話說，當我們在某間公司工作，策畫著某項事業時，我們具有「企業人」的一面。而只要是企業人，就會以拓展事業為目標，並且為了組織的永續發展而追求利益。這時就會不擇手段擊敗競爭公司，獲取更多消費者的青睞。

此外，身為企業人的自己，也置身於行政法規的限制、消費者團體的意見、媒體的批評、股東的壓力、與合作夥伴的關係、地方社會的動態、公司內部的眼光等包圍之下。我們必須在與這些外部勢力的複雜交流中推動事物。

與此同時，我們也是「個人」。換句話說，只要回到家，就是某人的父母或孩子、是公民、是地球人，也是消費者（**圖表 7-2**）。

在盒裝面紙的情境中，如果你認為「應該推出能夠在價格上與之抗衡的產品，無論如何都必須守住市占率龍頭」，那麼這或許就是身為企業人、經營者的價值判斷。

然而身為個人的你，或許也會在心底深處聽見這樣的聲音——「明知這是浪費資源，卻對此視而不見，埋首於價格競爭真的好嗎？將或多或少更乾淨、更富足的地球交給下一代的孩子，不正是大人的責任嗎？」

這時就會產生道德兩難。

圖表7-2 「多重角色」的個人

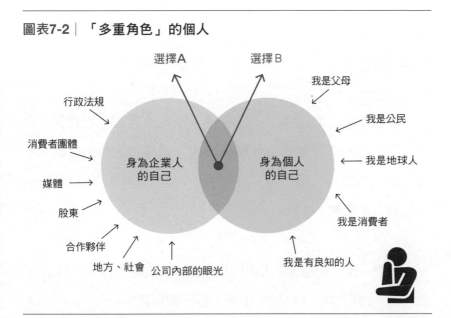

超越「組織人格」與「個人人格」

美國經營學者切斯特・巴納德（Chester Barnard）在《經理的職能》一書中寫道：「組織中的所有參與者都具有雙重人格──組織人格和個人人格」。而事業現場的道德兩難，就是在這兩種人格之間擺盪。該以組織的目的為優先，還是以個人的動機為基礎，這當中的角力愈複雜，我們就愈陷入苦惱之中。

那麼該怎麼做，才能超越「組織人格」與「個人人格」之間的矛盾，找出答案呢？那就是**創造從高處凝視現實自我的「另一個自我」**。

這名「另一個自我」不僅超越了單純的客觀，也具備「自己是什麼樣的人／想成為什麼樣的人」這種根源性的主觀。當遭遇道德兩難時，他（她）能夠引導現實的自己。這就是最理想的形式（**圖表 7-3**）。

附帶一提，集能樂之大成的世阿彌在《風姿花傳》中，以「眼前心後」來形容這種超越自我的「另一個自我」。

世阿彌認為，唯有從另一個角度冷靜的凝視舞蹈中的自己，才有可能獲得精湛的舞技。因此「即使眼睛看著前方，也必須將心放在後方」。

換言之，這告訴我們，巧妙且熟練的運用面對前方的真正眼睛，與跟隨在後的心眼，都是重要的技巧。此外，世阿彌也用「離見之見」來形容同樣的事情。

當然，「另一個自我」所引導出來的判斷，或許從事業的

圖表7-3 | 「組織人格」與「個人人格」

創造從高處凝視現實自我的「另一個自我」＝「離見之見」（世阿彌）

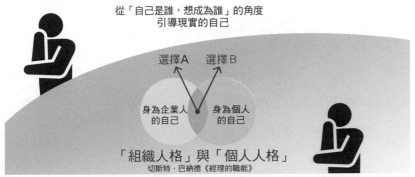

從「自己是誰，想成為誰」的角度
引導現實的自己

選擇A　選擇B

身為企業人
的自己　　身為個人
的自己

「組織人格」與「個人人格」
切斯特・巴納德《經理的職能》

角度來看，造成糟糕的後果，導致身為企業人的自己被烙上失敗者的印記。

但由於這項判斷來自於，「自己是什麼樣的人／想成為什麼樣的人」，這種根源性的層次，當事人應該不會有遺憾。對身心造成的傷害或許也相對較輕。

可怕的反而是無法創造「高處的另一個自我」，在現實生活中過著喪失自我、為欺騙自我所苦的日子。

巴納德所寫的《經理的職能》於 1938 年發行，現在已經成為經營的古典教科書。該書花了不少篇幅在談論經理人必須面對的道德性，這是因為**負責的業務愈是上升到經營層次，個人就愈是暴露在道德緊張與價值觀紊亂當中，引起人格崩潰與道**

德觀破滅的風險也愈高。事實上，經營現場從當時就經常發生這樣的狀況。

現代的職場也一樣，罹患心理疾病的人增加已然成為社會問題。實際上，愈擅長邏輯分析的人，這樣的風險也愈高。正因為看待事物的角度過於客觀，精神上才更難忍受自己的邏輯，為了收拾狀況而逐漸遭到扭曲，甚至破壞。

此外，企業的舞弊事件也絡繹不絕。具備高度專業能力的負責人，以巧妙的手法誘使組織獲利。這些負責人自己內在的「組織人格」過於肥大，甚至為了符合組織的邏輯、便利性，而實施非法手段。這簡直就是身為公民、良知者的「個人人格」，失去控制的機器人狀態。

我們擁有多重角色。如果我們是單一角色，思考事情就會變得更輕鬆。但這麼一來，經驗與判斷也會變得淺薄。

幸好我們承擔了多重且複雜的角色。這時最重要的是，擁有「**自己是什麼樣的人／想成為什麼樣的人**」的主觀意志。

最終必須依靠的事物是「意義」，也就是經過概念思考所濃縮而成的精華。這裡所說的意義，就是本書到此為止所介紹

的「信念、理念」、「使命動機」、「提供價值」與願景。

愈是明確定義「意義」的人，在價值觀產生矛盾時，愈容易以此為最高標準進行判斷。如果依此做出選擇，那麼即使結果不盡人意，想必也不會後悔。

這個意義或許並未明確到所有人都能立即接受。但依然是根據自己相信的軸心，表現出自己的特色，並放低身段仔細推動事務前進。回過頭來，自己已經完成了具有獨特世界觀的工作，並引來許多人的共鳴——能夠創造出這種答案的「意的思考」，換句話說就是概念思考。

道德兩難追加小習作①：低價的愛滋病治療藥物

接下來介紹兩則追加的道德兩難小習作。

下列情境的問題，遠比前面提到的盒裝面紙更重大。需要超越負責人的立場，從經營者的角度來進行判斷。

情境：低價的愛滋病治療藥物

你是印度藥廠 P 公司的老闆。P 公司是國內大廠，也擁有技術能力。現在公司內部正在評估一項重大專案。一種由歐美藥廠研發販賣的愛滋病治療藥物，經過技術部門的分析與研究後，認為自家公司有能力製造效果與成分皆相同的產品。

印度的藥品專利法有點特殊，只承認藥品製造方法的專利，不保護製造出來的藥品。換句話說，根據這條法律，公司不需支付歐美研發藥廠的專利使用費，就能自行製造愛滋病的治療藥物並販賣（也就是仿製）。

歐美研發藥廠販賣的愛滋病治療藥物價格為，每名患者每年 1 萬～ 1 萬 5000 美元。P 公司則打算以 350 美元～ 600 美元的價格提供。

全球有超過 3000 萬名愛滋病患者（包括 HIV 感染者），其中大多數在非洲和南亞等地區，由於藥價過高，治療幾乎沒有進展。印度國內也有數百萬名的患者。

　　對於低價愛滋病治療藥物的渴求之聲確實響亮。全球性的非營利組織「無國界醫生」表示，如果推出這種不需支付專利使用費的破壞性低價愛滋病治療藥物，他們願意大量採購。國內有許多愛滋病患者的開發中國家也表達相同的意願。

　　如果製造出這種價格的產品，P公司的需求將會提高，想必會成為全球製造愛滋病治療藥物的最大藥廠吧？不過，P公司將這個案子定位為，以人道及維護公共衛生為目的的事業，提供的對象只限允許不支付專利使用費的開發中國家。

　　不過，察覺P公司動向的研發藥廠也不可能默不吭聲。研發藥廠表示，「我們付出了龐大的研發費用與時間才做出這款藥物，他們（P公司）卻企圖坐享其成，搶奪我們的利益。如果這樣的事情能夠允許，以後還有誰願意冒著風險創造新事物？這不只是一款藥物的問題，而是人類是否會失去創造慾的問題」。

■ 問題 1

　　關於這項專案，你會如何決策？或者換個方式問，你會不支付專利費，擅自製造，並販賣低價的愛滋病治療藥

物嗎？請附上理由。

■ 問題 2

反之，如果你是歐美研發企業的經營者，你對於 P 公司不支付專利費，擅自製造，並販賣愛滋病治療藥物有什麼想法？

■ 問題 3

如果這個情境不是愛滋病治療藥物，而是像「威而鋼」之類的勃起障礙治療藥品，或是生髮劑等呢？問題 1 回答的決策會變得不同嗎？

「拯救多數人的性命」vs「保護創造者的權利」

這個情境是參考印度的製藥公司，在 1990 年發生的真實案例所創作的教材。實際狀況更加複雜，且牽涉的層面更多，而在這之後，隨著許多國際規則的調整，上述狀況也逐漸產生變化，但造成兩難的局面依然不變。

這當中也存在著各種正義。

「以低價治療藥拯救貧困國家的患者是正確的」、「背負

風險的創造者必須獲得適當的報酬」、「身為企業家，擴大自己的組織、創造更多雇用機會是一件好事」等。

當然，看待狀況的眼光也會隨著立場而改變。

P公司的經營者主張，「創造者當然可以回收開發費用。但這款藥物的價格高達1萬美元以上，這已經超過適當報酬的範圍。他們完全沒有考慮企業的社會責任。愛滋病的治療藥物已經屬於公共財」。

然而，研發藥廠的經營者想必會質疑這樣的說法，認為「拯救貧困國家的患者這樣的人道目的，只不過是表面上的藉口，P公司在今後絕對也會以逃避專利使用費的方式，把魔爪伸向其他領域的藥物」。的確，P公司不只是推出愛滋病的治療藥物，最後也推出勃起障礙治療藥與生髮劑等商品。

「正確的事」已經變得相對且模糊。而試圖做出「正確的事」的人，心態也變得曖昧。這個人所抱持的動機，有多少成分是正義與善意，又有多少成分是野心及偽善。無論自己還是別人，都無法以確切的基準進行評斷。

此外，商場的本質之一就是「戰鬥、競爭」，所以主流觀

念都是，為了贏過對手「想要存活下來就不可能不弄髒手」、「靠著 100% 的善獲得利益是痴人說夢，能夠做的只有盡量減少為了獲利所做的惡」。

所以能夠開闢道路的終究是，**「自己是什麼樣的人／想成為什麼樣的人」的主觀意志，儘管裡面包含了多少的矛盾、不合理與曖昧。**

附帶一提，專家的英文「professional」的原意是「profess＝向神發誓」。

古希臘的醫學之父希波克拉底（Hippocrates），將醫師該怎麼做、必須怎麼做寫成文字。這就是「希波克拉底誓詞」。自此之後，以倫理、道德向社會宣誓，依循主觀意志，在獨自道路上前進的職業人士，就成為專家的源流。

那麼你從這個情境當中，抽取出什麼樣的問題本質，想像出什麼樣的世界、什麼樣的事業、什麼樣的社會理想，並根據主觀意志得出什麼樣的答案呢？製作這款治療藥物到底是為了誰呢？

道德兩難追加小習作②：罐頭工廠

接下來介紹另一個情境。這是直接衝擊自己的工作生活與人生的題材。這個情境所挑戰的是，在存活本身受到威脅的情況下，該如何進行判斷。

情境：罐頭工廠

你繼承了父親創辦的水產加工品罐頭工廠 K 公司，並負責經營。

從前規模雖小，卻都是由自己公司採購魚類等生鮮材料，進行加工並裝罐出貨。但隨著時代的演變，微型公司被納入大型水產加工廠的價值鏈當中，K 公司現在只負責生鮮材料的加工與裝罐作業。

至於作為生鮮材料的魚類，則由大型加工廠的總部統一採買再送到 K 公司。加工方法、口味調配也全部依照大型加工廠指定的標準作業流程進行。最後再將加工品裝罐，貼上提供的標籤，出貨給大型加工廠的倉庫。K 公司已經變成專門進行這種代工的公司了。

不過多虧轉型成為大型加工廠的外包商，業績持續穩定成長，員工也增加到將近 100 人。規模與父親的時代相比，擴大了 3 倍。

K 公司加工的主力商品是「蒲燒鰻」罐頭。「使用國產鰻魚」是一項賣點，提供的標籤也把這句話標示的特別明顯。

但從某段時期開始，你發現大型加工廠送來的生鮮鰻魚似乎變得不太一樣。而就在這段時期，總部添加了幾道加工處理的新工序。根據總部的說明，這是「為了讓肉質更飽滿的調理技術」。

不過，鰻魚的品質比以前差這點，不論是對你來說，還是對現場的加工人員而言都是顯而易見。但採用本部指示的全新調理技術製成的罐頭，卻幾乎分不出差異。

後來你從某個管道取得了這些鰻魚產自國外的鐵證，但你只能對事態發展視而不見。因為你的公司並未直接參與偽造，你們只不過是負責加工大型加工廠送來的材料，再將成品出貨給大型加工廠倉庫的承包商。

對於偽造產地的質疑，當然傳遍整間工廠。最後廠長跑來找你，他說可能有員工對外透漏了偽裝產地的質疑。

你幾經煩惱之後，決定把這件事情告訴大型加工廠的負責人。對方的反應如下──。

- （口頭回應）進貨的鰻魚都是國產的。
- 今後是否繼續合作，由 K 公司自行決定。

這似乎是無言的壓力。脫離大型加工場的價值鏈，獨自經營事業幾乎不可行，因為這麼一來，必定無法繼續僱用多達 100 名的員工。

■ 問題 1

如果你是 K 公司的老闆，在這種情況下會做出什麼樣的判斷呢？

■ 問題 2

如果你不是 K 公司的老闆，而是 K 公司的員工，當你知道偽裝產地的事實時，你會如何思考、如何行動呢？

就算得到「理念上」的答案，
「實際上」能夠採取行動嗎？

這是參考西宮冷藏告發雪印食品牛肉偽裝的事件（2002年），所設定出來的情境。靠著承攬大企業的案子存活的小規模公司，在得知大企業的舞弊情況後，無可避免的被捲入其中，這時小規模公司的經營者該做出什麼樣的判斷呢？

這個情境的問題 1，就「理念上」來看答案似乎很明顯，那就是「必須揭發大廠的舞弊行為」。

前一個情境的製藥公司 P 公司，至少有拯救許多發展中國家國民性命的「正義」，而這種正義也能夠在某種程度上得到社會的支持。

然而在這次 K 公司的情境中，卻沒有這樣的「正義」。這當中固然存在經營者的正義，譬如想要保住 100 名員工的工作、想要保護自己的家庭，但這是一種自保行為。即使能夠獲得社會大眾的同情，也難以得到積極的支持。

所以在這個情境中，問題只在於「勇氣」。能不能鼓起勇氣勸諫大廠停止這種舞弊的行為、能不能鼓起勇氣脫離大廠，

獨立之後重整事業。

雖然可能性極低，但大廠說不定會在這時改過自新，向世人公布自己的錯誤，與 K 公司攜手重新出發。

然而就實際來看，多數舞弊都會以某種形式曝光，大廠遭受嚴重打擊，K 公司則倒閉，或是從垂死重傷中謀求東山再起。

只不過是否確實追究大廠的舞弊，將成為謀求再起時的重大分水嶺，所以答案是「必須揭發大廠的舞弊行為」。

儘管任何人在理念上都認為應該揭發舞弊，但實際上是否能夠鼓起勇氣，只有身歷其境才會有深刻的體悟。

人類是脆弱的，儘管知道不正確，往往還是會隨波逐流。

那麼實際情況又是如何呢？西宮冷藏的社長鼓起勇氣，告發了雪印食品這個大客戶。身而為人的信念驅使他這麼做。

然而，之後的公司重建卻成為一條浴血死鬥之路。

根據「知的俯瞰」與 「情的顧慮」來「下定決心」

附帶一提，預防或許才是解決這類問題的根本之道。

真要說起來，K公司在經營時，忘記分散事業風險這項基本原則，或許才是問題的起因。

K公司的營收幾乎完全仰賴一家大型加工廠，換句話說，他們把所有的雞蛋都放在同一個籃子裡。

因此當大型加工廠發生偽造產地的舞弊行為時，K公司的生存就已經亮起紅燈。

平常必須分散經營，不能將交易都集中在同一家公司。

總而言之，當我們遇到這種可能會失去自己的公司、生活、家庭、人生，甚至所有一切時，該以什麼作為思考的準則呢？

想必這不是邏輯，也不是客觀，更不是損益等經濟合理性。雖然損益的計算不可少，但如果只以此作為判斷標準，將來或許會後悔吧？

追根究柢，除了知的俯瞰與情的顧慮之外，還是只能從「自己是什麼樣的人／想成為什麼樣的人」，這種意的角度反推之後再做出判斷。

根據能讓自己下定決心的理念、信念所導出的某個判斷，帶來了某種狀況，接著再做出下一個判斷。這個判斷又帶來某種狀況，再依此做出下一個判斷。這個判斷又帶來新的狀況……

「形成自我、揭露自我、驗證自我」，就像這樣不斷地發展，最後就能走上對自己而言最佳的道路吧？

而被這樣的理念與信念吸引而來的合作者，也才會成為真正的夥伴與同志。

缺乏主觀意志的討論 ～難以找出正確答案、流於情緒

我在企業的內部研習中，進行過好幾次這種道德兩難的情境練習，觀察學員的討論，有兩種傾向導致某部分的人始終無法使答案更加深入。

一種是「用腦袋去找出正確答案」的傾向，另一種則是「情緒性的意見使答案停留在表面」的傾向。

第一種「用腦袋去找出正確答案」的傾向，指的是認為這當中存在著合理、符合戰略的正確答案，因此運用過去學習的知識，譬如管理學碩士課程般的理論與框架，試圖得出邏輯毫無矛盾的「優秀解答」。

在這樣的過程中，為分析表的空白欄位填上完美的答案成為作業的目的，導致產出的結果格局太小，從字裡行間感受不到迸發而出的意志力。

第二種「情緒性的意見使答案停留在表面」的傾向，則是把焦點擺在情感面，譬如「保護地球環境很重要」、「每天有很多孩子因愛滋病而死亡，是一件令人難過的事情」、「不公不義的發包單位應該受到懲罰」等，只交換原理原則的滑坡式討論停留在表面上。

概念思考希望藉由道德兩難的情境，追求具有主觀意志的答案，也就是以邏輯、客觀為基礎，在超越客觀之處創造出主觀，在超越情緒化意見之處，創造出堅定的意志。

多重的利害關係與政治角力複雜交錯、不公不義橫行的苦悶狀況，終究只有依靠主觀意志的力量才能克服。

日本商業現場的討論，雖然時有尖銳的分析與批評，卻缺乏能夠突破狀況的主觀。或者有時也會只流於情緒，無法湧現出領導眾人的意志。

從這個觀點來看，如果要問在這種道德兩難的練習當中，什麼才是好的答案、什麼才是好的討論，端看是否能夠根據穩固的基礎，深度整合知情意，並創造出堅強且獨特的意志。

「知、情、意」大融合

創造出獨特世界觀的思考動態性

「改良、改善的創新」與
「革命性的創新」

　　日本人的民族優勢之一，就是細膩的感受力與靈巧的雙手，能夠以他人為典範，改編成自己的風格。只要提供給我們基本型態或框架，我們就能不斷地改善、改良，不知不覺間創造出該領域最精緻的產品或服務。而這樣的方式也可以說是奠定現今日本經濟的基礎。

　　然而像這樣追趕先驅的典範時，日本人的表現固然優秀，一旦站到最前線，行動就會變得遲鈍。而在這樣的過程中，其他地方已經創造出前所未有的基本形式或框架。那是打破過去秩序的事物，日本人只好再度慌慌張張的研究，並追趕這種全新的典範⋯⋯。

　　根據既有的框架，不斷地改良、改善非常重要。但這已經不再是專屬於日本的獨門技術，而是逐漸成為任何國家、任何企業，都理所當然該做的最低限度基本功。因此就現狀來看，追趕先驅商品的能力，不管在哪裡都漸漸沒有太大的差別。

現今的問題反而是，如果只滿足於改良、改善，風險就會提高（**圖表 7-4**）。

這是因為**破壞現有框架的革命性產品或服務出現後，從過去累積至今的事業優勢就瞬間消失**的狀況變得極為普遍。市場發生非連續性的變化，典範已經轉移（**圖表 7-5**）。

就如同打字機的「好利獲得」（Olivetti），或相機底片的「柯達」所代表的，頂尖品牌因為「創新的兩難」，而從市場上逐漸消失的案例，日後也將會繼續出現吧？

創造出新的典範並取得霸權的企業，改變了「存在方式」。他們提出打破框架的概念，勾勒出前瞻性的願景，擁有自己獨特的事業哲學、世界觀與目的觀。並且為了實現而磨練，並運用作為手段的技術（**圖表 7-6**）。而這種「作為手段的技術」，正是必須留意的部分。

日本人正因為雙手靈巧，所以動不動就把提升技術當成目的。這雖然不是壞事，但講究的技術多半只連結到微小的創意，導致完成的產品總是小家子氣。當「創新」（innovation）的概念首度被引進日本時，這字被翻譯成「技術革新」。這種狹隘而封閉的翻譯，實在很符合信仰技術的國家。

本書中多次提到，創新是透過新的結合獲得新的理解方式，產生新的價值或框架的一大概念。

在創新原本的意義當中，技術雖然是重要的元素，卻不是決定性的要素。真正的重大革新源自於重大概念與重大技術的結合。

畢竟重大概念有時會伴隨著重大技術，而重大技術有時也會喚起重大概念。無論如何，一般都認為日本人擅長引起這種大型的動態變化。

圖表7-4│改良、改善的創新

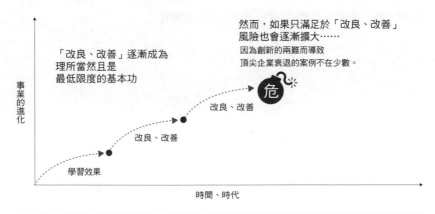

然而，如果只滿足於「改良、改善」
風險也會逐漸擴大……
因為創新的兩難而導致
頂尖企業衰退的案例不在少數。

「改良、改善」逐漸成為
理所當然且是
最低限度的基本功

事業的進化

改良、改善

危

改良、改善

學習效果

時間、時代

圖表7-5｜革命性的創新

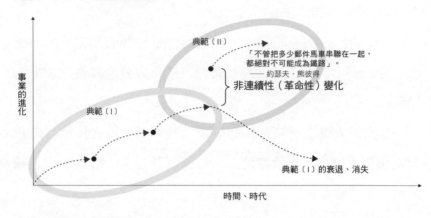

> 「不管把多少郵件馬車串聯在一起，都絕對不可能成為鐵路」。
> ——約瑟夫・熊彼得

非連續性（革命性）變化

典範〔II〕

典範〔I〕

事業的進化

典範〔I〕的衰退、消失

時間、時代

圖表7-6｜革命性的創新存在方式的層次變化

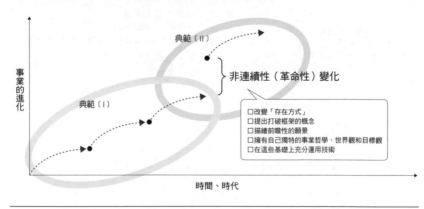

典範〔II〕

典範〔I〕

事業的進化

非連續性（革命性）變化

□改變「存在方式」
□提出打破框架的概念
□描繪前瞻性的願景
□擁有自己獨特的事業哲學、世界觀和目標觀
□在這些基礎上充分運用技術

時間、時代

「宣告意志的蘋果」vs
「說明性能的日本廠商」

2011 年春季的手機商戰如實展現出這點。當時的狀況可做為一項教訓，接著就讓我們來回顧一下。

那年春天，蘋果推出了「iPhone4」的廣告。廣告海報、傳單、網頁上都刊載著這樣的文案——「再一次，改變一切」、「前所未見的撥號方式」、「多工處理，就該這樣」。

至於日本手機廠商的宣傳文案呢？「最薄處僅 8.7mm 的優雅設計，與精心打磨的影像美學世界。」（Sony Ericsson Mobile Communications 「Xperia arc SO-01C」）、「三重堅固手機，耐衝擊結構 × 防水 × 防塵」（NEC Mobile Communications 「N-03C」）、「按鍵好按壓的 10.4mm 超薄手機」（Panasonic Mobile Communications 「P-01C」）、「水晶燈的閃耀，喜悅的形狀。」（Sharp「SH-09C」）。

蘋果與日本廠商的商品訴求方式明顯不同（**圖表 7-7**）。兩者的差別是什麼呢？這樣的差別又從何而來呢？

圖表7-7 | 手機廣告表現的差異

兩者的差別在哪裡？

日本手機廠商的廣告文案		蘋果「iPhone4」的廣告文案
• 「最薄處僅8.7mm的優雅設計，與精心打磨的影像美學世界。」（Sony Ericsson Mobile Communications「Xperia arc SO-01C」） • 「三重堅固手機，耐衝擊結構×防水×防塵」（NEC Mobile Communications「N-03C」） • 「按鍵好按壓的10.4mm超薄手機」（Panasonic Mobile Communications「P-01C」） • 「水晶燈的閃耀，喜悅的形狀。」（Sharp「SH-09C」）	VS	• 再一次，改變一切。 • 前所未見的撥號方式。 • 多工處理，就應該這樣。
▼		▼
說明相較於其他廠牌的「功能」優勢		提出自己所想到的應有的「風格」

蘋果提出自己所想的手機「該有的樣子」，宣示了主觀意志。

至於日本廠商都在歌頌硬體的性能優勢，這些都是客觀、帶有說明性的語彙。

如同**圖表 7-8** 所示，蘋果傾向於創造「敘事性」的概念與風格，從抽象性的層次，以主觀評價的眼光製造商品。

附帶一提，這裡所說的「敘事」，指的並不是作為情緒性要素的敘事，譬如經常被用來當成商品差異化的手法，符號論般的附加價值（譬如透過賦予商品傳說般的故事，以營造地位性），而是更基本且重要的事情。

圖表7-8│蘋果與日本製造商所處的位置

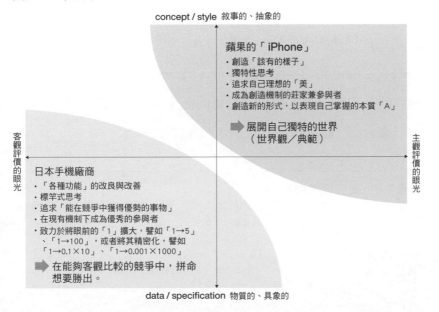

　　至於日本製造商則無一例外，專注於數據與規格（規格、性能）等「物質」成果，從具體性的層次，以客觀評價的眼光製造商品。

　　這兩者的區別，不能單純只用「敘事」角度與「物質」角度來說明。簡而言之，這是能否掌握「本質」的問題。

　　就結論來說，蘋果大幅度往來於抽象層次與具體層次，抓住他們所認為的本質，創造出自己所相信的商品樣貌。

　　至於日本製造商則在沒有掌握本質的情況下，單純仰賴物質的性能優勢，只憑「容易理解的標準」推動事業。這個方法雖然在某段期間成功超越先驅的 Nokia 與 Motorola，但終究無法跟上手機市場的典範做好轉移。就如同「加拉巴哥手機」所形容的，即使只是在加拉巴哥化的極東島國市場勉為其難的生存下來，都已經是用盡全力。

圖表7-9 | 眼光朝向哪裡

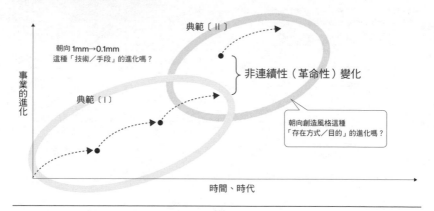

　　2011 年左右發生的手機市場典範變化，如果換個說法，就是蘋果與日本廠商把眼光朝向了不同的地方。蘋果將眼光朝向「存在方式／目的」，試圖創造出風格；日本廠商則朝向「技術／手段」，試圖將 1mm 的物品變成 0.1mm。而這樣的差異，正是「全新框架的創造者」與「現有框架中的優秀者」之間的差別（**圖表 7-9**）。

本質（essence）與形式（form）

接著，想要再度使用「本質」（essence）與「形式」（form）這兩個詞彙，進一步加深理解。

蘋果的「iPhone」至今的成功之處在於，他們以自己掌握到的本質性事物為基軸，巧妙的落實於形式（手機的軟硬體、商業模式等看得見的事物）。換句話說，就是「essence → form」的過程。

當然，蘋果也並非一開始就清楚了解本質。他們也同時進行反覆製造試作品（prototype），不斷地琢磨作為假設的本質過程，也就是「form → essence」。其特徵就是透過這種由「**essence → form/inside-out**」（從內而外）主導的過程，大幅度在本質與形式之間往返。

那麼傳統上擅長製造的日本人，又採取什麼樣的思維呢？其思維原本可說是「**form → essence/outside-in**」（從外而內）的往返運動。

譬如體現「魔鬼藏在細節裡」的傳統工藝品，或是茶道、花道、柔道、劍道、能樂、歌舞伎等，透過鑽研的形式，以尋

求本質的修行就是典型代表。日本人這個民族，自古以來就能夠高度的進行，從外部的形式逼近內部本質的思考運動。

但問題就出現在於如今的日本工業產品。以手機市場為例，日本廠商還是從「form」切入。但能不能深入鑽研「form」，提升到「essence」的層次呢……？

遺憾的是，日本廠商似乎只侷限於「form」的層次，不斷地進行相對性的競爭。換句話說，他們只停留在「form → form/outside-out」的運動（**圖表 7-10**）。

圖表7-10 │ **「本質」與「形式」的考察**

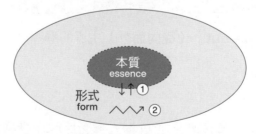

蘋果的「iPhone」進行	日本自古以來擅長的製造與修行進行	日本的手機廠商
①在本質與形式之間往返的過程。嚴格來說是「essence→form」，也就是由「inside-out」主導。	①在本質與形式之間往返的過程。嚴格來說是「form→essence」，也就是由「outside-in」主導。	停留在形式②「form→form」的層次，換句話說，變成「outside-out」的運動。

帶來重大創新的思考
以人為本，而非以技術為本

像這種掌握本質，並將其化為現實的思考，必須透過在抽象層次與具體層次之間的大幅度往返運動來實現。蘋果透過這種動態的思考過程，構思數位機器、數位生活的理想樣貌與體驗價值、體驗世界，並提出概念，創造出「iTunes」這種商業模式，孕育出「iPod」、「iPhone」和「iPad」等產品群。

蘋果以產品與服務的「存在方式」為起點，將自身事業的「存在方式」融入其中，成功營造出某種一致的世界觀，並吸引使用者進入。

帶來重大創新的思考並非以技術為本，而是以人為本。而以人為本意味著將曖昧不明，有時動搖、有時執著的人類思想與慾望視為核心，由此展開產品與服務的製作，一邊說著「您想要的就是這樣的東西吧？」另一邊將商品提供給顧客。這才是使用技術的目的。但這並不代表隨便討好顧客，製作妥協的商品。而是根據自己的主觀意志，提出領先半步的方案。以這種方式思考的人，才是真正的創新者。

的確，分析消費者每天提出的具體意見，並利用這些意見開發出商品已經是不可或缺。但從這些客觀的分析切入，只能進行改良與改善，無法創造出革命性的商品。因為消費者固然能夠針對眼前的商品，描述具體的不滿與問題，卻無法清楚表達未曾體驗過的夢幻商品，以及事業的存在方式。就如同本書前言所寫的，分析消費者的意見就像汽車後照鏡，雖然能夠清楚呈現後方狀況，卻絕對無法展現前方的風景。

所以製造者才必須超越消費者的意見，大膽的擬定主觀且直觀的假說，深入一片混沌當中，並將此化為具體形式，不厭其煩的反覆呈現給顧客。在這個過程中，主觀、直觀抱持的假說成為堅定的本質，這時才能夠看見打破現有框架的創新事物。而這就是蘋果正在做的事情。

「品質雖好卻無趣」的產品

相較之下，日本廠商的思考很遺憾在「form」的層次面上僵化、限縮。他們不會將思考推進到潛藏著「essence」的曖昧層次，而是專注在觀察物品，進行細節的修正與調整。這或許是因為害怕抱持著主觀意志投入洞察的眼光吧？又或者是過度依賴細心製造物品的成功經驗。無論如何，由此創造出來的產品與廣

告訊息，都變成只是對硬體性能的讚頌。

近年來，一般消費財的開發與製造，必須面對速度化與生產效率化的嚴酷壓力。愈是系統性製造大量產品的製造業大型組織，從提出想法、評估技術、評估成本到做出決策等的思考作業，就愈會受到盡可能有效率完成的誘惑驅使。因此思考過程被分割開來，採用多數決並制定計畫，朝著數值目標直線前進。「下一代產品能夠比現階段產品薄幾毫米」、「似乎能夠製造比其他公司便宜的商品」──在這種「form」的層次思考製造，更容易讓大多數相關人員理解，也更容易獲得公司批准。因為物品的厚薄，成本的高低，對任何人而言都客觀清晰，對組織運作也更輕鬆。但這種思考說難聽一點，就是「便宜行事的迎合性思考」。

企圖以物質層面的易懂性來打發的思考，就如同**圖表 7-11**下方所畫的，發想與試作的來回運動，將變得莫名機械化與僵直化。很難由此誕生出天馬行空的獨特創意，或是足以改變典範的劃時代產品。許多「品質雖好卻無趣」的日本製品都陷入這樣的循環當中。

儘管蘋果是大型組織，卻能夠避免僵化，某部分也要歸功

於已故的史蒂夫‧賈伯斯的人格，來自於他的夢想的無理難題，
以及技術團隊透過企圖試作來回應的堅韌性。

圖表7-11│大格局思考／小格局思考

在抽象與具象這兩個層次來回擺盪的大格局思考運動

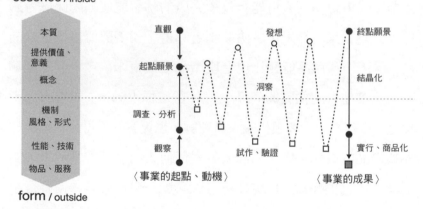

停留在具體層次的小格局思考運動

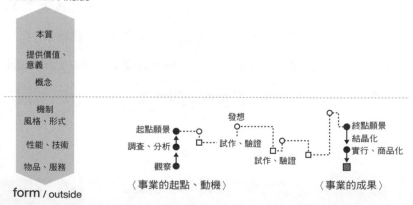

將事業概念轉移到「存在」的層次

若使用本書技巧5〈意義化〉部分所提到的,「目的與手段」框架來下結論,那麼我們可以說,蘋果與日本廠商的差別就在於事業目的的視角,也就是事業意志所在的層次。

如**圖表 7-12** 所示,日本廠商的目的視角位在「form /處理方式」的層次,追求的是製造出 1mm → 0.1mm 的差異化產品。但蘋果的目的視角卻在「essence /存在方式」的層次,追求的是創造由行動資訊裝置實現的全新生活型態。在這種高層次的視角下,日本廠商當成目的的「厚薄度勝過其他公司的產品幾毫米」,或是「降低多少百分比的成本,保持業界市占率第幾名」的外在目標,都被視為手段。

那麼我們可以從 2011 年的行動資訊裝置市場中得到什麼結論呢?從概念思考的觀點來看,就是以**新概念的角度來看待自己的產品、服務、事業,並將目的提升到「存在方式」的層次**。

產品與服務在「form /處理方式」,即具體層次上變得同質化的情況下,擺脫這種情況的方式並非在相同的層次反覆競

爭，而是改變事業的概念，在新的層次上開創世界。實際上，
將目的的視角提升，將自己的存在轉移到「form ／存在方式」
的抽象層次行動正在逐漸擴張。

圖表7-12 ｜ 「目的視角＝意志所在」在哪個層次

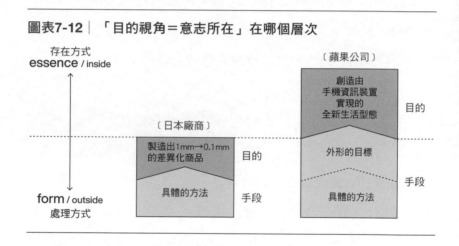

從人力資源到「媒合事業」

瑞可利（Recruit）在過去是只靠業務力一招闖天下的人力資
源公司。他們將守住遙遙領先的業界市占率這項數值目標視為
目的，而不論好壞，形成了該公司的身分認同。

但現在他們提升了事業的視角，逐漸轉變成為從事「媒合」
事業的公司。

該公司提出的使命標語是「創造這裡還沒有的，邂逅。」一方面集結個人，另一方面集結企業，將事業概念轉換成協助個人與企業連結。在這個目的之下，人力資源事業（「Rikunabi」、「瑞可利仲介」等）、美容餐飲支援事業（「Hot Pepper」等）都成為手段（**圖表 7-13**）。

從通訊教育到「支援更好的人生」

再如福武書店，過去曾靠著以學生為對象的通訊教育「進研講義」，將取得並維持市占率第一當成目的。1970～80年代，學習研究社（現在的學研控股）憑藉著其強大的「科學」與「學習」商品，成為君臨通訊教育市場的先驅者。所以後發的福武書店想方設法擴大規模，企圖取得市場霸權。後來靠著批改指導服務「紅筆老師」急速成長，最後登上業界的龍頭寶座。

後來該公司提升了目的視角。「我們想成為提供支援服務的公司，幫助人們獲得更好的人生」，並將拉丁語的「bene（好）＋esse（生活）」結合在一起，搖身一變成為倍樂生公司（Benesse Corporation）。

現在他們在這個目的之下，以通訊教育事業、育兒支援事業及照護事業為手段經營。

從健康測量變成「創造健康」的事業

TANITA 也將事業概念從「處理方式」的層次，轉移到「存在方式」的層次。

該公司長久以來，一直都在健康測量儀器（體重計）的市場，與其他公司展開功能與市占率的競爭。他們的事業目的就是在這個層次上勝出。但近年來他們已經超越該階段，將自己的事業概念從「單純的硬體製造商」，轉變成為「透過『測量』為人們創造健康的公司」。

TANITA 透過在「存在方式」的層次上設定目標，無論是在健康器材數位化，還是在「TANITA 食堂」等方面，都成為根據一貫基軸強力經營的企業。

圖表7-13 │ 將事業概念轉移到「存在方式」的層次

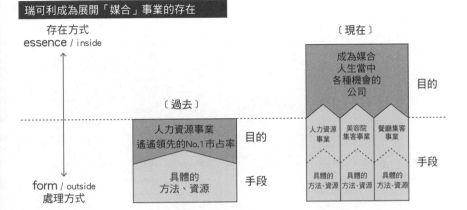

瑞可利成為展開「媒合」事業的存在

存在方式
essence / inside

〔現在〕

成為媒合
人生當中
各種機會的
公司

目的

〔過去〕

人力資源事業
遙遙領先的No.1市占率

目的

人力資源
事業

美容院
集客事業

餐廳集客
事業

手段

具體的
方法、資源

手段

具體的
方法、資源

具體的
方法、資源

具體的
方法、資源

form / outside
處理方式

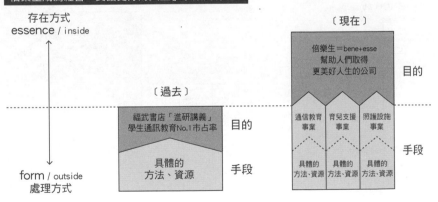

倍樂生成為經營「支援更好的人生」事業的存在

存在方式
essence / inside

〔現在〕

倍樂生＝bene+esse
幫助人們取得
更美好人生的公司

目的

〔過去〕

福武書店「進研講義」
學生通訊教育No.1市占率

目的

通信教育
事業

育兒支援
事業

照護設施
事業

手段

具體的
方法、資源

手段

具體的
方法·資源

具體的
方法·資源

具體的
方法·資源

form / outside
處理方式

TANITA 成為經營「創造健康」事業的存在

存在方式
essence / inside

〔現在〕

〔過去〕

健康測量儀器
No.1市占率 — 目的

具體的
方法、資源 — 手段

透過「測量」
為人們創造
健康的公司 — 目的

健康器材
事業　食品
事業　餐廳
事業 — 手段

具體的
方法·資源　具體的
方法·資源　具體的
方法·資源

form / outside
處理方式

作者（村山）成為「翻譯工作是什麼」的存在

存在方式
essence / inside

〔現在〕

〔過去〕

開發、執行暢銷的
研習內容 — 目的

具體的
方法、資源 — 手段

成為「工作是什麼」
的翻譯者 — 目的

企業研習
服務　撰稿　支援
中小學 — 手段

具體的
方法·資源　具體的
方法·資源　具體的
方法·資源

form / outside
處理方式

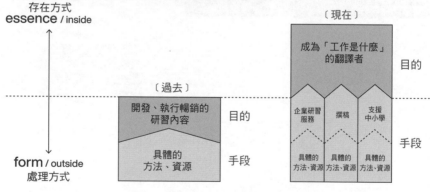

將目的設在「存在方式」的層次，
手段就會增加獨特性

附帶一提，像這種目的視角的提升，不僅適用於企業組織，也同樣適用於個人事業或個人職涯。

舉例來說，我以自營業者的身分經營培訓事業已經 18 年。我剛創業時將事業的眼光擺在「開發、執行暢銷的研習內容」，我的目的是如何強調與大規模競爭公司的差異，並且存活下去。

但愈是想方設法在「處理方式」的層次上做出差異，就愈容易被拉進與大公司相同的戰場，最後陷入低價格與高機動性之類的競爭，變成了消耗戰。

於是我從某段時期開始，從「自己想成為販賣何種價值的專業人士」的角度思考。在自問自答當中，我得到的自我定義是「**我想成為工作是什麼的翻譯者**」。

當我開始以此為基軸後，就從與他人的競爭中解放，製作的內容也變得截然不同。雖然擁有相同目的觀及世界觀的客戶數量不多，但逐漸穩定地出現，研習事業也自然而然開始運轉。

除此之外，當我在「存在方式」的層次制定目標後，作為手段的撰稿工作也出現了明確的方向。

思考本書的出版企劃時也是一樣，我不會看著書店的暢銷書思考該寫哪種主題、也不會根據市場調查的結果來想該寫些什麼，所以能夠開創獨到的眼光，以此為切入點。

此外，我也湧現出源源不絕的活動創意，以實現目的。而我開始支援中小學的職涯教育課程也是因為這個原因。

當個人的職涯限縮在「處理方式」的層次，把必須賺錢、必須贏得競爭、必須培養能力等當成目的，視野與發想就會變得狹隘，最後將會陷入困境，壓力也會變得更大。

這時需要**暫時將視角拉高，在「存在方式」的層次設定目的，由此釐清手段與方法**。這時就會在過去未曾意識到的脈絡下，清楚看見必須採取的選項。如此一來，你就有機會展開動態的職涯。

只靠科學與理論將使結果「均質化」

近年來，邏輯思考與批判性思考等「知的思考」，在思考法的領域廣泛普及。但與此同時，這類思考也會造成武斷與誤會。

　　觀察商業現場的往來會有一種感覺，似乎「科學性、邏輯性的思考可以解決所有問題」，或是「客觀優於主觀」的認知已經深入人心。

　　因此決策者總是動不動就追問部下，「證據（作為根據的事實）是什麼」，彷彿沒有客觀材料就無法做出任何決定。至於源自於直觀與直覺的發想則被嚴重低估。

　　但無論我們再怎麼致力於「知的思考」，只要競爭仍在「form ／處理方法」的具體層次，所有人都會得到類似的結論。正因為科學與理論的特質，就是導出萬人適用的答案，所以反而招致均質化的諷刺結果。

　　所有人都基於科學的合理性，進行逆向工程與標竿設定，展開性能競爭與價格競爭。

　　如果用《戈第亞結》的寓言來比喻，那就是各位與其他公司都企圖在同樣的層次上，奮力想要「解開」這個繩結。

　　然而在同樣的層次、用同樣的手法，很難找出有效的答案。這時就需要從不同的層次發現「斬斷」繩結這個解答。

　　在此引用福井謙一的話。

「說到底，從意想不到的地方所誕生的新學問，不會是以符合邏輯的方式，從某件事情當中推導而出結論。那麼新的理論來自何方呢？那就是直覺。直覺先運作，再從中建構出理論（中略）。如果是任何人都能推導出來的結論，就算別人已經早一步得出也不足為奇。反之，透過不仰賴邏輯的直觀選擇所得出的結論，誰也無法模仿。」

接著也引用本田宗一郎的話——

「我的哲學與其說是重視技術本身，不如說是重視思想。技術是實現思想的手段，而沒有好的技術，也無法產生好的思想。透過技術實現人類幸福的技術者使命就是我的哲學，也是我的驕傲。」

——節錄自《我的手在說話》

最後，再引用一段愛因斯坦的話——

「科學方法只能告訴我們各種事實彼此之間有何關係、如何相互制約，但無法告訴我們更多。

知識不會幫我們開啟直接通往事物應該如何的大門。

即使能夠完全清晰的掌握關於來龍去脈的知識，也無法從中演繹出人類該以什麼作為願望的目標。

客觀的知識固然能夠提供給我們達成某種目的的強大工具，但最終的目標以及達成的渴望，卻必須源自於其他地方。

更不用說，我們的生存與活動，只有設定了與這種目標相襯的各種價值後，才得以擁有意義。」

——摘自《愛因斯坦晚年文集》

帶有偏好與雜質的強烈意志喚來突破

科學、邏輯，以及立基於此的技術及思考固然重要，卻並非萬能。科學與邏輯在物質、具體的「form」層次是鋒利的工具，但在精神、抽象的「essence」層次，也就是深掘存在方式和意義，激發主觀意志與直覺的場合，即使能夠作為基礎或輔助，也無法負擔主導性的功能。

如果我們真心想在自己的事業運用科學與邏輯，就必須與「意的思考」相互結合。這時看見的答案說不定會跳脫邏輯，或是含有不符合經濟的要素，或許有著意志性的跳躍與有意為

之的浪費。但這當中才會存在使產品、服務、事業脫離某個階段，在另一條道路上綻放全新光彩的可能性。

開創新時代的事業，絕非只要累積邏輯就會自動誕生。唯有某人帶有某種偏好、含有強烈雜質的主觀意志，才能夠帶來突破。

日本人是容易流於情感的民族，因此具有「邏輯情節」。近年來的邏輯思考熱潮，或許也是因為想要克服對邏輯的自卑。然而這也成為弊端，因為必須符合邏輯框架的壓迫，將使商業現場的發想與意志變得僵化。徒然封閉於邏輯框架中，過度在意疏漏，將導致思考變得限縮。

各位在進行本書到此為止的小習作時，是否也限縮思考了呢？你的答案有多深入去挖掘「存在方式」的層次呢？請稍微回過頭去看自己所填寫的學習單。

舉例來說，〈小習作 5-A〉──你的事業最高目的是什麼？是否從足以引發典範轉移的高度視角來進行思考呢？

又例如〈小習作 5-D〉──你所想到的「提供價值宣言」，

是否被「處理方式」的層次所拖累？使用的是否源自於「存在方式」層次的語言呢？

還有〈小習作 4-B〉——在「as a」模式中思考的核心價值是否足夠獨特？是否足以改變現有產品或服務的存在方式？（**圖表 7-14**）

圖表7-14│回顧小習作並問自己

〈小習作 5-A〉

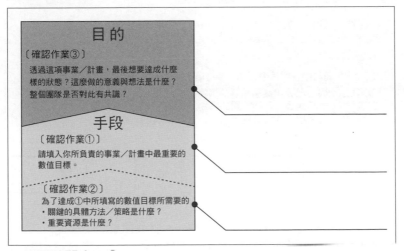

〔回顧並問自己①〕
自己事業的最高目的是什麼？是否從足以引發典範轉移的高度視角進行思考呢？

〈小習作 5-D〉

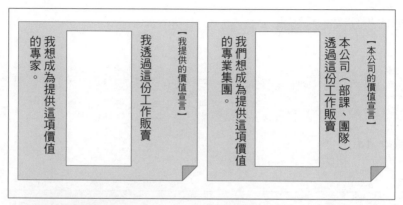

【本公司的價值宣言】本公司（部課、團隊）透過這份工作販賣　我們想成為提供這項價值的專業集團。

【我提供的價值宣言】我透過這份工作販賣　我想成為提供這項價值的專家。

〔回顧並問自己②〕

「我／我們公司的提供價值宣言」是被「處理方式」的層次所拖累，還是使用源自於「存在方式」層次的語言呢？

〈小習作 4-C〉

作業①
請從下列題材中選擇其中一種，參考填寫範例，思考你自己的「X as a Y」。
□題材A：與自己公司業務相關的事物
□題材B：與其他公司業務相關的事物（想像、推測也無所謂）
□題材C：與職種相關的事物

X Y

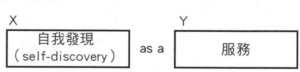

自我發現（self-discovery）　as a　服務

作業②
請列出幾個實行左列「X as a Y」，並獲得成功的關鍵因素。
如果有容易留下印象的詞彙（表達方式）更好。

〔回顧並問自己③〕

在「as a」模式中思考的核心價值是否足夠獨特？是否足以改變現有產品或服務的存在方式？

夏目漱石的教誨「徒重理智則……」

本書到此為止，已經從各種不同的角度說明概念思考。人類的思考是一項複雜的活動，就連該如何分類都有許多見解。在這樣的情況下，本書將概念思考解釋成，與人類精神發揮作用的基本要素「知、情、意」相關聯的思考。

正如同本書前面多次提到的，知的思考、情的思考與意的思考都有各自適用的領域，而思考本身並沒有優劣之分。但運用這三種思考的方式似乎就存在著好壞之別。

夏目漱石在《草枕》的開頭留下了這樣的名句。

「重理智則易衝突，感情用事則易衝動，堅持己見則自縛手腳。」

文豪以非常簡潔的表現告訴我們，運用知、情、意時，若過度偏向其中一方將帶來弊端。

本書的主張也一樣，積極融合這三種思考才是好的思考法，才能找到適當的答案。

　　關於這一點，蘋果也可以說是巧妙融合這三種思考的公司。這裡所說的蘋果，指的是 1997 年史蒂夫・賈伯斯回歸擔任 CEO，以「iMAC」為開端，展開「iTunes Store」等服務時代的蘋果。首先，嚴格運用知的思考所帶來的戰術與技術，再以情的思考巧妙操作設計與共鳴。而最重要的是，透過意的思考將理念與哲學注入處在瀕死危機的組織，並實現戲劇性的復活（**圖表 7-15**）

　　賈伯斯 CEO 再度回歸經營高層後，就展開「Think different.」的宣傳活動。他發表「蘋果既是職人也是發明家」的宣言，並呼籲蘋果成為「讓使用者的生活煥發光彩」的存在。

圖表7-15｜蘋果的「知、情、意」融合

存在方式 essence / inside

理念、哲學（意的思考）

「讓使用者的生活煥發光彩」
「蘋果既是職人也是發明家」
"Stay hungry, stay foolish."

iTunes Store
iPhone　iPad
iPod　iMac

form / outside 處理方式

戰術、技術（知的思考）

設計、共鳴性（情的思考）

在後年，他在史丹福大學進行的那場傳說中的演講，介紹了自己的信念「Stay hungry, stay foolish.」。從演講的脈絡來看，這句話隱含著「持續追求，並保持不被任何事物汙染的純潔」的意味吧！

因此蘋果公司不只是一家高科技公司，也不光是一家能做出酷炫工業設計的公司，更不是一家單純擅長概念設計的公司。

而是將三者融合在一起，建立自己的世界觀，同時改變行動資訊裝置存在方式的稀有企業。

擁有獨特世界觀的企業與品牌

仔細觀察就會發現，擁有獨特世界觀的企業與品牌，都是知、情、意三者兼備。他們透過這三者的融合，根據超越客觀的「強大主觀意志＝獨特的哲學」推進，並藉此吸引顧客前來。與此同時，這些企業與品牌也都曾大幅度改變其事業、產品或服務的存在方式。

舉例來說，在「知」的主導之下進行大融合的代表性企業，包括 Google、Meta、Amazon.com、P&G 等。

他們改變資訊收集的存在方式、人際關係的存在方式、購物習慣的存在方式，以及市場行銷的存在方式。的確，他們運用的是 IT 技術與科學方法論等「知」，但卻不僅止於此，也確實融合了「情」與「意」的思考。可以說正因為如此，他們才不至於埋沒於時代的變化當中，遭到競爭對手的擊潰（**圖表 7-16**）。

至於以「情」為主導，並進行大融合的代表性企業，則有麗思卡爾頓飯店、迪士尼樂園、法拉利等。

這些企業為什麼能夠創造出如此充滿感性的空間、娛樂和工具呢？這不單純只是因為他們擁有設計力，或是聚集了優秀的創意工作者。想要創造出高品質且精緻的美學價值，必須要有堅定的哲學，也必須培養技術足以實現其哲學的專家或職人。倘若不像這樣，在「意」與「知」的深處與「情」連結，就無法創造出充滿出類拔萃、感性魅力的事物。

而以「意」為主導，並進行大融合的例子，則有無印良品、任天堂、嬌生等。

首先是無印良品，其命名本身就極度地概念性，並且創造

出一系列擁有獨一無二世界觀的產品。家庭雜貨與服飾的領域，容易受到流行與消費者善變的喜好影響，在這個領域能夠擁有如此堅定不移的軸心，是因為創業時的「意」就是卓越、恆定且普遍的事物。而「情」與「知」也對此給予強而有力的回應。

任天堂也是具有強大的「意」的企業，甚至可以說是改變了家用遊戲機的存在方式。任天堂是數位遊戲的霸主，擁有優異的「知」是理所當然，但觀察該公司針對遊戲收費的討論與製造的態度，可以一窺其由理念主導。技術只是輔助的樣貌，這與其他遊戲製造商仰賴技術，「只要能賣，什麼都做」的態度形成鮮明對比。同時他們創造出、製造出極具「Nintendo」特色世界觀的遊戲角色，也呼應了其理念。

對藥廠而言，知、情、意三者兼具或許是理所當然。因為他們具有研究、開發、製造的技術，同時也能貼近患者，降低就醫的門檻，為社會帶來貢獻，可說是三者的融合。但藥廠幾乎都是上市公司，來自股東的獲利壓力也相當沉重，因此往往偏重於「知」，「情」和「意」則退居其後。

但即使在這樣的情況下，嬌生也以「我們的信條」（Our Credo）為基礎推動事業，這點也相當聞名。

該公司在 1943 年起草的「我們的信條」，今日已成為許多

企業提出「價值」與「信條」等理念價值與行為規範的參考。

這份「我們的信條」，在 1982 年發生的「泰諾膠囊投毒事件」中發揮了重大作用。

事件詳情在此省略，但當時該公司的經營團隊儘管確定蒙受巨大損失，依然忠實的遵守「我們的信條」中的第一條──「顧客是我們首要責任」。

嬌生在當時的判斷與行動，展現了足以在經營史上恆久流傳的決策方式。附帶一提，對股東的責任在該公司的「我們的信條」中排在第四位。

接下來進行總結小習作 6-B。這也是某種典範探索。在這項練習當中，將會觀察優秀的案例，從中學習知、情、意的融合。

如果廣泛地觀察就會發現，世界上存在著「顛覆了●●產品的概念」、「前所未有的事業」、「澈底改變組織存在方式」之類的案例。這些掀起存在方式的革命，創造新概念的重大案例，想必都出色的融合了知、情、意。抽取出這個部分就是重點所在。

從典範中學習之後，再回過頭來看自己負責的工作。

進行這項總結小習作 6-C 時，請問自己下列問題──「我

們的產品是否足以顛覆現有的概念？還是只滿足於一些微小的改良與改善呢？」、「我們是否挑戰澈底顛覆事業的存在方式？或者只忙於維持事業運作呢？」、「我是否打破自己職種的現

圖表7-16│融合「知、情、意」的企業範例

· 改變存在方式的事業、產品、服務
· 擁有獨特世界觀的事業
都在「知、情、意」的大融合中誕生

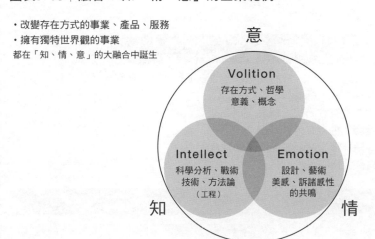

「知」主導的大融合

■ Google、Meta
■ Amazon.com
■ P&G

「情」主導的大融合

■ 麗思卡爾頓飯店
■ 迪士尼樂園
■ 法拉利

「意」主導的大融合

■ 無印良品
■ 任天堂
■ 嬌生

有定義，並使其進化？還是受困在現有職種的框架中，埋首於正確處理業務及提高生產力呢？」

停留在目前路線的人，想必在負責的工作中都只運用知、情、意的一部分，並未達到三者大融合的境界。

總結小習作6-B │ 探索融合知、情、意的典範

請試著尋找透過知、情、意的大融合，改變下列三點的典範。
●事業的存在方式、概念
●產品／服務的存在方式、概念
●公司（組織）的存在方式、概念
這些典範的知、情、意是如何優秀的融合呢？
請寫在空白欄位當中。

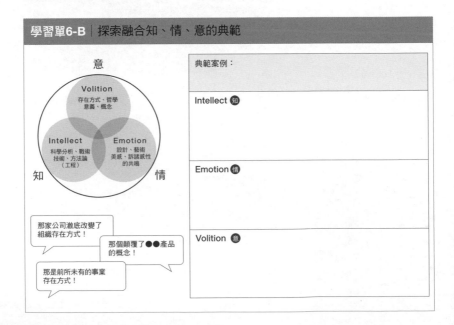

學習單6-B │ 探索融合知、情、意的典範

總結小習作6-C｜負責工作的知、情、意融合

從典範中學習之後，請回過頭來看自己負責的工作。

你所從事的是否為根本性的工作，

●負責事業的存在方式、概念

●負責產品／服務的存在方式、概念

●所屬職務／職種的存在方式、概念

足以透過知、情、意的大融合來進行改變／創造。

如果答案為否，你在知、情、意當中做到了什麼，有什麼不足？請寫在空白欄位中進行整理。

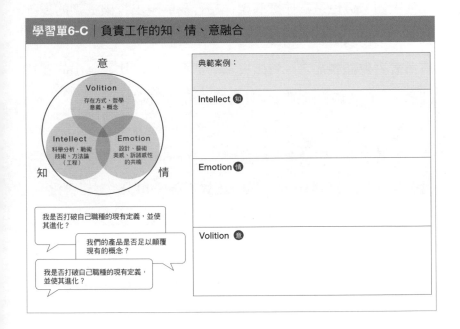

只運用知、情、意的一部分，確實能夠改良、改善，有時甚至還能推出熱門商品。

但無法帶來改變階段的革命，或是創造出劃時代的傳奇產

品。本書強烈鼓勵大家超越現有框架中追求完美的成果，並離開框架開創新世界。

補講：不能陷入「賣更多」的誘惑

藝術家的創作活動能夠純粹以活動本身為目的，因此沒有任何限制。這也是為什麼藝術作品容易展現出打破框架的獨創性。但工作或事業的創意發想，必定得將顧客視為前提。商品肩負著實現顧客需求，賣出更多的宿命。所以比起突出的獨特創意，人們會優先選擇安全且有機會暢銷的創意。

舉例來說，假設拿 4 種試作品進行消費者意見調查。調查對象為 10 人，滿分 10 分（0 分：絕對不買～10 分：絕對會買），結果如右表。如果你是負責人，你覺得哪項方案最好呢？（**圖表 7-17**）

絕大多數的人，想必都會覺得平均分數最高的 A 方案最好，並選擇 A 方案進行開發。又或者將平均分數次高的 C 方案要素，加入 A 方案中來進行補強。由此可知，多數人都會被最能夠獲得大眾接受，風險最小的想法所吸引。

我曾在消費財製造商工作，負責商品開發。當時的部門主

管將獨創性和創新性擺在第一位，並根據「不要看市場，要看生活」、「製造生活者想要的東西，因此自己必須擁有第一級生活者的感受性」的信條指揮現場。我在這種文化中成長，因此就我來看，在這份消費者調查中最有希望的絕對是 B 方案。因為就獨創性與差異化的觀點來看，B 方案似乎擁有某種強大的潛力，能夠獲得兩個 9 分，必定有著非比尋常的魅力。

但多數負責人想必都會對 B 方案敬而遠之。這是為什麼呢？我想他們的理由或許是「只是偶然受到兩個品味極端的人喜愛」、「雖然獨特，但無法確定是傑作還是劣作」、「無法成功說服上級」等。

圖表7-17│如何解讀消費者調查的結果

某項試作品的消費者調查結果

	評分者（10 名）										平均分數
	甲	乙	丙	丁	戊	己	庚	辛	壬	癸	
A 方案	5	6	7	7	8	7	6	4	8		6.3
B 方案	2	1	3	9	1	2	1	2	9	2	3.2
C 方案	7	7	6	6	8	6	7	6	5		6.1
D 方案	3	2	2	4	4	3	3	2	5	4	3.2

「易於讓多數人理解」的傾向
導致獨創性衰退

無論是哪個業界出現在市面上的產品與服務，都具有某種相似性。其原因在於，在數量至上的誘惑下，模仿目前最暢銷的商品來推出新商品，是最安全的想法，且到處蔓延。這樣一來導致高風險的獨特創意被排除在外。

此外，消費者比較容易把錢花在滿足自己顯在化的需求。換句話說，就是能夠填補缺陷或不滿的商品。所以商品製造者都專注在「凹型思想」，也就是以改良為主的想法（**圖表7-18**）。

在前面提到的消費者調查中，B方案可能是透過「凸型思想」挖掘潛在需求的強大提案。革命性商品多半都像這樣，剛開始並不受到大眾青睞。B方案或許會搖身一變成為革命性商品，但也可能相反，不過就是偽裝創新的劣作。那麼你是否有勇氣選擇這項方案，將其發展成為最終商品呢？……優秀商品開發者的資質，就包含了是否能夠在這時看穿B方案本質的眼光與直覺。

　　追趕歐美的時代結束，日本的製造商陸陸續續出現「贏了規格，卻輸了事業」的狀況。換個方式說就是，「儘管在處理方式的改良上勝出，卻在創造存在方式上失敗」。

　　改良的點子當然重要。我也認為這是日本人必須保有的優勢。但商業現場依然以「易於讓多數人理解＝能夠賣出更多」為優先，思維依然持續朝著確實改良、確實賣出的方向傾斜。在這種情況下，即使能夠提出獨特的發想，評斷發想的眼光也將衰退。

　　如何培養個人與組織文化擺脫量的誘惑，提出尖銳、非連

圖表7-18｜「凹型發想」與「凸型發想」

凹型發想比較容易獲得多數人支持，但……

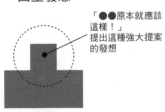

凹型發想

企圖填補缺陷、不足、不滿、不良的發想

對於顯在化的慾望與需求
・加以改良／改善
・以低成本進行
・追求效率／效果

凸型發想

「●●原本就應該這樣！」提出這種強大提案的發想

洞察潛在化的慾望與需求
・提出創新的表現
・進行發明／發現
・提出具有震撼力的手法

續性、創造存在的發想，將是歷久彌新的課題。

「基於分析的願景」
還是「基於願景的分析」

　　經營事業需要「分析」與「願景」。沒有分析的願景將變成自我滿足的白日夢，缺乏願景的分析則流於鑽牛角尖。只有兩者相輔相成，事業才得以在現實中實現。不過，這時候是分析主導還是願景主導，將導致最後的成果產生截然不同的現象。

　　「分析主導」型事業專注於解決現實問題，透過調查、分析、邏輯、技術應用等進行改良與改善。首先進行分析、處理末端的問題，接著才是提出實際的願景與想法。這麼做的結果是，儘管細節細膩且功能完善，整體而言卻只能作出格局小的東西（**圖表 7-19**）。

　　至於「願景主導」型事業則從想像開始，並構思概念，企圖創造出前所未見的事物的意志將成為動力。先有這個偉大的構想，才有分析和技術。

　　「分析主導型」與「願景主導型」都是有效的過程。但觀

圖表7-19 | 願景與分析

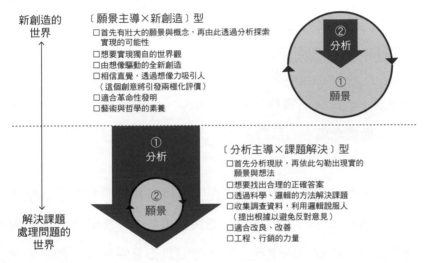

察現今專業人士與學生的教育，都偏重於培養分析、邏輯，以及解決課題的技術力。或許是因為這麼做比較容易理解，也容易賺得到錢。

　　培養想像力在現代功利主義的趨勢下容易受到輕視。然而正因為是這樣的時代，才不應該增加無法擘畫願景與概念的分析者或技術者，而是期望培養出既有遠見，又能分析，且熟知技術的人才。

躍向「超越客觀的主觀」

正如同本書到此為止所介紹的，革命性的創意、改變典範的概念，以及奠定獨特世界觀的願景，都從強烈的主觀意識中誕生。而概念思考的目的之一，就是激發這種主觀意志。

但在商業現場的對話中，經常出現這樣的語句，「這是主觀的看法吧？你必須更客觀的看待事情……」。的確，來自膚淺判斷與情緒偏見的主觀，多半脆弱且不著邊際。但如果是源自於深刻把握、深刻決意的主觀，反而是必須琢磨的特色。

哲學家尼采曾經說過，「這個世界上沒有事實，只有詮釋」。我們終究必須透過主觀的詮釋來決定自己生活的世界。

客觀、邏輯與科學相當重要，是理解事物的基礎，也是讓多數人信服的手段。但這是追求一般目標的情況，如果是在工作與事業追求獨特的創意，就無法指示我們通往最終的道路。

接下來根據這一點，將事物的理解方式分成三個階段來整理（圖表 **7-20**）。

　　階段 I 是「模糊的主觀」。這個狀態下的思考還很脆弱，只要仍留在這個階段，無論自己再怎麼對這項事業充滿熱情，也無法說服周圍的人。但如果只是憑直覺感受時代、模糊的意識到流行的變化，這個階段便已足夠。

　　如果必須通過自己的意見、靠個人的創意將周圍的人捲進來，就必須進入第 II 個「堅實的客觀」階段。透過分析及理論提出，足以向所有人說明的根據才能夠鞏固思考。

　　接著以這塊鞏固的地基為踏臺，有意志的跳躍。這就是階段 III「超越客觀的主觀」。這種獨特的主觀可能在一開始沒有任何人可以理解。但最後也可能變成讓所有人欽佩的概念。——「原來如此，還有這種看法啊！」、「我從來沒有見過這樣的●●！●●的概念已經改變了！」讓人說出這種話的產品服務，經常是從某個人的這種具備勇氣的主觀中誕生。

圖表7-20│超越客觀的主觀

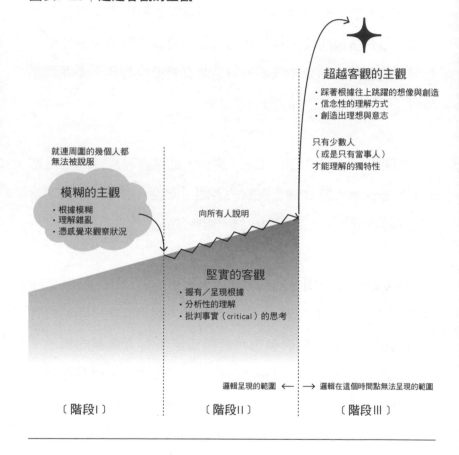

近瀨太志的概念思考奮鬥記 終

近瀨正在公司收拾自己的桌子。公司在下週即將迎來新的年度，並準備進行大膽的組織變更。

近瀨接到人事異動的命令，被任命為新事業開發室的副室長。該部門的前身是由 K 本部長主導的計畫。這是直屬於社長的小規模精銳團隊，肩負著摸索公司未來發展的特殊任務。

幾個月前，近瀨與梶川共同擬定促銷媒體「漫步星球」的更新方案，並在公司內部進行簡報。方案內容引起了 K 本部長的興趣，於是他就被選入新的部門。

梶川：「你要搬到新的位置呢！」

近瀨：「啊，梶川組長。我在這個部門中受到你不少照顧，非常感謝你的幫忙，尤其是『漫步星球』的簡報。」

梶川：「別這麼說，那幾乎都是你的成果。但我覺得這是更新那份媒體的好時機。

畢竟只提供半吊子的觀光資訊，已經不足以打動顧客。話說回來，後來留著當作業的媒體名稱變更進行得如何呢？」

近瀨：「關於這點，似乎將成為新部門首次企劃會議的議題。我最心儀的方案是『Beyond the Horizon ～邁向知平線的彼

端』。我們公司日後也將繼續販賣旅行商品吧？然而在更大的架構下，將販賣自我發現的服務。無論在物質上還是心靈上，都將成為幫助顧客超越自己『知識水平線』的存在。這時候我就想出了這句話。」

梶川：「將地平線的『地』替換成『知』，在意義上也有更加延伸的感覺。我覺得這是個很棒的方案。」

（中島部長走進房間）

中島：「近瀨組長，真捨不得你離開啊！但也期待你的發展。新事業開發室如果有什麼想要嘗試的新策略，隨時都可以來找我商量。我會在第一線提供支援。」

近瀨：「謝謝部長。在與您的交流當中，我覺得自己逐漸打破發想的框架。『自我發現』也是在這個過程中誕生的概念。」

中島：「『旅行社』這樣的稱呼與自我定義顯然已經過時了。我們早晚需要表達新概念的語言，並將成為『自我發現的代理人』當作目標，對我們公司而言必定是一個有利的方向。請務必在新的部門進一步評估。」

近瀨：「好的，我將名符其實抱持著『太（大）志』，找出足以改變旅行商品、旅行社概念的大格局答案。」

後記

距離我提出「概念思考力」的重要性已經過了 10 年

2012 年 12 月，我出版了一本關於思考法的書《銳利的思考、深厚的思考》（東洋經濟新報社）。這本書說明概念思考力的重要性，告訴讀者該如何理解在這個曖昧不穩定的世界所發生的現象、該如何掌握本質，又該如何發起概念。雖然這本書很遺憾並未再版（但現在仍可以購買電子書），卻受到部分企業經營者、人才培育負責人的強烈支持，後來我也致力於深化內容層面，以作為企業內部的研習課程使用。

我的網站「概念思考教室」（https://www.conceptualthink.com/）也持續擴充，這幾年關於研習的洽詢與實施件數明顯增加。或許是因為在被稱為「VUCA」的時代，人們開始將注意力轉向什麼樣的思考法將成為主導，或者如何重新認識思考這件事情。

如果去到書店，就會看到許多書名寫著「●●思考」的書籍；如果在網路上搜尋「思考法」，也會列出許多搜尋結果。其中多數專注在邏輯及分析，追求速度及生產性，將目標擺在事物的處理及功利主義上。此外也能看到不少帶來奇特創意的發想法，而另一方面還有許多單純鍛鍊記憶力與大腦靈活度的解謎書。

我自己讀過許多這類型的思考書，也獲得不少樂趣。然而我一直有一種感覺，至今介紹的思考法，似乎全都遺漏了什麼重要的東西。而我發覺這個遺漏的東西，不就是「概念思考的能力」嗎？這就是我出版《銳利的思考、深厚的思考》一書的原因。

在該書中，我將人類的思考分成三個軸線來說明，並稱之為「思考球域」（Thought Sphere）（右圖）。球域將「具體 × 邏輯 × 客觀」的部分稱之為〔銳利的思考〕，「抽象 × 想像 × 主觀」的部分稱之為〔深厚的思考〕，並將概念思考的能力連結到後者。

接下來的這 10 年，我接到各式各樣的研習委託，在這當中得到磨練，使我心目中的「概念思考」逐漸成熟。這回再次得到透過書籍的形式向大眾介紹的機會。讀者對於本書會有什麼樣的反應呢？這讓我非常期待。

我想在這篇後記中，搭配我身為專業人士的背景，說明我為什麼會將這種思考設計成商業人士的教育課程。想必這有助於進一步理解概念思考吧！

3 個軸的思考球域（Thought Sphere）

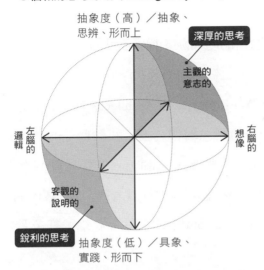

抽象度（高）／抽象、
思辨、形而上

深厚的思考

主觀的
意志的

左腦的
邏輯

右腦的
想像

客觀的
說明的

銳利的思考

抽象度（低）／具象、
實踐、形而下

《銳利的思考、深厚的思考》
將思考大致分為兩種，並提
出三個軸線的「思考球域
（Thought Sphere）」。這3個軸
線分別是──

①思考的上下軸＝抽象／具象
②思考的左右軸＝邏輯／想像
③思考的前後軸＝主觀／客觀

我將以這三軸線呈現的球體的
「具體×邏輯×客觀」部分稱
之為〔銳利的思考〕，「抽象
×想像×主觀」的部分稱之為
〔深厚的思考〕，並將概念思
考的能力連結到後者。

一本書改變了職涯的方向

1992 年的時候，我還是一名商業雜誌的記者。當時我的記
者生活剛滿 3 年，年齡也才 30 歲，正值工作顛峰，態度也盛氣
凌人。我的名片上印著「日經：NIKKEI」的字樣，因此約訪相
當容易，幾乎所向無敵。所以我積極出外採訪，撰寫報導。就
在那個時候，我看到了一本書。這是一本足以改變我人生與職
涯的重量級巨作。這本書是──

理查・伍爾曼（Richard Saul Wurman）撰寫的《*Information Anxiety*》（1989 年出版）

日文譯本：《資訊選擇的時代》，松岡正剛譯

作者沃爾曼自詡為「Information Architect」（資訊建築師）。這已經先讓我覺得新奇。附帶一提，我給自己的頭銜是「Conceptual Craftsperson」（概念工藝師），多半是受到他的影響。沃爾曼在撰寫這本書後，創辦了「TED 大會」並一躍成名。現在「TED」（https://www.ted.com/）的網站上收錄了許多名人的演講。

話題拉回本書。我在閱讀這本書時，下列這些詞彙從頁面映入眼簾——「Information Explosion」（資訊爆炸）、「Information Anxiety」（資訊焦慮症）、「Understanding Business」（理解商業）等。我讀完這本書之後，就無法輕描淡寫的看待「資訊」了。儘管我在出版社從事雜誌編輯，這項與資訊有關的事業，但實際上我從未深入思考過「資訊」。

當時只要獵取有趣題材，寫成文章並附上照片，就能成為一篇堪讀的報導，也能收錄進雜誌裡。「資訊商品重視的是新鮮度與切入點」，我或許曾因這樣幼稚的哲學而暗自得意。

　　沃爾曼表示，資訊的本義是「給資訊接收者力量」。而為了給予力量，資訊必須被「理解」才行。在資訊爆炸的時代，儘管有無數的人在創造資訊，但試圖讓人理解資訊的人卻極少。「如果我將繼續從事資訊的行業，那麼我的事業在日後該採取的方向，應該是幫助別人理解資訊，並給予接收者力量吧？」——就在這一瞬間，我的職業生涯方向改變了。

　　接著在 1993～94 年，我確實感受到沃爾曼所說的資訊爆炸成為現實。網路瀏覽器「Netscape Navigator」發表，無窮無盡的資訊就像現在一樣，透過網際網路投影到桌上型個人電腦的螢幕上。我們進入了任何人都能成為資訊的創作者，並將這些資訊透過網路發表的時代。

帶來衝擊的一張圖表

　　而沃爾曼在該書中介紹的一張圖表，帶給我更大的衝擊。這張圖表由耶魯大學的教授愛德華・塔夫特（Edward Tufte）繪製，被命名為「拿破崙的行軍」（請在網路上搜尋 Edward Tufte Napoleons march）。

　　沃爾曼為這張圖添加了以下的說明——「這張線圖是融合了歷史及地理要素的罕見地圖，呈現的是拿破崙軍隊前往莫斯

科遠征的去程，以及撤退回法國的回程。灰色的部分表示往莫斯科的路徑，黑色則表示回程路徑。線的粗細顯示旅途中各地的軍隊人數，清楚的呈現出人員的消耗度。最下方則是氣溫的紀錄，由此可一窺回程的冬季氣候，實際上有多麼嚴酷」。

當我第一次看到這張圖的時候，由於描繪的太過精妙，讓我只能屏息凝視。我雖然知道拿破崙的莫斯科遠征魯莽且嚴酷，但這張圖卻比任何文章，甚至任何照片都更生動的表現出這一點。不，與其說是表現，不如說是讓看的人一眼就能夠理解。

資訊輕而易舉的被創造出來，並且被隨意消費，這樣的反覆已經不足以引起我的興趣。如何讓人的內部長出理解資訊的建築物，才是我真正關心的事情。

於是我在 1994-95 年前往美國留學，我的研究主題是「資訊的視覺化」。我選擇的學校是芝加哥的伊利諾理工大學設計研究所「Institute of Design」，該學院承襲了德國機能主義設計運動「包浩斯」的教育思想。我給自己的功課舉例來說，如何用一張圖表現早報的頭版新聞，或者如何將模糊的概念轉換成可理解的圖像等。換句話說，我所探究的是掌握資訊與概念的核心本質，並將其轉換為容易理解的表現方式的方法論。

留學期間苦思的主題，終成為本書提到的概念化、抽象化和模式化的源頭。附帶一提，我在該研究所的畢業報告中所畫的圖表如下。這是將哲學家柏格森在《創造的進化論》所寫的一段話——「生命有一種努力，試圖在物質往下滾的斜坡逆勢而上」，以一張圖表現的成果。

我的職業生涯經歷了這段留學的過程，從「製造資訊的人」轉變為「促進資訊理解的人」。而後我進一步發現，「資訊的理解」最終與「概念的形成」相連。

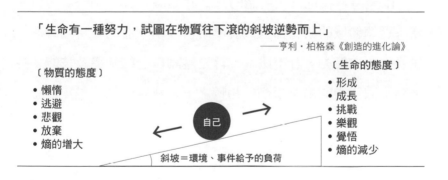

「生命有一種努力，試圖在物質往下滾的斜坡逆勢而上」

——亨利・柏格森《創造的進化論》

〔物質的態度〕
- 懶惰
- 逃避
- 悲觀
- 放棄
- 熵的增大

自己

〔生命的態度〕
- 形成
- 成長
- 挑戰
- 樂觀
- 覺悟
- 熵的減少

斜坡＝環境、事件給予的負荷

從職涯研習開始的，
思考「觀念、價值軸、存在方式」的練習

我在 1995 年從美國回到日本後，跳槽到教育類的出版社。

因為我覺得，如果想要更加深入我身為「促進資訊理解的人」的技能，那麼比起處理「市場上什麼暢銷／滯銷」等經濟資訊，處理探究「人們如何吸收知識，如何將知識轉化為智慧和生活能力」的教育內容更加適當。

接著又過了幾年，我發現在開發教育內容方面，製作出版物這種靜態媒體已經不能夠滿足我。我想在研習這種動態的、人際的場域進行嘗試，因此在 2003 年決定創辦以企業為對象的研習事業。

創業時，我選擇在所謂的「職涯開發培訓」領域決勝負。當時這個領域的研習都以大規模研習公司開發的教材為雛形，主要採用「能力、計畫法」，首先盤點自己的知識及技能，接著寫下數年後的職業規劃。相較之下，我採取的則是「觀念、價值軸法」。

推動並形成個人職涯的要素有許多，其主導的要素是「能力、計劃」還是「觀念、價值軸」，這也是兩種方法的差異。用本書的話來說，就是「處理方式」的觀點與「存在方式」的觀點之別。容易設計、展開研習事業的明顯是前者，但我卻斗膽選擇後者，因為我相信這更接近本質的教育。

總而言之，我在設計職涯開發培訓課程時，必須準備能夠

讓人釐清「觀念、價值觀、存在方式」的內省練習。而在這個過程中誕生的，就是本書所介紹的「用自己的話定義成長是什麼」、「基礎價值的語言化」，以及「提供價值宣言」等內容。

我逐漸得出了如下的教育觀點。那就是知識無法直接產生意志。知識作為概念，只有被自己內在的理念所吸收，才能夠創造出意志。各種概念堆疊成知識的基層，進而醞釀出觀念，並從這裡建立為自己帶來方向的價值軸（關於這方面的討論，請參考拙作《技能百科》）。

我以此為基礎，建構自己獨特的職涯開發培訓課程，並實際帶領許多客戶企業進行上述的內省練習。於是我逐漸發現，這種賦予事物定義、掌握本質，並以語言或圖形表現、表述價值軸的能力等，有相當大的個人差異。更進一步來說，擅長的人只有極少數，大多數的人都不擅長。

概念思考力的脆弱，將導致形成意志的能力，乃至於自主生活的能力都變得脆弱。我開始覺得，以商業人士為對象進行教育訓練時，除了請他們思考自己的職涯，也必須同時培養他們概念思考的能力。這就是我試圖將專注在「概念思考」的課程切割出來的契機。

「創造獨特性」的思考態度

我在公司上班 17 年，其中 10 年擔任出版物的記者或編輯，其餘 7 年則從事新商品與新事業的開發。我認為這樣的經驗，也是引導我通往「概念思考」的要素。

我在大學畢業後進入的第一間公司，是文具及辦公家具製造商 PLUS。我在那裡工作了近 3 年，從事文具商品的開發。當時的商品開發本部長是今泉公二先生（後來成為該公司的社長），商品開發部長是岩田彰一郎先生（後來創辦了辦公用品郵購公司 Askul）。我在這兩人的指導下，學習到獨特的商品製造思想。他們常把「不要看市場，要看生活」、「製造生活者想要的東西，因此自己必須擁有第一級生活者的感受性」、「概念是什麼？如果無法有力的闡述你想對世界提出的方案，企劃就不會通過」等話語掛在嘴邊。

我當時是商品開發的菜鳥，意識一片白紙，因此不用說，這些上司的領導力，以及反映他們領導力的組織文化帶給我深遠的影響。我已經工作了 36 年，回顧我的職業生涯，一直以來都把「發明、提案型」發想、「生活者起點」發想視為基礎。

幾乎未曾有過根據市場進行調整、參考競爭對手進行改良、如何在現有框架中獲得優勢等比較性、相對性的發想。我貫徹的是基於主觀意志，創造獨特性的思考態度。而這正可說是「概念思考」。

當偶發的點與點變成必然的線、面、體時

我也有幸在上班族時代，同時有過在 PLUS 與倍樂生等所謂的家族型企業，以及日經 BP 與 NTT data 等非家族型企業工作的經驗。我待過的這兩間家族型企業，都擁有正面的家父長制家庭氛圍。而更重要的是，高層提出的理念與熱情都能創造出向心力，推動整體組織運行。雖然有優點也有缺點，但「理念驅動」（以理念為驅動力）的組織對我來說，已經成為根植心中的標準。

至於另外兩家非家族型企業，則帶給我「技術驅動」的印象。我連在職期間的社長是誰都想不起來。我覺得推動組織的向心力，與其說是源自於特定領導者的理念，不如說是源自於在「日經」與「NTT」等企業品牌下，磨練技術與品質的自負心。

這種企業的組織內有巨大的動量（產生運動量的勢，如果不善用就會變成慣性）在運作，即使不開發任何新事物，只要

在現有的框架中進行改良與改善，也能維持一定的品質，藉由品牌力順利銷售。所以重視的是從「1 → 1.1」的精緻化思考，或是從「1 → 2」的擴大發想。只要有齊全的客觀證據背書，就不會遭到質疑，也能在公司內部獲得許可。我總是直覺的以提出「0 → 1」的方案為主來進行發想，因此與周圍的人格格不入。

本書中隨處可見「改良、改善的創新」與「革命型創新」、「達成目標數值的機械論」組織觀，與「源自於理念的自主創新型」組織觀之類的互相做比較與討論。這些觀點就源自於我自己的經驗。

經過以上的描述可以知道，我經歷過各個職種與行業，有時甚至離開事業現場，在設計學院與商學院這兩種研究所進修。此外，這裡雖然並未詳述，但我也持續地研究哲學與宗教。這些不一定是基於計畫的行動，而是忠於自己的觀念，以及存在方式的價值軸結果。

我們不能忽視偶然在形成職業生涯時所帶來的作用。根據自己的意志創造出偶然，動態的展開職業生涯反而更加重要——這就是美國史丹佛大學教授約翰・克倫伯茲（John Krumboltz）所提出「善用機緣論」（Planned Happenstance Theory）的精隨。一直以來我都是刻意創造出偶然，並且努力的活用從中看見的選項。現在回過頭來看，這些似乎無法將點與點連結起來的事

件與行動，其實全都是設計「概念思考」教育課程的必經之路。

日本人具備巧妙表現抽象概念的能力

「概念思考」是至今尚未確立的思考類別（不只在日本，歐美也是一樣）。但這樣的思考法涉及最根本的部分，充分具有確立起來的價值。提出這種未開拓的思考法，本身就是一種重大的概念發起，因此撰寫本書對我而言是令人雀躍的工作。

日本人擅長模仿。我們積極引進邏輯思考或設計思考等，並且很快地就調整成適合自己的思考法來推廣普及。但概念思考即使想要模仿，也沒有模仿的對象，因此大家都保持靜觀其變的態度。卡茲確實提倡「概念能力」的重要性，卻並未將其建構成教育的方法論。那麼誰來做這件事呢？

我認為即使是日本人，也有充分的能力可以做到這件事情。不，我甚至覺得正因為是日本人才能夠做到。因為概念性思考是全面的、直覺的，與東方思考具有相容性。

仔細回過頭來看，日本人擁有獨特的藝術表現，能夠將能樂、茶道、日本庭園等高度抽象的概念，落實在美感形式當中。即使到了現代，在商業現場也有許多完美融合知、情、意，並

在世界上推出獨特商品的案例——譬如豐田汽車的「Prius」、「無印良品」、「旭山動物園」，以及日本高級旅館的「款待」。日本人自古以來，就把將工作轉變為「道」的精神視為家常便飯。並由此創造出整合技術、美感、哲學（刻意不分化）的成果物。而這正是「概念思考」。

從這個觀點來看，我非常期待這種概念性的思考法在日本開發，成為繼邏輯思考、設計思考之後的第三種思考素養被廣泛普及。如果本書能夠成為這個基礎的一部分，那麼身為作者的我將會感到十分榮幸。

那些認真看待「來自框架之外 × 不仰賴威權的人」所提出的特殊事物的眼光

對於出版社而言，出版在歐美熱銷的商業書籍，或是由知名大學、顧問公司所冠名的技能書籍，是相當容易的事情。反之，出版自稱概念工作者的一介顧問，所撰寫的思考法書籍就有很大的風險。除非能夠精準評估內容，否則很難判斷是否能夠出版成書。即使確定了內容的價值，也完全無法知道是否能受讀者的青睞。

事實上，這本書的原稿在 2016 年的時候就已經大致完成。

當時我向國內的 8 家出版社提出企劃案，也寄出原稿樣本。但不出所料，完全沒有收到任何回應。但在這個時間點受到 Discover 21 的重新關注，並像這樣出版成書，讓我非常感激。

我在前面提到，概念思考有在日本發展的可能性。但也有阻礙發展的要素。那就是日本人對於不符合現有框架的「特殊事物」，具有輕易排除，以及不願意（無法）評價的傾向。再加上如果這種「特殊事物」，來自不具備威權性的人，那就更加不予置評了。然而，一旦從外部世界的威權之處獲得高度評價，日本人就會趨之若鶩……。對於自己國家當中，真正獨特的事物價值，日本人都是透過海外的評價得知。這樣的傾向，對於以發起獨特概念為目的的概念思考而言，將成為障礙。

本書也提出了一種新的概念，以及一種新的思考類別。這也是連結到知、情、意這個大框架的論述。倘若各位讀者能夠從更遠大的視野、更長的時間軸來仔細品味，這本來自現有框架之外的書籍，並且成為各位能夠長久置於案頭的一冊，我將感到無比榮幸。

最後，我要感謝所有參與這本書編輯和製作的人。特別是編輯牧野類先生，設計師加藤賢策先生和小林祐司先生，他們

為整理這份龐大的原稿，及繁雜的圖表而陷入苦戰。以及在疫情之下，負責本書的印刷、裝幀、流通與販賣的各界人士。處理紙本這樣的實體商品，並運到書店現場陳列的工作，無法遠端進行。正因為有這些冒著高度的染疫風險在現場工作的人，這本書才得以推廣。我對此表示深深的感謝。

此外，我也要感謝對於「概念思考」這種技法，與其背後的設計思想表示共鳴，與支持的仙石太郎先生（REWIRED股份有限公司的代表，一般社團法人知識創造原則協會的共同代表），還有推薦本書的一橋大學榮譽教授野中郁次郎先生。兩位的鼓勵，對於在新的思考領域孤軍奮戰，開疆闢土的我來說，是強而有力的支援。非常感謝。

這兩年來，我一直祈禱疫情能夠早日結束，讓世界上的人們能夠毫無顧慮，且自在的進行「意的思考」，讓自己的事業與職涯能夠更進一步發展。

村山 昇

國家圖書館出版品預行編目資料

創造思考的技術：運用概念思考，重新定義自己的事業、產品、服務，並銷售出去 / 村山昇著；游念玲，林詠純譯. -- 初版. -- 臺北市：商周出版：英屬蓋曼群島商家庭傳媒股份有限公司城邦分公司發行，2023.09

面；　公分

譯自：コンセプチュアル思考：物事の本質を見極め、解し、獲得する

ISBN　978-626-318-822-8（平裝）

1.CST：思考　2.CST：創造性思考　3.CST：企業經營

176.4　　　　　　　　　　　　　　　112013101

BW0831

創造思考的技術

運用概念思考，重新定義自己的事業、產品、服務，並銷售出去

原 文 書 名／コンセプチュアル思考 物事の本質を見極め、解し、獲得する
作　　　者／村山昇
譯　　　者／游念玲、林詠純
企 劃 選 書／鄭凱達
編 輯 協 力／吳琇娟
責 任 編 輯／劉羽芩
版　　　權／吳亭儀、林易萱、顏慧儀
行 銷 業 務／周佑潔、林秀津、賴正祐、吳藝佳

總 編 輯／陳美靜
總 經 理／彭之琬
事業群總經理／黃淑貞
發 行 人／何飛鵬
法 律 顧 問／台英國際商務法律事務所　羅明通律師
出　　　版／商周出版
　　　　　　臺北市104民生東路二段141號9樓
　　　　　　電話：(02) 2500-7008　　傳真：(02) 2500-7759
　　　　　　E-mail：bwp.service@cite.com.tw
發　　　行／英屬蓋曼群島商家庭傳媒股份有限公司　城邦分公司
　　　　　　臺北市104民生東路二段141號2樓
　　　　　　讀者服務專線：0800-020-299　　24小時傳真服務：(02)2517-0999
　　　　　　讀者服務信箱E-mail：cs@cite.com.tw
　　　　　　劃撥帳號：19833503　戶名：英屬蓋曼群島商家庭傳媒股份有限公司城邦分公司
訂 購 服 務／書虫股份有限公司客服專線：(02) 2500-7718；2500-7719
　　　　　　服務時間：週一至週五上午09:30-12:00；下午13:30-17:00
　　　　　　24小時傳真專線：(02) 2500-1990；2500-1991
　　　　　　劃撥帳號：19863813　　戶名：書虫股份有限公司
　　　　　　E-mail: service@readingclub.com.tw
香港發行所／城邦（香港）出版集團有限公司
　　　　　　香港灣仔駱克道193號東超商業中心1樓
　　　　　　Email：hkcite@biznetvigator.com
　　　　　　電話：(852)2508-6231　　傳真：(852)2578-9337
馬新發行所／城邦(馬新)出版集團【Cite (M) Sdn. Bhd.】
　　　　　　41, Jalan Radin Anum, Bandar Baru Sri Petaling,
　　　　　　57000 Kuala Lumpur, Malaysia
　　　　　　電話：(603)90578822　　傳真：(603)90576622　　Email：services@cite.my

封 面 設 計／黃宏穎
印　　　刷／韋懋實業有限公司
總 經 銷／聯合發行股份有限公司　　電話：(02) 2917-8022　　傳真：(02) 2911-0053
　　　　　　地址：新北市新店區寶橋路235巷6弄6號2樓

■ 2023年9月7日初版1刷

コンセプチュアル思考
CONCEPTUAL SHIKO
Copyright © 2022 by Noboru Murayama
Original Japanese edition published by Discover 21, Inc., Tokyo, Japan
Complex Chinese edition published by arrangement with Discover 21, Inc.
Complex Chinese Translation copyright ©2023 by Business Weekly Publications, a division of Cité Publishing Ltd.

定價：500元
ISBN：978-626-318-822-8（紙本）／ISBN：978-626-318-824-2（EPUB）

Printed in Taiwan

城邦讀書花園
www.cite.com.tw

廣　告　回　函
北區郵政管理登記證
北臺字第10158號
郵資已付，免貼郵票

104　台北市民生東路二段141號2樓

英屬蓋曼群島商家庭傳媒股份有限公司城邦分公司　收

- -

請沿虛線對摺，謝謝！

書號：BW0831　　書名：創造思考的技術

讀者回函卡

感謝您購買我們出版的書籍！請費心填寫此回函卡，我們將不定期寄上城邦集團最新的出版訊息。

姓名：＿＿＿＿＿＿＿＿＿＿＿＿＿＿＿＿＿＿＿ 性別：□男 □女

生日：西元＿＿＿＿＿＿年＿＿＿＿＿＿月＿＿＿＿＿＿日

地址：＿＿＿＿＿＿＿＿＿＿＿＿＿＿＿＿＿＿＿＿＿＿＿＿＿

聯絡電話：＿＿＿＿＿＿＿＿＿＿ 傳真：＿＿＿＿＿＿＿＿＿＿

E-mail：

學歷：□ 1. 小學 □ 2. 國中 □ 3. 高中 □ 4. 大學 □ 5. 研究所以上

職業：□ 1. 學生 □ 2. 軍公教 □ 3. 服務 □ 4. 金融 □ 5. 製造 □ 6. 資訊

　　　□ 7. 傳播 □ 8. 自由業 □ 9. 農漁牧 □ 10. 家管 □ 11. 退休

　　　□ 12. 其他＿＿＿＿＿＿＿＿＿＿＿＿＿＿＿＿＿＿＿＿＿＿

您從何種方式得知本書消息？

　　　□ 1. 書店 □ 2. 網路 □ 3. 報紙 □ 4. 雜誌 □ 5. 廣播 □ 6. 電視

　　　□ 7. 親友推薦 □ 8. 其他＿＿＿＿＿＿＿＿＿＿＿＿＿＿＿

您通常以何種方式購書？

　　　□ 1. 書店 □ 2. 網路 □ 3. 傳真訂購 □ 4. 郵局劃撥 □ 5. 其他＿＿＿＿＿

您喜歡閱讀那些類別的書籍？

　　　□ 1. 財經商業 □ 2. 自然科學 □ 3. 歷史 □ 4. 法律 □ 5. 文學

　　　□ 6. 休閒旅遊 □ 7. 小說 □ 8. 人物傳記 □ 9. 生活、勵志 □ 10. 其他

對我們的建議：＿＿＿＿＿＿＿＿＿＿＿＿＿＿＿＿＿＿＿＿＿

＿＿＿＿＿＿＿＿＿＿＿＿＿＿＿＿＿＿＿＿＿＿＿＿＿＿＿＿

＿＿＿＿＿＿＿＿＿＿＿＿＿＿＿＿＿＿＿＿＿＿＿＿＿＿＿＿